Tobias Nicklas

Spätantike Apostelerzählungen

Tria Corda

Jenaer Vorlesungen zu Judentum, Antike und Christentum

Herausgegeben von

Karl-Wilhelm Niebuhr, Matthias Perkams und Meinolf Vielberg

17

Tobias Nicklas

Spätantike Apostelerzählungen

Hagiographie und erzählte Christusgeschichte

Mohr Siebeck

Tobias Nicklas, born 1967; Dr. theol. Regensburg 2000; is Professor of Exegesis and Hermeneutics of the New Testament at Universität Regensburg and Director General of the Centre for Advanced Studies „Beyond Canon“, he is Research Fellow at the University of the Free State, Bloemfontein, and Distingnished Fellow at Hebrew University, Jerusalem.

ISBN 978-3-16-164696-6 / eISBN 978-3-16-164697-3
DOI 10.1628/978-3-16-164697-3

ISSN 1865-5629 / eISSN 2569-4510 (Tria Corda)

Die Deutsche Nationalbibliothek verzeichnet diese Publikation in der Deutschen Nati-onalbibliographie; detaillierte bibliographische Daten sind über *https://dnb.dnb.de* abrufbar.

Satz: Laupp & Göbel, Gomaringen.

Gedruckt auf alterungsbeständiges Papier.

Mohr Siebeck GmbH & Co. KG, Wilhelmstraße 18, 72074 Tübingen, Deutschland
www.mohrsiebeck.com, info@mohrsiebeck.com

Vorwort

Seit Jahren verfolge ich mit großer Aufmerksamkeit die immer spannende und stets herausfordernde, neue Perspektiven anbietende Reihe der Tria Corda Lectures. Deswegen habe ich die Einladung, die Vorlesungsreihe des Jahres 2022 zu übernehmen, als eine ganz besondere Ehre empfunden und sehr gerne angenommen. Gleichzeitig bot mir diese Gelegenheit die Chance, wenigstens einige Aspekte meiner Arbeit an spätantiken apokryphen Apostelerzählungen, die ich seit Ende des Jahres 2018 im Rahmen des Centres for Advanced Studies „Beyond Canon" (DFG-KollegFOR 2770) durchführen konnte, in knapper Form zu bündeln und einem interessierten und gleichzeitig kritischen, interdisziplinären Publikum zu präsentieren.

Inzwischen denke ich mit großer Freude und Dankbarkeit an die Zeit vom 7.–10. November 2022 an der Friedrich Schiller-Universität in Jena zurück, in der ich die Vorlesungen, die dem folgenden Band zugrunde liegen, unter dem Titel *Zwischen apokryph und kanonisch: Spätantike Apostelerzählungen in ihrer Welt* halten durfte. Die Organisatoren der Lectures, gleichzeitig auch die Herausgeber der Reihe, Karl-Wilhelm Niebuhr, Matthias Perkams und Meinolf Vielberg, haben mir auch aufgrund ihrer überaus herzlichen Gastfreundschaft den Aufenthalt in Jena zu einem unvergesslichen Erlebnis gemacht. Bei all dem durfte ich von einer Vielzahl von hilfreichen Gesprächen und Diskussionen, sei es im Rahmen der

Lectures, sei es beim gemeinsamen Abendessen, mindestens so viel lernen, wie ich mitgebracht habe. Mein besonderer Dank gilt all denen, die in welcher Weise auch immer daran beteiligt waren, dass die genannten Vorlesungen erfolgreich stattfinden konnten, und denen, die mitdiskutiert, nachgefragt und Impulse geliefert haben. Zudem möchte ich mich bei denen bedanken, die mit dafür gesorgt haben, dass ein schönes Buch daraus entstehen kann – in besonderem Maße Tobias Stäbler und Markus Kirchner vom Verlag Mohr Siebeck. Die Zusammenarbeit mit dem Verlag gestaltete sich wie immer freundlich, unkompliziert und in höchstem Maße vertrauensvoll. Und schließlich ist an die Mitglieder des Centres „Beyond Canon“ zu denken, die mit mir immer wieder Texte und Ideen diskutiert haben und diskutieren, die mich kritisieren und mit neuen Impulsen bereichern. Es ist ein Privileg, mit solchen Menschen zu arbeiten.

Regensburg, März 2025 Tobias Nicklas

Inhaltsverzeichnis

Einführung

In seiner im 9. Jahrhundert entstandenen, auch *Myriobiblon* genannten, *Bibliotheke* bietet Photios, der Patriarch von Konstantinopel (geb. ca. 810/820, gest. 893 n. Chr.), Kurzrezensionen von insgesamt 279 Büchern.[1] Abschnitt 114 formuliert (nach Passagen über die *Pseudoklementinen*) die verheerende Kritik an einer einem gewissen Leukios Charinos zugeschriebenen Sammlung apokrypher Apostelgeschichten. Dabei handelt es sich offenbar um diejenigen Texte, die sich auch heute in den meisten Sammlungen apokrypher Literatur als die bekanntesten fünf Apostelakten finden. Photios beschreibt diese als

ein Buch, die sogenannten ‚Wanderungen der Apostel', worin enthalten sind die Akten des Petrus, Johannes, Andreas, Thomas, Paulus. Es hat sie, wie das Buch selbst anzeigt, Leukios Charinos geschrieben. Der Stil ist durchweg unebenmäßig und befremdend; denn es gebraucht zwar mitunter auch geschliffene Wendungen und Ausdrücke, zumeist jedoch gewöhnliche und abgedroschene, und es zeigt auch nicht die Spur des ebenmäßigen und ungekünstelten Stils und der daraus erwachsenden Anmut, in der die evangelische und apostolische Sprache gestaltet ist. Es steckt voller Torheit, Selbstwiderspruch und Widersinn; es behauptet nämlich, einer sei der Gott der Juden, und zwar ein böser, als dessen Diener auch Simon Magos aufgetreten sei, und

---

[1] Photios beschränkt sich nicht auf christliche oder gar als orthodox christlich verstandene Literatur allein, er bespricht auch Schriften von Autoren wie Josephus, Philon, Appian, Arrian, Herodot, Themistius und vielen anderen, darunter auch heute verlorene Werke.

ein anderer Christus, den es gut kennt. Indem es alles verwirrt und durcheinanderwirft, nennt es diesen sowohl Vater als auch Sohn. Es sagt auch, dass er nicht wirklich Mensch geworden sei, vielmehr nur den Anschein gehabt habe, und dass er den Jüngern oftmals vielfältig erschienen sei, als Jüngling, als Greis, als Knabe und größer und kleiner und so übergroß, dass sein Haupt bisweilen in den Himmel gereicht habe. Auch erdichtet es viel Unsinniges und Abwegiges über das Kreuz, und Christus sei nicht gekreuzigt worden, sondern ein anderer statt seiner, und er habe deshalb die Kreuziger verlacht. Die gesetzmäßigen Ehen verwirft es, und jegliche Geburt nennt es böse und vom Bösen, und der Schöpfer der Dämonen sei ein anderer, so faselt es, und es erdichtet unsinnige und kindische Auferstehungen toter Menschen, Rinder und anderer Tiere. Auch glauben die Ikonoklasten, dass es in den Johannesakten Lehren gegen die Bilder vertrete. Kurz, dieses Buch enthält unzählige kindische, frevelhafte und gottlose Dinge. Würde es jemand als die Mutter und Quelle aller Häresie nennen, er würde das Richtige nicht verfehlen.[2]

Wir können heute nicht mehr mit Sicherheit sagen, welche konkreten Textformen der fünf alten apokryphen Apostelakten in dieser Sammlung überliefert wurden bzw. in welcher Form diese dem Photios vorlagen. Die Vorwürfe sind klar: Die Texte sind in schlechtem Stil verfasst, ja unterscheiden sich bereits sprachlich von dem, was an wahrhaft Apostolischem überliefert ist. Sie vertreten die verschiedensten theologisch unhaltbaren Vorstellungen und sind deswegen als häretisch einzuordnen; schließlich erfinden sie unsinnige Wundererzählungen. Dass die fünf „großen“ apokryphen Apostelakten (und noch mehr spätere, manchmal kürzere Schriften vergleichbaren Charakters) es bis ins 21. Jahrhundert schwer hatten, in der Forschung zum antiken Christentum ernstgenommen zu

[2] Deutsches Zitat adaptiert nach Schäferdiek, Leukios Charinos, 81.

werden, zeigt sich nicht nur daran, dass es vor allem zu einigen späteren Apostelerzählungen keine wissenschaftlich zuverlässigen Editionen und kaum Sekundärliteratur gibt. Auch die Urteile mancher heutigen Exegetinnen und Exegeten sind in hohem Maße von Vorurteilen belastet. Ich zitiere Karl Jaroš, der in seiner im Jahr 2008 entstandenen *Einführung in das Neue Testament* die „lakonische Schlichtheit der Evangelien mit der Geschwätzigkeit und Fabuliersucht der apokryphen, vor allem der hagiographisch-apokryphen Literatur, die durchaus dem Niveau des Illustriertenromans nahesteht," vergleicht.[3] Im Kern wird damit einfach das Urteil des Photios wiederholt. Man versteht apokryphe Apostelerzählungen als stilistisch schlecht und theologisch wertlos. Dass sie uns auch historisch über die wahren Ursprünge des Christentums nichts zu sagen haben, kommt erschwerend hinzu. Besonders gerne kritisiert wird nicht nur ihr Interesse an Wundererzählungen, sondern auch die Tatsache, dass sie unterhaltsam, ja gar in manchen Teilen humorvoll sind.[4] Unterhaltung und Theologie – kann das passen?

---

[3] Jaroš, *Das Neue Testament*, 294. Dies ist nur die Spitze des Eisbergs. Schon mehr als hundert Jahre alt, aber seitdem mehrfach neu aufgelegt und immer noch einflussreich ist Bardenhewer, *Geschichte*, 367, der die „Absonderlichkeit, Abenteuerlichkeit und Abgeschmacktheit des Inhalts" als einen für Apokryphen „sehr hervorstechenden Zug" bezeichnet. Kaum zu glauben ist aus heutiger Sicht auch das Urteil des ansonsten höchst seriösen Bauer, *Apokryphen*, 12–13: „[D]urch nichts läßt sich die glückliche Hand der Kirche bei der Kanonabgrenzung, oder sagen wir es deutlicher: durch nichts läßt sich anschaulicher und überzeugender zeigen, daß die Kirche vom Geist bei dieser Tat geleitet war, als durch die Lektüre jener Schriften, die sie als apokryph abgetan hat ...". Die Beispiele ließen sich beliebig fortsetzen.

[4] Die angebliche „Wundersucht" apokrypher Erzählungen wird

Erst in den vergangenen Jahrzehnten hat sich einiges getan. Christliche Apokryphen allgemein – und wenigstens einige apokryphe Apostelakten im Besonderen – werden in zunehmendem Maße ernsthaft studiert.[5] Die Zahl der Texte, die durch neue Editionen, aber auch Übersetzungen zugänglich wird, explodiert geradezu.[6] Einen wichtigen Anteil daran hat sicherlich auch Hans-Josef Klauck, der sich vor etwas mehr als 15 Jahren in seinen *Tria-Corda-Vorlesungen* mit der „apokryphen Bibel" auseinandersetzte. Mit Hilfe einer Reihe wohl gewählter Beispiele, die weitgehend das Gesamtspektrum apokrypher Literaturen abdecken, gelang es ihm nicht nur, „für ein angemessenes Verständnis der Texte zu werben", sondern zu zeigen, dass die Arbeit mit apokryphen Schriften einen „anderen Zugang zum frühen Christentum" erlaubt.[7] Dabei spielten auch, z.T. in Auseinandersetzung mit der Arbeit von Janet E. Spittler,[8] die Wundererzählungen in apokryphen Apostelakten eine Rolle; in großem

---

immer wieder sehr pauschal konstatiert. Besonders einflussreich ist z.B. das Urteil von Altaner und Stuiber, *Patrologie*, 118, die von einer „hemmungs- und geschmacklose[n] Wundersucht" der Texte sprechen. Zum jetzigen Stand der Diskussion vgl. dagegen Spittler, Development, sowie Nicklas, Absonderlich. – Ich bin normalerweise skeptisch, wenn frühchristliche Texte als humorvoll bezeichnet werden; im Falle mancher Szenen in den apokryphen Apostelerzählungen halte ich dieses Urteil aber für durchaus zutreffend. Siehe z.B. die Untersuchung von Spittler, Joking.

[5] Zu dem damit einhergehenden Paradigmenwechsel vgl. z.B. Nicklas, Écrits.

[6] Hierfür stehen paradigmatisch die Bände von Burke und Landau (Hg.), *New Testament Apocrypha 1* sowie Burke, *New Testament Apocrypha 2 und 3*. Offenbar sind momentan weitere Bände in Vorbereitung.

[7] Klauck, *Die apokryphe Bibel*. Zitat auf S. 8.

[8] Spittler, *Animals*.

Umfang setzt sich Klauck zudem mit den *Pseudoklementinen* auseinander. Meine eigene Vorlesungsreihe möchte daran anschließen und zeigen, wie sehr uns die Anstöße der letzten zwanzig bis dreißig Jahre weitergebracht haben, wo wir heute stehen und wo ich Perspektiven für die Zukunft sehe. Anders als Klauck werde ich mich nicht auf dem gesamten „apokryphen Kontinent"[9] bzw., um ein anderes Bild zu verwenden, in dem bis heute wachsenden „Universum christlicher Apokryphen" bewegen, sondern mich auf Apostelerzählungen konzentrieren. Dabei verstehe ich sowohl den Begriff „Apostel" als auch „Apostelerzählungen" bewusst sehr offen. Ich konzentriere mich auf (in einem weiten Sinne) narrative Texte, in denen Apostel[10] oder ihre Gefährten und Schüler – in manchen Fällen auch Frauen – eine entscheidende Rolle spielen; in einzelnen Fällen werden wir sehen, dass auch Figuren aus späterer Zeit (wie bedeutende Heilige) die Rolle von Aposteln einnehmen können. All dies wiederum wird mir erlauben, an mehreren Stellen Grenzen zu überschreiten. Da ich von einem sehr offenen Apokryphen-Begriff ausgehe,[11] der diese Texte in einem Kommunikationsraum „jenseits des Kanons" und doch in privilegiert intertextueller Relation zu den Schriften des Kanons einordnet, sehe ich keine bindende Grenze zwischen Apokryphen[12] und

[9] Ich spiele hier auf den Titel des Bands von Piovanelli und Burke, *Rediscovering*, an. Der Begriff wurde aber bereits verwendet durch Picard, *Le continent apocryphe*.

[10] Mir ist natürlich bewusst, dass die alte Kirche verschiedene Apostelbegriffe kannte. Ich werde mich nicht auf einen allein beschränken, sondern auch ab und zu über Heilige späterer Generationen sprechen, die, wie sich zeigen wird, in ihren Kontexten in übertragenem Sinne als „Apostel" bezeichnet werden konnten.

[11] Hierzu weiterführend Nicklas, Semiotik.

[12] Wenn ich weiterhin von Apokryphen spreche, dann geschieht

sogenannter hagiographischer Literatur. Damit aber ist der Abschluss des neutestamentlichen Kanons, von dem wir bis auf Diskussionen um Details mehr oder minder in der zweiten Hälfte des vierten Jahrhunderts sprechen können, keine bindende Grenze für die Entstehung der Texte, die mich interessieren.[13] Die Zahl der Quellen, die damit in den Blick rückt, wächst so um ein Vielfaches. Neben den bekannten *Paulus-*, *Petrus-*, *Johannes-*, *Andreas-* und *Thomasakten* kommen Dutzende weiterer, deutlich später entstandener Texte in den Blick. Mit dieser Öffnung aber nehmen wir zudem ernst, dass die uns heute vorliegenden Textzeugen all dieser Schriften zu einem großen Teil auf die Zeit nach dem 4. Jahrhundert unserer Zeitrechnung zurückgehen.[14] Damit bezeugen sie ein Interesse an diesen Schriften auch nach der Entstehung des neutestamentlichen Kanons. Vor allem aber zeigt der Blick in die Handschriftenüberlieferung, wie fluide die alten Apostelakten überliefert wurden, während die Orientierung an den üblichen Textausgaben (oder gar den Übersetzungen, die sicherlich einen wichtigen ersten Ein-

---

dies vor allem aus pragmatischen Gründen. Die Probleme, die sich mit dem Begriff „christliche Apokryphen" verbinden, sind mir sehr bewusst. Gerne verwende ich deswegen den Begriff der „Parabiblica", aber auch dieser lässt sich kritisieren.

[13] Meine Grundidee zur Entstehung des neutestamentlichen Kanons habe ich skizziert in Nicklas, Development.

[14] Zu den wenigen Ausnahmen gehören Papyrus Bodmer 10 (*3 Kor* und *Akten des Paulus*; 3.–4. Jh.), die zueinander gehörigen Fragmente Papyrus Berlin 13893, Papyrus Michigan 1317 und Papyrus Michigan 3788 (*Akten des Paulus*, 3.–4. Jh.), Papyrus Hamburg 1 (*Akten des Paulus*, 3.–4. Jh.) und Papyrus Schøyen. MS 2634.1 (= Papyrus Fackelmann 3; *Akten des Paulus und der Thekla*, 3. Jh.). Weiterführende Informationen (incl. Sekundärliteratur) bei Wayment, *Text*.

stieg bieten) in der Gefahr ist, Entscheidendes zu verschleiern. Tatsächlich existiert keine einzige Handschrift, die einen Text wie die alten *Johannesakten* in der Form und dem Aufbau bietet, wie er uns in der kritischen Ausgabe, die den modernen Übersetzungen zugrunde liegt, angeboten wird.[15] Stattdessen ist es wohl angemessen, von einer *Acts of John-Library* zu sprechen, wie Janet E. Spittler dies tut, und dabei zu berücksichtigen, wie viele verschiedene Formen von *Johannesakten* kursierten, unter denen die byzantinischen *Akten des Johannes durch Prochorus* sicherlich die erfolgreichsten waren.[16] Es ist typisch für die bisherige Forschung, dass eine deutsche Übersetzung dieses Texts bisher nicht existiert.[17] Ähnliches gilt für die alten *Andreasakten*, die nur in einem einzigen umfangreicheren griechischen Fragment und einer lateinischen Epitomé des Gregor von Tours (538–594) greifbar sind. Dass ein heute wenig erforschter Text wie die *Akten des Andreas und Matthias in der Stadt der Anthropophagen*, der zwar wohl nicht in den alten *Andreasakten* enthalten war, aber in die Epitomé Gregors aufgenommen wurde, den Hintergrund für eines der wichtigsten Zeugnisse altenglischer Poesie, das *Andreaslied*, bildete, ist heute (wenigstens in Kreisen, die sich nicht explizit mit christlichen Apokryphen beschäftigen) praktisch unbekannt.[18] Die Zahl der Beispiele ließe sich fortsetzen. Aber

---

[15] Junod und Kaestli, *Acta Johannis 1–2*.

[16] Was dieses Bild z. B. für die Erforschung der *Johannesakten* bedeutet, zeigt exemplarisch Spittler, Apokryphe Apostelerzählungen.

[17] Eine englische Übersetzung aber wird inzwischen geboten in Spittler, Acts of John by Prochorus.

[18] Zum Andreas-Lied vgl. North und Bintley, *Andreas*. Eine ausführlichere Diskussion des Wegs von den *Akten des Andreas und*

es wird klar: Was aus der Perspektive neutestamentlicher Studien häufig als marginal erscheint, war oft über lange Zeit und wenigstens in Teilen der antiken und mittelalterlichen Kirche(n)[19] alles andere als marginal.

Weitere Gedanken kommen hinzu: So interessant es ist, über das Genre apokrypher Apostelakten zu diskutieren und es zu bestimmen,[20] so sehr macht es die Öffnung meines Vorhabens notwendig, dieses Problem – wenigstens für den Moment – beiseitezulassen. Mir ist es nicht nur wichtig zu betonen, dass die kanonische Apostelgeschichte keineswegs als einziges Modell für spätere Apostelerzählungen gelten kann. Entscheidend ist für mich, Verbindungslinien zu zeichnen, die nur da erkennbar werden, wo die allzu engen Grenzen eines Genres den Blick einschränken. Dies wiederum bedeutet nicht nur, dass ich ab und an auch einen Blick in die *Pseudoklementinen* werfen werde, sondern dass sich im ein oder anderen Fall auch Verbindungslinien zu solch unterschiedlichen Texten wie Sammlungen von Wundererzählungen, Evangelien und *Apostolic Memoirs*,[21] Literatur über Maria oder Viten von Heiligen aus nachapostolischer Zeit ergeben werden. Diese Linien werden nur dort erkennbar, wo wir die Grenzen vorgegebener Kategorien und Genres nicht zu eng setzen.

Matthias hin zum altenglischen Text bieten nun Nicklas und Spittler, *Reading Christian Apocrypha*.

[19] Wahrscheinlich geht der Einfluss noch weit darüber hinaus.

[20] Einführend (mit einem Überblick über relevante Sekundärliteratur) z.B. Klauck, *Apokryphe Apostelakten*, 14–21. Klauck bezieht sich jedoch nur auf einige der ältesten Texte und berücksichtigt nicht die Wandelbarkeit bereits dieser Schriften. Für die *Akten des Thomas* zeigt dies sehr schön Pricop, Thomas weitererzählt.

[21] Einführend zu dieser Gruppe von Schriften, mit denen die nachchalzedonisch miaphysitische Kirche Ägyptens ihre Ursprünge auf neue Weise zu fassen sucht, vgl. Suciu, *Berlin-Strasbourg*.

Gleichzeitig werden wir sehen, dass die für Photios, aber auch viele Autoren noch des vergangenen Jahrhunderts wichtigen Kategorien wie „häretisch" und „rechtgläubig" für die Beurteilung vieler Apokryphen, darunter auch Apositeltexten, in den meisten Fällen irreführend sind. Vielmehr entwickelt sich die Autorität vieler Schriften, die uns begegnen werden, weitgehend unabhängig von einer angenommenen Grenze zwischen „kanonisch" oder „außerkanonisch". Stattdessen werden wir sehen, dass auch das Bild der „Grenze" an manchen Stellen problematisch ist und besser durch die Vorstellung eines sich immer wieder neu öffnenden Raums zu ersetzen ist.[22] Dies heißt nicht, dass ich die Normativität des Kanons für irrelevant halte; dieser bleibt auf unterschiedliche Weisen *ein* entscheidender Dialogpartner der Schriften, für die ich mich im Folgenden interessiere. Wo dieser Dialog stirbt, verlieren auch die Schriften des Kanons ihre Lebendigkeit und Fähigkeit, in unterschiedliche Welten und Kulturen hineinzusprechen.[23] Mich interessiert im Folgenden also weniger der Vergleich zwischen Kanonischem und Außerkanonischem, zwischen Bibel und Parabiblischem, sondern die Dynamik, die sich ergibt, wenn wir apokryphe Schriften – und hier besonders Aposteltraditionen – in den Welten, in die hinein sie zu sprechen suchten, ernst nehmen. In den Vordergrund rücken somit konkrete Perspektiven der Texte und auf die Texte, damit verbundene historische Situationen und Herausforderungen, sowie geographische, kulturelle und soziale Kon-

[22] Beispiele zur Erläuterung dieses Gedankens bei Nicklas, Denk- und Kommunikationsräume, sowie Nicklas, Beyond Canon Project, 2–8.

[23] Deswegen spreche ich auch von einer Geschichte des bereits bestehenden Kanons. Vgl. hierzu Nicklas, Kanon und Geschichte.

texte, innerhalb derer sich die genannten Schriften bewegen.[24]

Schließlich ist mir bewusst, dass ich mich auf dünnem Eis bewege. Nicht alle der Texte, die ich in den kommenden Kapiteln ansprechen werde, sind in angemessener Weise kritisch ediert, manche liegen (teilweise oder als Ganze) in Sprachen vor, derer ich nicht oder nicht zureichend mächtig bin. Als Neutestamentler mit patristischen und rezeptionsgeschichtlichen Interessen bin ich mir natürlich der Tatsache bewusst, dass meine Kenntnisse in griechisch-römischer, rabbinischer, manichäischer, byzantinischer Literatur und Ikonographie, auch Paläographie, antiker Philosophiegeschichte, Archäologie u.a. zu begrenzt sind, um mich sicher in all den Terrains zu bewegen, die wir berühren werden. Zudem arbeite ich vornehmlich textorientiert, bin mir aber dessen bewusst, dass die Texte, die wir als christliche Apokryphen verstehen, in vielen Fällen Teile komplexerer Systeme sind, die ich gerne als parabiblische Traditionen bezeichne[25] und die vom intermedialen Zusammenspiel zwischen Text, Elementen materialer Kultur (z.B. Bild und Ding) und Performance (z.B. Liturgie, Theater, etc.) leben. Dies *als Einzelperson* darzustellen überschreitet aber meine Expertise und würde bedeuten, mich mit fremden Federn zu schmücken.[26] So verdankt sich vieles von dem, was ich im Folgenden zu entwickeln suche, dem interdisziplinären

---

[24] Dies gilt nicht nur für ihre Entstehungszeit: In vielen Fällen können einer alten Schrift in neuen Kontexten neue Funktionen zukommen.

[25] Hierzu präziser Nicklas, Beyond Canon Project, 12–18.

[26] Was sich bei einem solchen interdisziplinären Zugang an Mehrwert ergeben kann, zeigt z.B. der Beitrag von Hallinger und Nicklas, Von der Illustration.

Dialog mit Kolleginnen und Kollegen, von denen viele in den vergangenen Jahren in unterschiedlicher Weise – als Mit-Direktorinnen und Direktoren, Fellows, Beratende und Gäste – mit dem durch die DFG geförderten Center „Jenseits des Kanons“ (FOR 2770) an der Universität Regensburg in Verbindung stehen oder standen und einige zu Freunden wurden. Was ich bieten kann, ist also nicht mehr als eine Skizze, die sich interdisziplinärem Dialog verdankt. Diese Skizze wiederum versteht sich gleichzeitig als Einladung zum kritischen Dialog und zu weiterer, kreativer Forschung. Das zu bearbeitende Feld ist riesig und verspricht reiche Früchte.

I. Apostelerzählungen oder Jesuserzählungen?

Bis heute ist die Diskussion um das Genre der Evangelien nicht vollständig abgeschlossen. Nachdem sich in den vergangenen Jahrzehnten im Anschluss an Richard Burridge eine Art von Konsens herauszubilden schien, dass die Evangelien – zumindest die des Neuen Testaments – in einem engen Verwandtschaftsverhältnis zu antiken Biographien stehen, ist dieser durch eine ganze Reihe von Ansätzen in den vergangenen Jahren zunehmend erschüttert worden.[1] Es geht mir im Folgenden nicht darum, detailliert in diese Debatte einzutreten. Vielmehr möchte ich Folgendes zeigen: Wenigstens eine der Funktionen der kanonischen Evangelien besteht darin, von „Ursprüngen" zu erzählen. Dies zeigt sich schon daran, wie sie an Schlüsselstellen den Begriff ἀρχή (oder Vergleichbares) einsetzen. Das Markusevangelium greift etwa, wenn man seine ersten Verse syntaktisch zusammenzieht, auf einen Ursprung zurück, welcher bis auf den Propheten Jesaja zurückgeht (Mk 1,1–3);[2] Lukas gibt vor, sich an denen zu

---

[1] Vgl. Burridge, *What are the Gospels?* Meine eigene Kritik am Zugang von Burridge besteht vor allem darin, dass er argumentiert, als gäbe es keine außerkanonischen Evangelien, und dass er gleichzeitig ein recht stabiles Genre antiker Biographien voraussetzt. Zur Diskussion um seinen einflussreichen und sicherlich in manchen Punkten durchaus hilfreichen Zugang vgl. jetzt die Beiträge in Calhoun, Moessner und Nicklas, *Modern and Ancient*.

[2] Dies zeigt sehr schön Moessner, Mark's Mysterious 'Beginning'; auf ähnliche Weise punktieren auch Alkier und Paulsen, *Markus und Matthäus*, 67.

orientieren, die vom Ursprung her Augenzeugen und Diener des Wortes waren (Lk 1,2). Das Johannesevangelium schließlich setzt mit den Worten „im Anfang" bzw. „im Ursprung" (Joh 1,1) im Grunde bereits vor der Schöpfung an. Matthäus spricht zwar nicht von der ἀρχή, schreibt die Jesuserzählung aber in eine bis auf Abraham zurückgehende Israel-Erzählung ein, die mit dem Stammbaum (Mt 1,1–17) programmatisch beginnt. Man könnte vor diesem Hintergrund die Evangelien als Variationen eines Narrativs verstehen, welches seinen Adressaten ein Identitätsangebot macht. In diesem sind Jesus von Nazaret und, mit ihm aufs Engste verbunden, der Gott Israels, der sich in ihm und in seinem Tun offenbart, die entscheidenden Protagonisten.[3]

In einer grundlegenden Untersuchung hat vor wenigen Jahren David Moessner gezeigt, dass auch die kanonische Apostelgeschichte, so sehr sie ein anderes Genre als die Evangelien repräsentiert, die Jesuserzählungen der Evangelien weiterführt – und selbst als Jesuserzählung verstanden werden kann.[4] Die These des folgenden Beitrags ist: Dies gilt auch für viele spätere Apostelerzählungen, ja in manchen Fällen selbst für hagiographische Literaturen. Dies wiederum möchte ich anhand ausgewählter Beispiele auf folgenden Ebenen entfalten: den Einleitungen mancher Apostelerzählungen, Elementen der eigentlichen Erzählung, die zeigen, dass die Handlung des Texts weiterhin durch Christus und seine bleibende Präsenz bestimmt

---

[3] Die Idee, dass der Gott Israels Protagonist der Erzählung ist, ist keineswegs selbstverständlich (und würde z. B. in Burridges Zugang abgelehnt). Was dies für die Lektüre der Evangelien bedeutet, habe ich am Beispiel des Markusevangeliums gezeigt: Tobias Nicklas, Mark's ‚Jesus Story'.

[4] Moessner, Problem.

ist, daran, dass die in manchen Schriften sehr wichtigen Wunder nicht durch den Apostel gewirkt sind, sondern durch Christus (oder Gott) selbst, und schließlich an einzelnen Darstellungen liturgischer Akte in diesen Texten.

1. Die Verteilung der Welt

Ausgangspunkt vieler apokrypher Apostelerzählungen ist eine kurze Szene, die davon erzählt, wie die Apostel per Los bestimmen, welcher Teil der Welt ihnen für die Proklamation des Evangeliums zugewiesen wird.[5] Natürlich zeigen sich in den unterschiedlichen Schriften (wie auch in den verschiedenen Textformen, in denen sie überliefert sind) Variationen dieser Szene. Allen mir bekannten Fällen aber ist gemeinsam, dass die Verteilung der Welt nicht einfach in gegenseitiger Absprache als eine Art von synodaler Entscheidung beschrieben wird, sondern dass entweder Christus selbst oder das Los bestimmt, wohin ein Apostel gesandt wird.[6] Auch wo keine konkrete Anspielung auf die Losentscheidung zur Nachwahl des Matthias in das Zwölferkolleg (vgl. Apg 1,15–26) zu entdecken ist, ist damit sicherlich vorausgesetzt, dass nicht einfach der Zufall entscheidet, sondern die Entscheidung über die Aussendung in die Hand des „Herrn" (vgl. Apg 2,24) gelegt wird. Wie wenig das Folgende sich dem

---

[5] Hierzu grundlegend Kaestli, Scènes d'attribution.

[6] In den *Akten des Andreas und Matthias in der Stadt der Anthropophagen* entscheidet das Los, der Text spricht jedoch vorher davon, dass die Apostel (bzw. je nach Textform: alle Apostel) an einem Ort „zusammengeführt wurden" (συναχθέντες), was sich eventuell als ein Passivum divinum erklären ließe, oder indirekt auf die Initiative Christi verweist.

Zufall verdankt, sondern einem von Christus gewollten Plan, der unbedingt zu befolgen ist, zeigt sich daran, dass wenigstens in einzelnen Fällen ein Apostel sich, vergleichbar vielleicht der biblischen Jonafigur, weigert, den ihm vorgezeichneten Weg zu gehen. Dies zeigt sich vor allem in verschiedenen Formen der *Akten des Thomas*, der nicht nach Indien gehen will, um dann durch Jesus selbst als Sklave auf ein indisches Handelsschiff verkauft zu werden. Ein besonders aufschlussreiches Beispiel findet sich in den früher als *Acta Thomae Minora* bezeichneten *Akten des Thomas mit der wunderwirkenden Haut*, einem von vielen Texten, die man als Teil einer *Acts of Thomas-Library* ausmachen könnte.[7] Der Text lautet folgendermaßen:

Es geschah nach der Auferstehung unseres Herrn Jesus Christus von den Toten: Er rief seine zwölf Apostel zusammen und begann, sie zu belehren. Er sagte: ‚Kommt, denn die Welt ist der Verfehlung preisgegeben wegen der Ungläubigkeit und der Hartherzigkeit der ungläubigen Völker. Kommt, lasst uns die Welt in zwölf Regionen aufteilen, und jeder von euch soll hingehen und mein Evangelium verkünden. Denn ich bin nicht weit von euch entfernt, sondern ich bin mit euch, wohin ihr auch geht. Und so geschah es: Sie warfen Lose; ein Los nach dem anderen fiel, damit sie in ihre Gebiete gingen.[8]

---

[7] Zu diesem bisher praktisch unbekannten Text vgl. Holste und Spittler, Wonderworking Skin. – Der Begriff einer „Library" im Zusammenhang mit apokryphen Apostelerzählungen geht auf Janet E. Spittler zurück, die dessen Bedeutung besonders im Zusammenhang mit den alten *Johannesakten* deutlich gemacht hat. Siehe Spittler, Apokryphe Apostelerzählungen.

[8] Übersetzung Tobias Nicklas. Edition des griechischen Texts: Rhodes, *Apocrypha anecdota* 2, 28–45; ich orientiere mich aber (wie auch Holste und Spittler) an der zweiten Edition des griechischen Texts durch Tamilia, Acta Thomae apocrypha, der wiederum bearbeitet wird durch Mancini, Per la critica.

Damit aber wird klar: Die Initiative, die Apostel – hier verstanden als „die Zwölf“ – in die Welt auszusenden, geht vom auferstandenen Christus selbst aus. Wann und wo genau die Szene stattfindet, bleibt offen: Grund ist die Überwindung der Sünde, die Verkündigung des Evangeliums, hier eindeutig verstanden als Lehre Jesu. Besonders wichtig: Wohl in Anspielung auf Mt 28,19–20, die letzten Worte des auferstandenen Pantokrators im Matthäusevangelium, macht Jesus deutlich, dass die Apostel auf ihrem Weg nicht allein sind, sondern sie diesen Weg mit Christus an ihrer Seite antreten.

Andere Schriften variieren: So bietet das *Martyrium des Markus* in der im Codex Parisinus gr. 881 überlieferten griechischen Fassung nicht nur den Hinweis, dass Markus, hier offenbar als einer der Apostel verstanden, nach Ägypten, Libyen, Marmara, Ammaniake und die Pentapolis gesandt sei, um das Evangelium vom Kommen des Herrn und Heilands Jesus Christus zu verkünden.[9] Im Vergleich zur selben Szene in den *Thomasakten* fällt auf, dass dieser Text nicht mehr von den Zwölf (bzw. zwölf Weltregionen) spricht, sondern nur noch allgemein von den Aposteln, und dass Jesus als nicht anwesend gedacht wird. Dies dürfte natürlich mit Markus zu tun haben, der weder einer der Zwölf ist noch als Augenzeuge des Wirkens Jesu gelten kann.[10] Dem folgt hier ein zweiter

---

[9] Zur Textüberlieferung vgl. Nicklas, Martyrdom of Mark, 376–378 (sowie die entsprechende NASSCAL-Website); der Text des Parisinus ist in der griechischen Spalte der PG 115, 164–169 abgedruckt. Text und Übersetzung jetzt auch in Nicklas, Martyrdom of Mark in Alexandria, 534–542. Die Textüberlieferung ist im letzteren Beitrag allerdings nur verkürzt dargestellt.

[10] Der Text thematisiert dies (zumindest indirekt) in § 8, wo erzählt wird, dass Christus dem Markus im Gefängnis erscheint – und

Teil, in dem „das ganze Land" – der Text interessiert sich in erster Linie für Alexandria und Ägypten[11] – als Wohnort böser Geister beschrieben wird, in dem alle Arten magischer Praktiken an der Tagesordnung gewesen seien. Unser Herr Jesus Christus jedoch habe all dies *während* oder *aufgrund seiner Anwesenheit* (§ 1) zerstört und vernichtet. Vom Aufenthalt Christi in Ägypten sprechen normalerweise andere apokryphe Schriften, nämlich ein ganzer Kranz von Texten und Traditionen rund um die Flucht der Heiligen Familie nach Ägypten.[12] Darum aber geht es hier sicherlich nicht: Stattdessen setzt der Text ganz offensichtlich voraus, dass mit dem Apostel Markus Christus selbst Alexandria und Ägypten betrat – ein Motiv, das im Text, der vom Antagonismus zwischen Christus und dem Stadtgott Alexandrias, Serapis, lebt, mehrfach thematisiert wird (vgl. z. B. § 8).

2. Christus als Handlungssouverän apokrypher Apostelerzählungen

Die zweite Ebene besteht darin, dass Christus in vielen Apostelerzählungen als (meist) unsichtbarer, oft unerkannter oder erst im Nachhinein erkannter Protagonist die Fäden der Handlung in der Hand hat. Eine besonders

---

zwar in der Form, in der er sich zu Lebzeiten den Aposteln gezeigt hatte.

[11] Mir ist bewusst, dass Alexandria eigentlich nicht als Teil Ägyptens aufzufassen ist, sondern als Alexandria *bei* Ägypten. In § 1 des *Martyriums* aber wird über das ganze Land gesprochen, dabei vielleicht die gesamte Region gemeint, in die Markus geschickt wird.

[12] Hierzu z. B. der faszinierende Überblick bei Bovon, L'enfant Jésus (mit Verarbeitung älterer Sekundärliteratur).

eindrucksvolle Szenenfolge findet sich z.B. in den *Akten des Andreas und Matthias in der Stadt der Anthropophagen*:[13] Als Matthias sich schon 27 Tage lang in Gefangenschaft der Anthropophagen befindet und in drei Tagen geschlachtet werden soll, erscheint Christus dem Andreas, der sich in Achaia,[14] also in Griechenland, befindet und befiehlt ihm, zusammen mit seinen Schülern zur Kannibalenstadt Myrmidonia[15] zu gehen, um Matthias zu retten (§§ 3–4).[16] Obwohl Andreas zögert, weil er meint, dies nicht in dieser Zeit zu schaffen, beharrt Christus auf seinem Befehl. Tatsächlich findet sich im Hafen ein Schiff, das Myrmidonia ansteuern wird. Der Kapitän dieses Schiffs aber ist Jesus selbst, dieses Mal aber in einer Gestalt, in der Andreas ihn nicht erkennen kann (§ 4).[17] Da Christus nun selbst das Schiff steuert, welches Andreas im wahrsten Sinne des Wortes in Windeseile zu Matthias bringt, gelingt die Rettung. Erst am Ende der wunderbaren Schifffahrt, in der die Lesenden auch von geheimen

---

[13] Ich folge der Edition von MacDonald, *Acts of Andrew*, bin mir allerdings dessen bewusst, dass der Text in Wirklichkeit in hohem Maße fluide überliefert ist (was der kritische Apparat wenigstens in Teilen auffangen kann). Dass dieser heute kaum mehr bekannte Text bis hin zu einem Schlüsselwerk altenglischer Poesie, dem Andreas-Lied, eine hoch komplexe Nachgeschichte aufweisen kann, zeigen Nicklas und Spittler, *Reading Christian Apocrypha*.

[14] Einige Textzeugen sprechen von der *civitas* Achaia (siehe MacDonald, *Acts of Andrew*, 76 Anm. 19).

[15] Der Name der Stadt ist in unterschiedlichen Formen überliefert. Dass diese als höchst real vorgestellt werden konnte, zeigen Nicklas und Spittler, *Reading Christian Apocrypha*.

[16] Die Frage, warum Christus eigentlich so lange gewartet hat, um die Rettung des Matthias einzuleiten, wird (wenigstens implizit) in § 18 beantwortet: Christus will dem zuvor zweifelnden Andreas beweisen, dass ihm alles möglich ist.

[17] Der Text ist hier allerdings sehr uneinheitlich überliefert.

Wundern Jesu erfahren, erkennt Andreas, wer der geheimnisvolle Kapitän war (§ 17; vgl. auch sein Gebet in § 18).

Sehr konsequent zeigt sich dies auch in den Schlüsselpassagen der *Thomasakten*, wo Christus überhaupt erst die Reise des Apostels in Gang setzt.[18] Als Judas Thomas sich weigert, sein Los anzunehmen und nach Indien aufzubrechen (§ 1), verkauft ihn Christus, der Herr, als Sklaven, der das Handwerk des Zimmermanns erlernt hat, an Abban, einen Kaufmann aus Indien und Abgesandten des Königs Gundafor (§ 2). Nun erst fügt sich Thomas in den Willen Christi (§ 3). Vor allem aber spielt der Text mit dem Motiv, dass Judas Thomas auch als „Zwilling" genannt wird. Erst im Verlauf der Erzählung wird deutlich, wie dies gemeint ist: Jesus ist nicht nur „Herr" des Thomas, und Thomas hat nicht nur den gleichen Beruf wie Jesus erlernt. Die beiden sind offenbar Zwillinge[19] – und Jesus schlüpft damit immer wieder in die Rolle des Thomas, ohne dass das diesem bewusst wird. Erst im Nachhinein stellen sich Fragen. Das erste Beispiel im Text findet sich im Kontext der Hochzeit der Tochter von König Gundafor in Indien. In § 11 lesen wir:

Der König verlangte aber von den Brautführern, aus dem Brautgemach hinauszugehen. Als aber alle hinausgegangen und die Türen geschlossen waren, hob der Bräutigam den Vorhang des Brautgemachs empor, um die Braut zu sich zu führen. Und er

---

[18] Ausgabe des griechischen Texts Bonnet, *Acta Thomae graece*. Informationen zu einer Neuedition bei Roig Lanzillotta, Reinterpreting, und Muñoz Gallarte, Textual Witnesses.

[19] Zur Verbreitung des Motivs in der Thomastradition und seinem möglichen Hintergrund vgl. weiterführend Frenschkowski, Zwillingsmythologie.

erblickte den Herrn Jesus, der das Aussehen[20] des Apostels Judas Thomas hatte, der sie [pl.] vor kurzem gesegnet hatte und dann von ihnen gegangen war, mit der Braut reden und sprach zu ihm: „Bist du nicht vor allen (anderen) hinausgegangen? Wie geschah es, dass du jetzt hier bist?" Der Herr aber sprach zu ihm: „Ich bin nicht Judas, der auch Thomas heißt, sein Bruder bin ich."[21]

Es folgt eine Rede des Herrn, die, den enkratischen Tendenzen der *Thomasakten* entsprechend, zu vollkommener Reinheit und Keuschheit auch in der Ehe auffordert.[22] Etwas weniger deutlich kommt dieser Gedanke in der zweiten Tat (§§ 17–29) des Apostels zum Ausdruck. Hier scheint der Apostel zunächst ganz selbständig zu handeln: Anstatt dem König den versprochenen Palast zu bauen, verteilt Thomas die ihm zugewiesenen Gelder an die Armen. Dass diese Handlung trotzdem als Handlung Christi verstanden werden darf, deutet sich in einer kurzen Rede des Apostels (§ 19) an:

Der Herr hat euch dies zugeteilt, und er gewährt einem jeglichen die Nahrung. Denn er ist der Ernährer der Waisen und Versorger der Witwen, und allen Bedrängten wird er Ruhe und Frieden.

Als der König entdeckt, dass überhaupt kein Palast gebaut wurde, lässt er Thomas wie auch den Kaufmann ins Gefängnis werfen. Während er aussinnt, wie er die beiden auf möglichst grausame Weise hinrichten könne, erkrankt sein Bruder schwer und stirbt noch in der gleichen Nacht.

---

[20] Das griechische Wort ἀπεικασία, das hier verwendet wird, bezeichnet zunächst ein „Abbild" oder eine „Nachbildung".

[21] Übersetzungen der *Thomasakten* adaptiert nach Drijvers, Thomasakten, 308.

[22] Das Thema einer grundsätzlichen Ablehnung menschlicher Sexualität (auch in der Ehe) durchzieht zumindest die fünf alten Apostelakten.

Als ihm die himmlischen Wohnungen gezeigt werden, entdeckt er einen wunderbaren Palast und wird darüber unterrichtet, dass dies der himmlische Palast sei, den Thomas, genannt „jener Christ", durch seine Taten dem König errichtet habe. Daraufhin kommt der Bruder des Königs wieder zum Leben und kann ihm von dem wunderbaren himmlischen Palast berichten; Apostel und Kaufmann werden freigelassen (§24); der König und sein Bruder ändern ihr Verhalten gegenüber den Bedürftigen (§26) und bitten schließlich um die Taufe. Wie sehr Christus hier, selbst wenn er über weite Passagen ungenannt bleibt, eine Rolle spielt, zeigt sich nicht nur an den wunderbaren Ereignissen im Zusammenhang mit Tod und Wiederaufleben des königlichen Bruders, sondern auch in der Deutung des Geschehenen im Gebet des Apostels:

> Ich preise dich, Herr Jesus, dass du deine Wahrheit in diesen Menschen offenbart hast. Denn du allein bist der Gott der Wahrheit, und kein anderer, und du bist der, welcher alles weiß, was den meisten unbekannt ist; du, Herr, bist der, welcher in allen Stücken [den Menschen Schonung und Barmherzigkeit] erweist. (§25)

Noch deutlicher wird §27: Bei der Taufe des Königs und seines Bruders offenbart sich Christus, der Herr, zunächst durch seine Stimme. Wie einst den Aposteln gibt er sich durch sein „Friede sei mit euch, Brüder" (vgl. Lk 24,26; Joh 20,19.21.26) zu erkennen, bleibt aber den Ungetauften unsichtbar. Erst als die beiden getauft sind, erscheint ihnen

> ein Jüngling, der eine brennende Lampe trug, dass auch die (anderen) Lampen selbst durch die Ausstrahlung ihres Lichts verdunkelt wurden. Und er ging hinaus und wurde ihnen unsichtbar. Der Apostel aber sprach zum Herrn: ‚Unfassbar ist uns, Herr, dein Licht, und wir können es nicht ertragen. Denn es ist größer als all unsere Sehkraft.

Der Plot hinter der zweiten Tat des Apostels lässt sich damit in wenigen Worten zusammenfassen: Christus selbst ermöglicht auf Umwegen die Konversion des Königs und seines Bruders; bei ihrer Taufe ist er zunächst hör- und später sichtbar präsent. Dies wiederum bildet von nun an die Basis, dass auch der Rest des Volkes zu Christus finden kann.

Besonders konsequent scheint mir die Idee, dass Christus und mit ihm Gott selbst die eigentlichen Protagonisten sind, in den *Petrusakten* – und zwar in ihrer lateinischen Version, wie wir sie in den *Actus Vercellenses* finden – durchgehalten.[23] Das griechische Original des Texts wurde wohl im späten zweiten Jahrhundert in Kleinasien verfasst; die lateinische Fassung wird üblicherweise auf die zweite Hälfte des vierten Jahrhunderts datiert; ihr Entstehungsort dürfte Nordafrika sein.[24] Schon in § 1 wird deutlich, dass Christus für die Bewegungen der Protagonisten verantwortlich ist. Dass der spätere Antagonist des Petrus, Simon Magus, überhaupt die Stadt betreten und die neu gegründete, noch nicht voll im Glauben gefestigte Gemeinde verführen darf, ist nur deswegen möglich, weil Paulus, hier offenbar als Gründer der römischen Gemeinde verstanden, nach Spanien zieht. Verantwortlich dafür ist Christus, der dem Paulus befiehlt, Rom zu verlassen

---

[23] Edition: Döhler, *Acta Petri*. – Ausführlicher habe ich die folgenden Gedanken entwickelt in dem Beitrag Tobias Nicklas, The *Acts of Peter* (Actus Vercellenses): A Jesus Christ Story?, in *Narrative Hermeneutics, History, and Rhetoric. A Festschrift for David Moessner*, hg. von Margaret M. Mitchell, Tobias Nicklas und Janet E. Spittler, NovT.S 194 (Leiden – Boston: Brill, 2024).

[24] Weiterführend Bremmer, Aspects, 145–147, sowie ders., Jews, Pagans and Christians, 342; zum nordafrikanischen Hintergrund des lateinischen Texts vgl. Poupon, Origine africaine.

(§ 1). Dagegen hilft auch die Bitte der Gemeinde nichts: Paulus muss den ihm auferlegten Weg gehen; sein Weg führt nach Spanien, auch wenn er zurückkehren und unter Nero den Märtyrertod sterben wird.[25] Wie Schachfiguren werden die menschlichen Protagonisten hin- und her bewegt; ihr eigener Wille zählt genauso wenig wie missionstaktische Überlegungen, führt doch die Abreise des Paulus zunächst einmal zu einer Katastrophe: Das Fehlen eines Apostels in Rom eröffnet überhaupt erst den Raum für Simon Magus, die Gemeinde zu verführen. Auch hinter ihm steht eine „große Macht" – aber nicht die Macht Gottes (§ 4, Z. 79), sondern natürlich die des Teufels. Das Spiel geht jedoch weiter: Christus versetzt Petrus aus Palästina nach Rom; er offenbart sich ihm in einer Vision und befiehlt:

Petrus, der, den du aus Judäa hinausgeworfen hast, der überführte Magier Simon, hat sich wieder vor euch in Rom niedergelassen. Doch wisse in Kürze: Alle nun, die an mich geglaubt haben, hat der Satan in seiner Hinterlist und seiner Macht vernichtet, dessen Kraft zu sein er bewiesen hat. Aber säume nicht, brich am morgigen Tag <nach Caesarea> auf, und du wirst ein Schiff finden, das bereitet ist, nach Italien zu segeln. Und in wenigen Tagen will ich dir meine Gnade zeigen, die keinen Neid enthält (§ 5, Z. 105–110).[26]

Petrus führt die Anweisungen Christi ohne zu zögern aus; er stellt dabei alle menschlichen Bedürfnisse zurück, ja ruht nicht einmal nach der anstrengenden Schiffsreise aus (§ 6, Z. 183–186). Was die *Thomasakten* für unser heutiges Empfinden auf drastische Weise durch das Motiv

[25] Zu solchen Spanientraditionen weiterführend (mit historischem Zugang) Puig i Tarrèch, Paul's Missionary Activity sowie Karakolis, Paul's Mission to Hispania.

[26] Übersetzung Döhler, *Acta Petri*, 63.

zum Ausdruck bringen, dass Christus selbst Judas Thomas als Sklaven verkauft, wird in den *Petrusakten* mit dem Gedanken zum Ausdruck gebracht, dass Petrus, die Apostel, letztlich aber alle Anhänger Christi „Diener Christi" (oder „Versklavte Christi") sind (siehe z.B. §§ 4, 5, 6, 8 und viele andere).[27] Nur weil das Handeln des Petrus vollkommen dem Willen Christi entspricht, bedeutet seine Ankunft in Rom, dass mit ihm Christus die Stadt betritt und somit Simon und seine dunkle Macht zerstört werden kann (§ 6, Z. 179–182). Menschliche Charaktere können in der Logik des Texts das Böse nur aufgrund ihrer totalen Hingabe an Christus besiegen: Wo sie aber in einer solchen Haltung leben, ist ihnen alles möglich.[28] Auch der Wettstreit Petri gegen Simon Magus ist letztendlich ein Kampf Christi gegen Satan. Christi Sieg wird auf verschiedenen Ebenen erzählerisch vorweggenommen. Besonders beeindruckend ist § 22: Marcellus, ein römischer Senator, der schon unter Paulus zum Christen geworden war, dann sich durch Simon Magus verführen hatte lassen, bevor ihn Petrus wieder auf den rechten Weg gebracht hat, hat einen Traum: Er sieht eine hässliche Äthiopierin, die in Ketten vor ihm tanzt. Diese Frau verkörpere „die ganze Macht Simons und seines Gottes" (Z. 596–597). Obwohl er im Traum aufgefordert wird, sie

---

[27] Diese Selbstbezeichnung der Christusanhänger ist breit bezeugt und hat eindeutige alttestamentliche Hintergründe (vgl. zu Mose: Jos 14,7 LXX; Abraham: Ps 104,42 LXX; Josua/Jesus: Jos 24, 29; Ri 2,8 LXX, David: Ps 88,4 LXX; Propheten: 4 Kön 17,23 LXX u.a.). Zur Bedeutung dieser Selbstbezeichnung für die *Akten des Petrus* vgl. Bremmer, Slaves of God/Christ.

[28] Dies zeigt sich auch daran, dass nicht nur Petrus Wunder tut, sondern § 11 davon berichtet, dass Marcellus in der Lage ist, eine Kaiserstatue, die durch einen Dämon zerstört wurde, auf wunderbare Weise wieder in ihren alten Zustand zu versetzen.

zu töten, schafft er es nicht. Dies gelingt erst Petrus, der ebenfalls in diesem Traum begegnet, mit Hilfe des „wahren Schwert, d.h. Jesus Christus“ (Z. 599–600). Der Traum nimmt nur das Ergebnis des folgenden Wettstreits vorweg: Der Diener Christi besiegt den Satansdiener. Dies jedoch ist nur die Oberfläche der Ereignisse: In Wirklichkeit ist es Christus selbst, der Satan überwindet.

Ein weiterer Aspekt des Themas zeigt sich schließlich in der berühmten *Quo vadis*-Szene. Diese ist leider in den *Actus Vercellenses* nicht erhalten, sehr wohl aber in der griechischen Fassung des *Martyriums Petri*.[29] Nach dem Sieg über Simon Magus scheint der weiteren Verkündigung des Evangeliums in Rom nichts entgegenzustehen. Doch als die Predigt des Petrus auch die Konkubinen des Stadtpräfekten Agrippa erreicht (§ 33), bahnt sich Unheil an: Die Frauen beschließen aufgrund der Botschaft des Apostels, von nun an keusch zu bleiben. Ähnliches geschieht mit Xanthippe, der Frau des Albinus, welcher als „Freund des Kaisers“ (§ 34)[30] eingeführt wird, und vielen anderen Frauen. Um ihre Frauen zurückzuerlangen, planen Albinus und Agrippa, Petrus töten zu lassen. Xanthippe erfährt davon und unterrichtet den Petrus. Mit dem Argument, er könne als Lebender dem Herrn auch weiterhin dienen, lässt sich Petrus überreden, aus Rom zu

---

[29] Edition und deutsche Übersetzung bei Zwierlein, *Petrus in Rom*, 401–425.

[30] Döhler, *Acta Petri*, 301 erklärt dieses Attribut folgendermaßen: „Wahrscheinlich ist, dass Albinus unter die Kategorie der dem Ritter- und Senatorenstand angehörenden *amici* fällt, da unser Autor für diesen Stand ein eindeutiges Interesse zeigt. Da letztlich aber unklar bleibt, wie sich der Autor das Verhältnis des Albinus zum Kaiser vorstellt, wird auch hier ‚Freund des Kaisers‘ übersetzt mit dem Hinweis auf eine weiter gefasste Bedeutung als die der Freundschaft im emotionalen Bereich in unserem Verständnis.“

fliehen. Anders als bei seiner Reise von Caesarea nach Rom handelt er damit unabhängig von dem, was Christi Auftrag ist. Nur vor diesem Hintergrund lässt sich die folgende Szene verstehen:

Als er [Petrus] durch das Stadttor hinausgehen wollte, sah er den Herrn in die Stadt Rom hineinkommen. Und wie Petrus das sah, sprach er zu ihm: „Was kommst du hierher, Herr?" Und der Herr antwortete ihm: „Ich gehe nach Rom hinein, um gekreuzigt zu werden." Und Petrus sagte zu ihm: „Mein Herr, ein weiteres Mal wirst du gekreuzigt?" Und es antwortete ihm der Herr: „Ja, Petrus, ein weiteres Mal werde ich gekreuzigt." Und Petrus ging in sich, und als er den Herrn zum Himmel hinaufschweben sah, kehrte er in die Stadt Rom zurück, frohlockend und den Herrn preisend, dass er gesagt habe, er selbst werde ein weiteres Mal gekreuzigt, wodurch er in Wirklichkeit ankündigte, was an Petrus geschehen sollte. (*Mart.Petr.* 6,4–5)[31]

Wie schon bei der Passion Jesu ist Petrus also in der Gefahr, den Bezug zu seinem Herrn zu verlieren; unter dem Vorwand, ihm auch weiter dienen zu können, verlässt der Diener Christi die Stadt. Wie er ihn schon einmal angesehen und vom falschen Weg abgelenkt hat (§ 7),[32] wendet der Herr nun erneut den Weg des Petrus. Gleichzeitig bietet die Passage einen entscheidenden Deutehorizont für das folgende *Martyrium Petri*. Einerseits bleibt dieses

[31] Übersetzung adaptiert von Zwierlein, *Petrus in Rom*, 409–411.

[32] Hier erzählt Petrus von seinem Verrat Christi bei der Passion. Der Text lautet (in der Übersetzung von Marietheres Döhler): „[I]ch war es, der ihn, unseren Herrn Jesus Christus, verleugnet hat, und nicht nur einmal, sondern dreimal. … Aber der Herr hat es mir nicht angerechnet; und er wandte sich zu mir und hatte Mitleid mit der Schwachheit meines Fleisches, so dass ich danach bitterlich über mich weinte und über meinen so schwachen Glauben trauerte, weil ich vom Teufel besinnungslos gemacht worden war, und im Geist nicht das Wort meines Herrn hielt" (§ 7).

wirklich das Martyrium *Petri*, das sich schon dadurch vom Kreuzestod Jesu unterscheidet, dass Petrus mit dem Kopf nach unten gekreuzigt wird (*Mart.Petr.* 8,4 – *Act. Verc.* 37).[33] Andererseits geht der Text davon aus, dass Christus wirklich in der Kreuzigung Petri „ein weiteres Mal gekreuzigt" wird. Er bestimmt somit nicht nur die Wege der Apostel und verfügt über ihre Rettung oder ihren Zeugentod. Er leidet diesen auch mit. Zwei Textzeugen des *Martyriums* bieten am Ende des Satzes „Ein weiteres Mal werde ich gekreuzigt" die zusätzlichen Worte „wie schon oft" (ὡς καὶ πολλακίς)[34] – und stellen damit einen recht klaren Bezug zu anderen Märtyrererzählungen her. Jesus wird nicht nur in der Kreuzigung des Petrus „ein zweites Mal gekreuzigt", sondern wurde dies auch beim Tode anderer Märtyrer und Märtyrerinnen. Die Petrusgeschichte ist somit bis zu ihrem Ende Christusgeschichte. Sie ist aber nur *eine* von vielen.[35]

3. Wunder der Apostel?

Die beiden nach Umfang wie Inhalt monumentalen Bände des federführend von Ruben Zimmermann herausgegebenen *Kompendiums der frühchristlichen Wundererzählungen* unterscheiden zwischen den Wundern Jesu (Band 1)

---

[33] Text: „Und sich an die wendend, die ihn aufhängen würden, sprach er zu ihnen: ‚Mit dem Kopf nach unten kreuzigt mich; und aus welchem Grund ich wünsche, so aufgehängt zu werden, werde ich den Zuhörenden sagen" (Übersetzung, Döhler, *Acta Petri*, 137).

[34] Vgl. Zwierlein, *Petrus in Rom*, 409 Anm. 12, der diese Lesart mit guten Gründen als sekundär beurteilt.

[35] Mit diesen Gedanken berühre ich mich mit einer zentralen These von Moss, *The Other Christs*.

und den Wundern der Apostel (Band 2).[36] Dies ist natürlich für eine erste Orientierung des Zielpublikums, an welches sich diese Werke richten, vollkommen angemessen. Und doch zeigt sich schon bei der ersten Wundererzählung der kanonischen Apostelgeschichte, der Heilung eines Gelähmten an der „Schönen Pforte" des Tempels zu Jerusalem, ein Motiv, das auch für spätere Apostelerzählungen wichtig wird: Petrus heilt „im Namen Jesu Christi, des Nazoräers" (Apg 3,6; vgl. auch 4,7.10). Noch eindeutiger ist die Erzählung von der Heilung des seit acht Jahren gelähmten Äneas in Lydda. Petrus spricht ihm zu: „Äneas, Jesus Christus heilt dich. Steh auf und richte dir deine Trage" (Apg 9,34). Wie wirksam der Name Jesu ist, zeigt sich auch am Handeln des Paulus, mit dem sich etwa in Ephesus eine Vielzahl von Wundern verbinden. Doch auch hier wird sehr sensibel darauf geachtet, dass in Paulus keine übermenschlichen Kräfte wohnen.[37] Stattdessen ist es Gott, der durch die Hände des Paulus Wunder vollbringt (vgl. Apg 19,11). Als eine Gruppe jüdischer Exorzisten sich des Namens Jesu zu bemächtigen sucht und sie mit seiner Hilfe einen bösen Geist austreiben wollen, antwortet dieser:

Ich kenne Jesus und ich weiß von Paulus, aber: wer seid ihr? (Apg 19,15).

Die Möchtegern-Exorzisten werden überwältigt, vom Besessenen verprügelt und kommen nur mit Glück und wohl mehr als einem blauen Auge davon (Apg 19,16). Eines ist

---

[36] Zimmermann, *Kompendium 1–2*.

[37] Hilfreiche Interpretationen bieten z.B. Klauck, *Magie und Heidentum*, 112–117, der allerdings einen nicht immer ganz unproblematischen Begriff von „Magie" voraussetzt, und Czachesz, Zauberlehrlinge.

klar: Der Name Christi ist ein „Machtname",[38] aber gerade deswegen lässt er sich *nicht* für jedermanns Zwecke missbrauchen.[39] Die Wunder der Apostel aber sind im Grunde Wunder Christi bzw. Wunder Gottes.[40] Vergleichbares lässt sich auch in vielen apokryphen Apostelerzählungen, die sich auch dadurch als Christuserzählungen erweisen, beobachten.[41] Sehr schöne Beispiele zeigen sich etwa in der Fassung der *Andreasakten* im *Liber de miraculis* des Gregor von Tours (538–594 n. Chr.).[42] Nicht nur Andreas heilt im Namen des Herrn Jesus Christus (vgl. § 5 Heilung eines Besessenen [*in nomine domini Iesu Christi*], § 23 Auferweckung von Calisto, der Frau des Prokonsuls [*in nomine Iesu Christi Dei mei*]), auch Trophime, einst die Konkubine des Prokonsuls, erweckt einen jungen Mann „im Namen Jesu Christi" [§ 23,10: *in nomine Iesu Christi*]). Besonders beeindruckend ist eine Szene in Kapitel 12, die in Philippi spielt: Während der junge Exochus sich Andreas zuwendet und diesen beherbergt, lassen sich seine Eltern nicht bekehren. Als Exochus sich mit Andreas im Haus befindet, setzen die Eltern das Haus in Brand. Die wunderbare Rettung er-

---

[38] Unter Machtnamen oder „names of power" versteht man die Namen von Gottheiten oder Dämonen, mit denen man die Vorstellung verbindet, dass ihre Verwendung besondere Macht verleiht.

[39] Ich vermeide hier bewusst den Begriff der „Magie", da mit diesem eine Wertung einhergeht, obwohl eine Differenzierung der Begriffe „Magie" (und „Zauberei") von „Wunder" und „Religion" oder auch „Medizin" und „Wissenschaft" nicht in angemessener Weise möglich ist. Vgl. hierzu auch die knappen Gedanken bei Nicklas, Wunder versus Magie (incl. weiterführender Literaturhinweise).

[40] Das Verhältnis zwischen Christus und Gottvater als Urheber des Wunders wird dabei üblicherweise nicht reflektiert.

[41] Beispiele auch bei Zimmermann, Wundererzählungen, 10.

[42] Ich folge hier der Textausgabe von MacDonald, *Acts of Andrew*.

folgt zwei Mal durch Christus. Der erste Teil des Texts lautet folgendermaßen:[43]

Und als die Flammen schon in die Höhe schlugen, nahm der Junge ein Fläschchen mit Wasser und sprach: „Herr Jesus Christus, in dessen Hand die Natur aller Elemente ruht, der du das Trockene mit Wasser tränkst und das (mit Wasser) Getränkte austrocknest, der du das Brennende abkühlst und das Gelöschte anzündest, lösche diese Flammen, so dass diese Menschen nicht lau bleiben, sondern zum Glauben entzündet werden." Während er das sagte, spritzte er Wasser aus dem Fläschchen herab, und sofort ging das ganze Feuer aus, als ob es nie entzündet worden wäre.

Exochus löscht das Feuer also mit Wasser. Das Wunderbare jedoch besteht darin, dass offenbar nur wenige Tropfen Wasser genügen, um ein brennendes Haus sofort zu löschen. Obwohl Christus an keiner Stelle explizit auftritt, markiert das Gebet des Jungen, wer das Wunder vollbracht hat: Nur aufgrund seiner Beziehung zu Christus, welcher die Elemente beherrscht, kann Exochus das Feuer zum Stillstand bringen, um das Feuer des Glaubens zu entzünden. Während Christus hier nicht explizit auftritt, muss er in der unmittelbar folgenden Szene direkt eingreifen, denn die Eltern des Jungen missverstehen das Geschehene erneut:

Als die Eltern des Jungen das sahen, sagten sie: ‚Siehe schon ist unser Sohn zum Magier geworden.' Sie holten eine Leiter und wollten in den dritten Stock steigen, um sie [den Jungen und den Apostel] mit dem Schwert zu töten. Der Herr aber blendete sie, damit sie die Stufen der Leiter nicht sehen konnten.

Die spirituelle Blindheit der Eltern wird so, ohne dass irgendeine Bitte erfolgen muss, durch Christus selbst in

---

[43] Übersetzung adaptiert nach Czachesz, Unser Sohn, 801.

echte Blindheit verwandelt.[44] Das Rettungswunder mündet in ein Lichtwunder, welches die anwesende Menschenmenge – bis auf die Eltern – zum Glauben führt.[45] Der Apostel selbst bleibt in dieser Szenenfolge vollkommen passiv. Er greift weder ein, als es brennt, noch leistet er einen anderen Beitrag zur Rettung. Erst nachdem die Menschenmenge aufgrund des Lichtwunders zu ihm kommt, beginnt seine eigentliche Tätigkeit, sie aufzurichten und in ihrem noch anfanghaften Glauben zu stärken (*tunc erecti ab apostolo, conrobati sunt in fide*).

Auch § 24 ist spannend: Dort lesen wir zunächst von der Auferweckung von Philopater, dem Sohn des Sostratos aus Mazedonien (§ 24,2), durch den Apostel selbst, der zusammen mit seinen Gefährten auf dem Weg zum Apostel Schiffbruch erlitten hatte. Der junge Mann kommt aufgrund der Predigt des Apostels zum Glauben und bittet diesen nun, auch seine Gefährten zu retten. Als 39 Leichen angeschwemmt werden, erweckt der Apostel selbst Philopaters engsten Freund Warus und überlässt die anderen 38 seinen Gefährten, die „je einen Toten halten und sagen: ‚Jesus Christus, der Sohn des lebendigen Gottes, erweckt dich wieder zum Leben!'" (*Resuscitat te Iesus Christus filius Dei vivi.*) Das Wunder geschieht und alle Anwesenden preisen Gott. Spannend an dieser Szene ist nicht nur, wie eindeutig sie Christus als den bezeichnet, der die Wasserleichen auferweckt. Die menschlichen

[44] Das Spiel mit diesem Motiv ist in der Bibel wohlbekannt – es begegnet im Grunde schon in Jes 6,9–10 und ist besonders schön in der Heilung des Blindgeborenen (Joh 9) auf verschiedenen Ebenen narrativ illustriert.

[45] Die Szene spielt in der Nacht; in dieser leuchtet jedoch plötzlich ein Licht auf, dass die Augen aller mit Licht versorgt und somit sehen lässt (*subito lumen effulsit, et omnium oculi inluminati sunt*).

Wundertäter treten hier so weit zurück, dass wir keinen einzigen ihrer Namen erfahren und sie auch im weiteren Verlauf der Szene keine Rolle mehr spielen.

Auch in den bereits erwähnten *Petrusakten* finden sich viele Heilungen und Exorzismen „im Namen Christi“:[46] „Im Namen Christi“ erfolgt ein Exorzismus im Haus des Senators Marcellus (§ 11), wird eine zerstörte Kaiserstatue wieder heil gemacht (§ 11), ein Stockfisch zum Leben erweckt (§ 13), die Spuren Simons (und damit Satans) aus dem Haus des Marcellus (§ 19) beseitigt und vieles mehr.

Eine andere Technik, die wir bisher noch nicht beobachten konnten, zeigt sich in § 25 derselben Schrift (wieder in der Form der *Actus Vercellenses*): In aller Öffentlichkeit wendet sich eine Witwe an Petrus: „Petrus, Diener Gottes, mein Sohn ist tot, der einzige, den ich hatte“ (Z. 655–656). Petrus befiehlt den Leichnam zu bringen, welcher noch einmal untersucht wird. Es zeigt sich, dass er nicht mehr atmet – und eindeutig tot ist. Bis § 27 wird diese Szene unterbrochen, dann erst wird der Sohn der Witwe, auf einer Bahre liegend zu Petrus gebracht (Z. 682: *in grabato*). Daraufhin betet Petrus mit folgenden Worten zu Christus: „*Und das Wort meines Herrn Christus aufnehmend*, sage ich zu dir: ‚Jüngling, steh auf und geh mit deiner Mutter, solange du ihr nützlich bist‘“ (Z. 688–689: *et uocem accipiens Christi domini mei, dico tibi: Iuuenis, surge et ambula cum matre tua usque dum ei prode es*). Danach steht der Tote sofort auf, zum Erstaunen der Menschenmengen (Z. 690–691: *Et continuo mortuus se leuauit, et uidentes turbae miratae sunt*). Es ist nicht mehr nötig zu zeigen, wie viele Anspielungen auf die Aufer-

---

[46] Zum Folgenden ausführlicher Nicklas, *Acts of Peter* (Actus Vercellenses).

weckung des Jünglings von Nain in Lk 7,11–17 dieser Abschnitt enthält. Petrus geht sogar so weit, Jesus ausdrücklich zu zitieren; seine Worte sind mit den Worten Jesu identisch, seine Stimme ist somit nicht mehr seine eigene, sondern die Stimme Christi. Eines der vergangenen Wunder Jesu, das er in der kleinen Stadt Nain vollbracht hat, eine Geschichte, die ihrerseits auf die Erzählung in 1 Kön 17,17–24 anspielt, in der Elija den Sohn der Witwe von Sarepta auferweckt, ereignet sich nun auch in Rom. Jesus ist für diesen Text also nicht nur ein Dorfheiler der Vergangenheit: Seine Macht ist immer noch sichtbar, nun aber im Zentrum der Welt, in den Wundern, die von seinen Dienern (aber in seinem Namen und durch ihn) vollbracht werden.

Jahrhunderte später findet sich sehr Ähnliches in der *Vita Sancti Severini* des Eugippius (ca. 465–533 n. Chr.), dem *Leben des Heiligen Severin*, das im Noricum des späten fünften Jahrhunderts spielt, d. h. in Teilen des heutigen Österreich und Bayern.[47] Der Text, der bis heute als wichtige Quelle für den Untergang des römischen Reichs in dieser Region sowie die Zeit der Völkerwanderung gelesen wird, ist auch wegen der vielen Wunder, von denen er berichtet, interessant.[48] Auch hier finden wir – nun allerdings in vollkommen anderem Kontext als in den *Petrusakten* – eine Neuinszenierung der Auferweckung des Jünglings von Nain wie auch des Sohns der Witwe von Sarepta. Wir hören von einem Mann aus dem Volk der Rugier, der seit zwölf Jahren an schwerer Gicht leidet (§ 6). Da an ihm alle ärztliche Hilfe gescheitert ist, legt ihn seine

[47] Zum Folgenden ausführlicher Nicklas, Bierwunder, 385–387; weitere vergleichbare Beispiele auch bei Nicklas, Receptions.

[48] Der Text wurde mehrfach ediert. Vgl. u. a. Becker sowie Noll. Übersetzungen stammen von mir.

Mutter, eine Witwe (*vidua mater*), auf einen Wagen und bringt ihn so zu Severin. Dort bittet sie den Heiligen inständig darum, ihren „einzigen Sohn“ (*unicum filium*) zu heilen (§ 6 [1]). Severin, der nun als ein Gottesmann (*vir dei*; vgl. § 6 [2]) bezeichnet ist, weist die Mutter ab, ermahnt sie aber, Almosen an die Armen zu geben. Erst als sie sich als rückhaltlos großzügig erweist, ist Severin so beeindruckt, dass er zu Gott um die Heilung des Sohnes betet. Wenig später ist der Mann in der Lage, auf eigenen Beinen nach Hause zu gehen. Die sich nun entspinnende Diskussion, ob es sich bei ihm um die gleiche Person handeln könne, die noch zuvor so schwer krank gewesen war (§ 6 [4]), erinnert an eine parallele Passage in der johanneischen Heilung eines Blindgeborenen (Joh 9,8–9). Als das Wunder für alle ersichtlich ist, erkennt der ganze Stamm der Rugier Severin als Diener Gottes an.[49]

Doch nicht nur Lk 7 wird in neue Kontexte transferiert, sondern auch andere Wunder Jesu. Dies lässt sich z. B. mit einem Abstecher in meine Heimat Regensburg zeigen: Einer der Diözesanheiligen des Bistums Regensburg ist der in der Nähe von Poitiers geborene Emmeram, dessen Leben und Martyrium in einer auf das 8. Jahrhundert zurückgehenden *Vita* des Arbeo von Freising (723–784 n. Chr.) beschrieben wird.[50] Im Zentrum dieser Schrift steht natürlich das Martyrium Emmerams, dessen Anlass der eigentümliche Vorwurf bildet, er habe – als Bischof von Regensburg – eine Prinzessin geschwängert. In Wirklichkeit nimmt Emmeram die Schuld eines anderen auf

---

[49] „Der gesamte Stamm der Rugier begann, in Scharen zu dem Gottesdiener laufend, freudigen Gehorsam zu bekunden und Hilfe in seinen Leiden zu erbitten.“

[50] Textausgabe: *Arbeo*. Übersetzungen folgen dieser Ausgabe oder sind aus ihr adaptiert.

sich; er stirbt eines schrecklichen Todes; doch von seinem Grab gehen von nun an vielfältige Wunder aus.[51] Eines davon passt sehr gut in unseren Kontext (§§ 37–43): Der zunächst vage an die Josefsgeschichte der Genesis erinnernde Text erzählt von einem Mann, welcher, von Räubern überfallen, als Sklave „an das Volk der Franken" (*eum genti Francorum venundati sunt*) und dann nach Thüringen verkauft wird (§ 37). Dort tut er als guter Handwerker alles, um seinem neuen Herrn zu dienen. Als er jedoch gezwungen werden soll, die Witwe eines Mitsklaven zu heiraten, weigert er sich zuerst, weil er eine Frau in seiner Heimat zurücklassen musste. Letztendlich aber bleibt ihm keine Wahl (§§ 38–39). Wirklich ausweglos jedoch wird seine Situation, als er erkennt, dass seine neue Angetraute nicht auf seinen Vorschlag, eine Josefsehe zu führen, eingeht, sondern auf ihrem Recht pocht, dass ihr neuer Mann auch sexuell seine Pflicht erfüllt (§ 40).[52] Auf ein verzweifeltes nächtliches Gebet hin gelingt ihm auf wunderbare Weise die Flucht (§ 41): Ihm erscheint ein

> sehr schöner Mann von hoher Gestalt vor seinem Bett (*quidam pulcherrimus vir procere statu ante lectum eius staretur*) …, der trug in den Händen einen Stab, stieß damit den Schlafenden in die Seite und sagte: „Stehe auf und geh zur Kirche des heiligen Märtyrers [Emmeram; TN], wohin zu gehen du gelobt hast."

Um wen es sich bei dieser Gestalt handelt, wird erst Schritt für Schritt offengelegt: Als Wegzehrung wird dem Mann auf wunderbare Weise ein Stück Brot zur Verfügung gestellt. Tatsächlich langt er nach fünfzehn Tagen genau zu dem Zeitpunkt, an dem die Messe gefeiert wird, in Re-

---

[51] Interessanterweise werden keine spektakulären Wunder zu Lebzeiten des Heiligen berichtet.

[52] Die Szene wirkt (wohl unfreiwillig) komisch.

gensburg an. Da erweist sich, dass das Brot, das er auf wunderbare Weise erhalten hat, nur zu einem Drittel aufgezehrt ist – den Rest kann er nun den Armen verteilen (§ 43). Das Fazit des Texts lautet:

Was anderes zeigt sich in der Vermehrung des Brotes, von dem ein Drittel fünfzehn Tage hindurch dem Manne, der auf Gott hoffte, genügt hatte, als dass Gott einem seiner Glieder erlaubte, ihn nachzuahmen, auf dass sein Märtyrer verherrlicht würde, der in Nachahmung und aus Liebe zu ihm sein Blut vergossen hatte? Der durch sich selbst mit den fünf Broten fünftausend von dem Volk sättigte, der durch die Vorsorge des Hauptes zwölf Körbe mit Brocken füllte, der ließ zur Verherrlichung seiner Glieder zwei Drittel des Brotes übrigbleiben. (§ 43)

Das Wunder ist Wunder Emmerams und Wunder Christi zugleich.

Eines meiner Lieblingsbeispiele bietet schließlich eine kurze Textpassage, die ich anderen Orts als „Bierwunder von Kildare" beschrieben habe.[53] Der Text findet sich in dem wohl in der zweiten Hälfte des siebten Jahrhunderts verfassten *Leben der Heiligen Brigida* des Cogitosus, wohl eines in der zweiten Hälfte des 7. Jahrhunderts in Leinster lebenden Mönches.[54] Nach den *Annalen von Ulster* wurde Brigid im Jahr 452 n. Chr. geboren; ihr präzises Todesdatum (in den 520er Jahren?) ist unbekannt.[55] So ist sie als historische Persönlichkeit fassbar; in der *Vita* des Cogitosus erscheint sie jedoch geradezu als mythische

[53] Nicklas, Bierwunder, 383–387.

[54] Zu Einleitungsfragen vgl. Davies und O'Loughlin, *Celtic Spirituality*, 32–33, die den Text auf die Zeit zwischen 650 und 690 datieren.

[55] Insgesamt drei verschiedene Daten werden vorgeschlagen; für die folgenden Überlegungen aber ist diese Entscheidung zweitrangig. Präzisere Angaben bei de Paor, *St Patrick's World*, 119–122.

Gestalt, die eine Vielzahl von Wundern vollbringt, darunter auch solche, in denen sie die Funktion einer Fruchtbarkeitsgöttin übernimmt.[56] Die hier interessierende Passage lautet folgendermaßen:[57]

Bei einem anderen wunderbaren Ereignis durch die ehrenwerte Brigida baten Aussätzige sie um Bier, wobei jene aber keines hatte. Weil sie aber sah, dass Wasser zum Bad vorbereitet war, segnete sie es mit der Macht des Glaubens und verwandelte es in bestes Bier. Sie schöpfte im Überfluss für die Durstigen. Denn jener, der in Kana in Galiläa Wasser in Wein verwandelt hatte, verwandelte durch den Glauben dieser seligsten Frau auch Wasser zu Bier.[58]

Obwohl diese Erzählung kaum knapper und einfacher erzählt werden könnte,[59] bietet sie eine Reihe faszinierender, vielleicht auch witziger Details: Beim Auftreten von Aussätzigen in einer Wundererzählung würde man üblicherweise eine Bitte um Heilung erwarten – doch weit gefehlt. Sie haben nicht nur Durst, sondern stellen Ansprüche: anstatt von Quellwasser wären ein paar Pints Bier recht. Da solches nicht vorhanden ist, wird das Badewasser ge-

[56] Genauere Informationen bei Davies und O'Loughlin, *Celtic Spirituality*, 33.

[57] Text PL 72, 775–790, hier 780.

[58] Lateinisches Original: *Mirabili quoque eventu ab hac venerabili Brigida leprosi cervisiam petentes, cum not haberet illa, videns aquam ad balnea paratam, cum virtute fidei benedicens et optimam convertit cervisiam, et abundanter sitientibus exhausit. Ille enim, qui in Cana Galilaeae aquam convertit in vinum per hujus quoque beatissimae feminae fidem aquam mutavit in cervisiam.* Übersetzung von mir.

[59] Wieder zeigt sich damit ein Beispiel, dass das uralte Vorurteil, apokryphe und hagiographische Texte verlören sich bei der Darstellung von Wundern in einer Vielzahl phantasievoller Details, um den Interessen eines tumb-wundersüchtigen Publikums zu genügen, einfach nicht zutrifft.

segnet – man möchte sich fast vorstellen, wie es schaumig zu werden beginnt – und es entsteht „bestes Bier". *Brigid is good for you.* Anders als die Apostel verwandelt Brigid das Wasser nun nicht „im Namen Christi", sondern durch einen Segen „in der Macht des Glaubens". Erst der letzte Satz macht deutlich, auf wessen Macht ihr Wunder zurückgeht. Das Weinwunder zu Kana wird in eine andere Welt hinein transferiert.[60] Es geht somit nicht einfach nur um die großartigen Taten einer Frau, die an der Wende vom fünften zum sechsten Jahrhundert in Irland lebte. Die hagiographische Erzählung stellt sich in einen bewussten Dialog mit der biblischen. Es geht darum, von der bleibenden Präsenz Christi und seinem Wirken in Irland zu erzählen. Damit aber eröffnet sich die Möglichkeit, dass Vergleichbares sich auch in der Gegenwart der Adressatinnen und Adressaten des Texts ereignet.

4. Die Präsenz Christi in der Gemeinde und ihren Vollzügen

In einem wichtigen Beitrag hat vor wenigen Jahren Harald Buchinger die grundlegende Bedeutung apokrypher Schriften für die liturgiegeschichtliche Forschung aufgezeigt.[61] Ich selbst möchte im Folgenden nur an einem Detail ansetzen, der Beobachtung, dass auch Beschreibungen liturgischer Akte in apokryphen Apostelerzählungen

---

[60] Interessanterweise lässt Adomnan von Iona in Buch 2 seiner *Vita des hl. Columba* das wunderbare Wirken des Heiligen mit einer Verwandlung von Wasser zu Wein, der für die Eucharistiefeier benötigt wird, beginnen und zieht anschließend die Parallele zum Beginn von Jesu Wirken.

[61] Buchinger, Liturgy.

dazu dienen können, auf die bleibende Präsenz Christi an konkreten Orten und in konkreten Riten zu verweisen. Dies wiederum kann als eine Brücke in die Zeit von Leserinnen und Lesern dienen: Was in den liturgischen Akten, von denen die Apostelerzählungen berichten, z.T. sicht- und hörbar wird, geschah nicht nur in der Vergangenheit, sondern zu jeder Zeit und überall, wo diese praktiziert werden. Bereits oben ist uns im Zusammenhang mit der Taufe von König Gundafor und seinem Bruder ein solches Beispiel in den *Akten des Thomas* begegnet. Ähnliches, wenn auch weniger Spektakuläres berichtet die gleiche Schrift auch in §§ 157–158 im Zusammenhang mit der ausführlich erzählten Taufe des Vazan und seiner Familie, wo sich erst am Ende – nach der gemeinsamen Feier der Eucharistie – eine geheimnisvolle Stimme mit den Worten „Amen. Fürchtet euch nicht, sondern glaubt nur!" hören lässt. Der Text lässt uns hier also nicht Christus „sehen", seine Präsenz aber kann vermutet werden. Ein Weiteres leisten die ausführlich berichteten Gebete, von denen der Text berichtet. Im Gebet zur Vorbereitung des Öls zur Taufsalbung lesen wir etwa:

> Jesus, es komme deine sieghafte Kraft und lasse sich auf dieses Öl nieder, wie sie sich damals auf das ihm verwandte Holz niederließ …

und etwas später, bei der Ölsalbung, folgt:

> In deinem Namen, Jesus Christus, gereiche es diesen Seelen zur Vergebung der Sünden und zur Abwendung des Feindes und zur Rettung ihrer Seelen.

Im selben Namen Jesu, in dem Wunder vollbracht werden, erfolgt auch die Salbung vor der nur wenige Worte später berichteten Taufe. Wie im Namen Jesu Heilungen, Exorzismen, ja selbst Auferweckungen vollzogen werden, so wirkt die Taufe im Namen Jesu apotropäisch, heilend und letztlich Leben rettend.

Eine Vielzahl weiterer Beispiele bieten die *Akten des Petrus*:[62] Als Theon, der Kapitän, auf dessen Schiff Petrus nach Rom reist, sich taufen lässt, erscheint ein „Jüngling in strahlender Pracht" (§ 5, Z. 137: *apparuit iuuenis decore splendidus*). Dieser wiederum sagt: „Friede sei mit euch" (§ 5, Z 137; vgl. auch Z. 140: *Pax uobis*) und gibt sich damit natürlich als der österliche Christus zu erkennen (vgl. Lk 24,26; Joh 20,19.21.26). Für den Plot der Handlung hat diese Passage keine nachvollziehbare Funktion; würde man sie weglassen, würde dies kaum auffallen. Gerade aber deswegen ist sie interessant: Ihre Funktion scheint darin zu bestehen, die Gegenwart Christi während der Taufe „in deinem Namen" (§ 5, Z. 141) und vielleicht sogar in der Eucharistie zu demonstrieren, die Theon nach dem folgenden Satz „in deinem", also „Christi Namen" angeboten wird (§ 5, Z. 142: *in tuo nomine eucharistiam tuam*). Selbst da, wo solch spektakuläre Wunder wie sie in den Apostelerzählungen berichtet werden, nicht unmittelbar erkennbar sind, wird auf die wirksame Präsenz Christi in (und aufgrund) der Taufe verwiesen: Vermittelt wird also in beiden Fällen: Christus bleibt im Leben der an ihn Glaubenden anwesend, auch wenn er fern zu sein scheint.[63]

Andere Passagen malen die Präsenz Christi auch im Alltagsleben der Gemeinschaft aus. Die Zahl der allein in den *Petrusakten* zu findenden Beispiele ist kaum überschaubar: Er hört seinen Jüngern zu, auch wenn sie nicht

---

[62] Ausführlicher Nicklas, *Acts of Peter* (Actus Vercellenses).

[63] Die ursprüngliche Idee einer chronologisch verstandenen Naherwartung der Parusie ist damit transformiert.

schreien, und sieht sie, auch wenn sie ihn nicht sehen (vgl. § 18, Z. 496–497). Er stärkt sie und gibt ihnen seine Tugend;[64] er ist treu,[65] vergibt und vernichtet Sünden[66] und ist in der Lage, seine Anhänger zu schützen,[67] indem er über sie wacht (§ 8, Z. 267: *qui custodit ea diligenter summa cum diligentia*). Er kümmert sich um seine Anhänger (§ 22, Z. 605–606: *dominus ubique suis prouidet*), ist voll überfließender Gnade (§ 6, Z. 176: *gratia domini abundante*) und kann somit als Retter (§ 14, Z. 386: *a Christo domino saluatore meo*; § 17, Z. 446), aber auch als Richter (§ 17, Z. 445) verstanden werden.

Mit den *Petrusakten* (wie auch vielen vergleichbaren Erzählungen) liegt uns also nicht nur eine Apostelgeschichte, sondern eine Jesuserzählung vor. Dieses Jesuserzählung wiederum baut eine Brücke zwischen den Evangelien, in denen vom irdischen Wirken Jesu erzählt wird, der Zeit der apostolischen Ursprünge und der Zeit ihrer Leserinnen und Leser. Sie will ihnen die Augen öffnen für die vielleicht weniger spektakuläre, aber bleibende Gegenwart Christi in ihrem Leben. *Das Evangelium geht weiter, Jesu Wirken reicht auf wunderbare Weise bis in die Gegenwart.* Wo dies konsequent zu Ende gedacht wird, wirkt es im Dialog auch auf die Rezeption der Evangelien des Neuen Testaments. Diese erzählen nicht oder nicht nur die Biographie einer großen Persönlichkeit der Vergangenheit; sie berichten von den Ursprüngen der Bewegung um Jesus Christus, in dem sich der Gott Israels als

---

[64] Siehe z. B. § 2, Z. 49–50; § 10, Z. 313 und 315; § 17, Z. 447; § 33, Z. 837; § 36 = gr. Mart.Pet. 7,2.

[65] Siehe z. B. § 2, l. 30; § 6, l. 160 [beide Male: *fidelis*]; vgl. auch § 18, l. 497.

[66] Siehe z. B. § 2, l. 30 und 40.

[67] Siehe z. B. § 2, l. 61 in einem Gebet für Paulus.

nahe erweist. Diese Nähe aber ist bleibende Nähe. Das Handeln Gottes in Jesus Christus ragt in die Gegenwart hinein.

5. Die bleibende Präsenz Christi zeigt sich auch über andere Medien

Doch nicht nur lebende Menschen (und die verschrifteten und z.T. liturgisch immer wieder neu inszenierten Erinnerungen an sie) konnten als solche Medien bleibender Präsenz Christi begriffen bzw. konstruiert werden. Auf ihrer Reise ins Heilige Land gelangt die Pilgerin Aetheria/Egeria auch nach Edessa, das heutige Urfa. Dort besucht sie nicht nur die Kirche und das Grabmal des Apostels Thomas (*Itin.*30,19,2–4) und liest dort (wohl auch apokryphe) Thomasschriften. Auf Einladung des Bischofs besucht sie auch den Palast des Königs Abgar, der, wie ihr der Bischof versichert, „schon bevor er den Herrn sah, ihm glaubte, dass er wahrhaft Gottes Sohn sei" (19,6).[68] Dies ist natürlich eine Anspielung auf die bekannte, in einer frühen Fassung bei Eusebius von Caesarea (h. e. 1,13,1–21) überlieferte Abgarsage.[69] Auf dieser wiederum basiert die Vorstellung, dass in Edessa ein Brief Christi aufbewahrt sei. Aetheria/Egeria darf diesen Brief offenbar nicht nur sehen, sondern auch eine Abschrift davon anfertigen, um diese in ihre Heimat mitzunehmen (19,9); zudem erfährt sie, welch wunderbare Wirkung der Christusbrief in der Geschichte Edessas schon entfaltet hat:

---

[68] Text und Übersetzungen siehe *Aetheria/Egeria*.

[69] Grundlegend zur Abgarsage und ihrer Entwicklung vgl. Wasmuth, Abgarlegende.

Einst, als der König Abgar an den Herrn geschrieben und der Herr an Abgar durch den Läufer Ananias zurückgeschrieben hatte, so wie es in diesem Brief geschrieben steht; als also einige Zeit vergangen war, überfielen und umzingelten die Perser diese Stadt. Da trug sofort Abgar den Brief des Herrn zum Tor und betete mit einem ganzen Heer öffentlich. Danach sagte er: „Herr Jesus, du hattest uns versprochen, dass kein Feind diese Stadt betreten werde, und siehe, nun bekämpfen uns die Perser!" Als der König, der in den erhobenen Händen diesen geöffneten Brief hielt, dies gesagt hatte, gab es plötzlich eine solche Finsternis außerhalb der Stadt, doch vor den Augen der Perser, die sich schon der Stadt so näherten, dass sie bis zum 3. Meilenstein vor der Stadt waren; und sie wurden bald so von der Finsternis verwirrt, dass sie kaum das Lager aufschlugen und die ganze Stadt im Abstand des 3. Meilensteins umgeben konnten. (19,8–10)

Dies jedoch ist nicht die ganze Geschichte: Als die Perser die Wasserversorgung der Stadt unterbrechen wollen, entspringt im Palast Abgars selbst auf wunderbare Weise eine Quelle. Dies ist auch noch zu Aetheria/Egerias Zeiten sichtbar, man kann aus ihr kosten („so herrlich und von so gutem Geschmack!" 19,7) – und Aetheria/Egeria vergleicht sie mit einem „riesigen silbernen Strom", der „aus dem Palast kommt" (19,7). Das Edessa König Abgars gleicht damit, ohne dass der Gedanke expliziert werden müsste, schon jetzt dem himmlischen Jerusalem, durch das ein „Strom" zieht, „das Wasser des Lebens, klar wie Kristall", der vom „Thron Gottes und des Lammes" ausgeht (Offb 22,1). Der Brief Christi und die nun vom Inneren des Palastes ausgehenden, einst wunderbar entsprungenen Quellen garantieren die Anwesenheit Christi in Edessa.

Die bei Aetheria/Egeria zugrunde gelegte Fassung der Abgarlegende kommt noch ohne das Motiv des Mandylions aus, der Idee, dass es ein „wahres Bild" Christi gebe, welches auch nach Jesu Tod auf wunderbare Weise seine Präsenz in der Welt sichere. Der Geschichte dieser Vorstellung im Osten wie im Westen nachzugehen, würde eine eigene Monographie erfordern. Wie faszinierend diese Vorstellung auch heute noch auf viele Menschen wirkt, zeigt sich schon an den nicht enden wollenden Spekulationen um Herkunft, Entstehung und Überlieferung des Turiner Grabtuchs. Die vielfältigen Fassungen der sich heute u. a. im katholischen Kreuzweg repräsentierenden Darstellung des Schweißtuchs der Veronika, aber auch mit der Abgarsage verbundener Texte nachzuvollziehen, ist kaum möglich. Dass dieses Motiv sich auch mit hoch interessanter theologischer Reflexion verbinden konnte, zeigen die wohl auf das sechste, vielleicht siebte Jahrhundert zurückgehenden griechischen *Akten des Thaddäus*.[70] Bereits die wohl im 5. Jahrhundert entstandene syrische *Doktrin des Addai* spricht davon, dass Abgar seinen Archivar Hanan zu Jesus sendet, welcher ein Bild von Jesus zeichnet und dieses zusammen mit dem bereits erwähnten Brief Jesu an den König überbringt.[71] Das Motiv des Bilds wird in den *Akten des Thaddäus* noch einmal ausgebaut und vertieft – nun lesen wir von einem nicht von Händen gemachten Bild.[72] Die entscheidende Textpassage lautet wie folgt:

---

[70] Text, Einleitung und Übersetzung sowie Kontextualisierung und Analyse bei Palmer, *Logos* of the Mandylion. Wichtige Gedanken aus der folgenden Passage habe ich ausführlicher entfaltet in Nicklas, History and Theology, 262–267.

[71] Text nach Howard, *Teaching* (fol. 3b und 4a; auf S. 8 und 10 des hier dargebotenen syrischen Texts, dem wiederum die syrische Fassung von Phillips, *Teaching of Addai* zugrunde liegt). Aktuell zu Einleitung in die *Doktrin des Addai* (incl. englischer Übersetzung) siehe Lollar, *Doctrine of Addai*.

[72] Aus Addai, einem aus dem weiteren Kreis der 70/72 Jünger des

3 (1) Da ging Ananias hin und übergab Christus den Brief [Abgars], blieb dann dort stehen und schaute ihn aufmerksam an; aber er konnte ihn nicht begreifen. (2) Da erkannte der, der die Geheimnisse des Herzens kennt, seine Schwierigkeit und bat, sich zu waschen. (3) Man gab ihm ein Stück gefaltetes Tuch mit vier Lagen, mit dem er sich nach dem Waschen das Gesicht abtrocknete; (4) und der Abdruck seines Bildes blieb auf dem Leinen zurück. Er gab es dem Ananias und sagte: (5) „Geh und gib dies dem Mann, der dich geschickt hat, und überbringe ihm eine Botschaft: (6) Friede sei mit dir und mit deiner Stadt, (7) denn dazu bin ich gekommen: um für die Welt zu leiden und von den Toten aufzuerstehen und unsere ersten Eltern aufzuerwecken. (8) Nachdem ich aber in den Himmel aufgenommen worden bin, werde ich euch meinen Jünger Thaddäus senden, (9) der euch erleuchten und euch in die ganze Wahrheit führen wird, euch und eure Stadt." 4 (1) Abgar aber, als er Ananias wieder aufnahm, fiel nieder und betete das Bild unseres Herrn Jesus Christus an und wurde von seiner Krankheit geheilt, noch bevor Thaddäus kam.

Die *Akten des Thaddäus* sprechen also von einem nicht von menschlicher Hand gefertigten Bild Jesu, einem τύπος seines εἰκών in einem Stück Leinen. Dieses wird von Abgar verehrt; offenbar vermag es die gleichen Wunder zu bewirken wie einst Jesus.[73] In seinem Beitrag *The Logos of the Mandylion* aus dem Jahr 2009 zieht Andrew Palmer eine Linie zwischen „nicht mit Händen gemachten" (ἀχειροποίητος) Bildern und den biblischen Vorstellungen von Gottes Schechina, d. h. seinem Einwohnen im Tempel von Jerusalem und/oder in seinem Volk. Von der Schechina lässt sich wiederum – z. B. über Joh 1,14 – eine Brücke

---

weiteren Kreises, wird nun ein Mitglied des Zwölferkreises (vgl. Mk 3,18; Mt 10,3), worauf die *Akten des Thaddäus* großen Wert legen.

[73] Wir stehen hier natürlich am Anfang einer Theologie der Ikonen, die ich leider nicht tiefer entfalten kann.

zur johanneischen Vorstellung der Inkarnation herstellen.[74] Die *Doktrin des Addai* wiederum geht einen Schritt weiter und versteht den Leib Jesu als „das reine königliche Gewand seiner herrlichen Gottheit, durch das wir seine verborgene Herrschaft sehen können."[75] Von hier aus ist es nur noch ein kleiner Schritt zu der Vorstellung, dass die Berührung des Leibes Christi mit einem anderen Stück Gewand oder Tuch diese verborgene Gottheit auch über die Zeiten hinweg präsent macht. In seiner großen Arbeit zur Bedeutung der Sinneswahrnehmung im Johannesevangelium spricht Rainer Hirsch-Luipold davon, dass die Rede von „sinnlichen Wahrnehmungen im Johannesevangelium, die überwiegend christologisch zentriert sind", den Sinn habe, „dass sich in ihnen Wahrnehmung Gottes ereignet. Im fleischgewordenen Wort können wir Gott sehen, hören, spüren, schmecken, riechen – seine Herrlichkeit, seine heilsame, lebenspendende Güte und Wahrheit wird gegenwärtig in dem wunderbaren Wein und dem Brot vom Himmel, im ausbleibenden Todesgeruch des Lazarus und dem vom Leben kündenden Wohlgeruch der Salbe, im Sehen und Berühren der Wundmale des Auferstandenen."[76]

Die Vorstellung, dass diese sinnliche Begegnung mit dem Göttlichen nicht nur in der Vergangenheit an bestimmten Orten möglich war, an denen der irdische Jesus wirkte, konnte sich auch an anderen Dingen manifestieren: So bieten etwa die wohl in der ersten Hälfte des

[74] Während Joh 1,14a von der Inkarnation spricht, wird dies in 1,14b durch den Schechina-Gedanken illustriert. Zur Schekhina-Vorstellung im Johannesevangelium vgl. Frey, Joh 1,14.

[75] Vgl. den ganz ähnlichen Hinweis bei Palmer, *Logos*, 125 (Text bei Howard, *Teaching*, 40).

[76] Beide Zitate bei Hirsch-Luipold, *Gott wahrnehmen*, 1.

5. Jahrhunderts entstandenen *Akten des Barnabas* ein zusätzliches Motiv.[77] Dort lesen wir in § 15:

Timon aber wurde von einem starken Fieber gequält, und indem wir ihm die Hände auflegten, entfernten wir sofort sein Fieber, wobei wir den Namen des Herrn Jesus anriefen. Es hatte aber Barnabas (schriftlich niedergelegte) Lehren von Matthäus erhalten, ein Buch der Stimme Gottes und eine Schrift über Wunder und Lehren. Diese legte Barnabas den Kranken an jedem Ort, an den wir kamen, auf und bewirkte (damit) sofort eine Heilung von den Leiden.

Barnabas führt also wohl ein Exemplar des Matthäusevangeliums mit sich – dieses wird in späteren Traditionen (wie im *Barnabas-Encomium* des Mönches Alexander)[78] gar als Autograph dieser Schrift verstanden.[79] Eine frühe Form der Idee, dass dieser Text als „inspiriert" zu gelten habe und damit auf geheimnisvolle Weise die „Stimme Gottes" enthalte,[80] wird darauf hin gedeutet, dass diese Stimme Gottes auch weiterhin heilend wirksam sei.[81] Was in ihr inhaltlich über Wunder und Lehren Jesu gesagt

---

[77] Zur Datierung und anderen einführenden Fragen zu diesem Text siehe Kollmann und Schröder, *Evangelist Markus*, 90–97 sowie Nicklas, Akten des Barnabas.

[78] Zu diesem Text, der wohl auf die erste Hälfte des 6. Jh.s zurückgeht, vgl. weiterführend *Alexander Monachus.*

[79] Weiterführend zu dem Phänomen, dass von einem heiligen Buch heilende Wirkung ausgehen kann, Luijendijk, Gospel.

[80] Ich kann diesen Gedanken hier nicht weiter entfalten, weil die *Akten des Barnabas* kaum Aufschluss auf ihre Idee der Inspiration bieten.

[81] Eine wunderbare Parallele bietet das Amulett P.Oxy. viii 1077, das zwar nur eine Form von Mt 4,23–24 überliefert, sich selbst aber als ιαματικον ευαγγελιον κατα Ματθαιον, also „heilendes Evangelium nach Matthäus", versteht. Ich gehe davon aus, dass der Begriff ευαγγελιον hier beides, den als *historiola* verstandenen Text *und* das „Evangelien"-Buch, meint. Edition: Hunt, 1077.

wird, wirkt auch, verbunden mit dem Buch. Somit heilt weder Christus selbst, noch sein Apostel: die Heilung wird durch das in dem Buch enthaltene Gotteswort bewirkt; die Wunder und Lehren, die in ihm enthalten sind, haben wie eine magische *historiola*, d.h. eine „Erzählung voller Macht", offenbar die Kraft, auch weiterhin heilend „wirksam" zu bleiben. Die Bandbreite auch der Dinge ist groß, die etwas von Jesu bleibender Präsenz, wie auch seiner Wirksamkeit zu unterschiedlichen Zeiten und an verschiedenen Orten der Welt zum Ausdruck bringen wollen. Wir haben nicht von den Windeln Jesu, dem wunderbaren Wirken, das seinem Kreuz zugesprochen wird, oder seinen an verschiedensten Orten der Welt zu besichtigenden Fußabdrücken gesprochen. Während sich jedes dieser Beispiele als „dingliche Repräsentation" wichtiger Gedanken zur wahren Menschlichkeit Jesu verstehen lässt,[82] sind andere Beispiele weniger theologisch geladen. So versteht sich ein hervorstehender Balken in der Christchurch Priory Church in der südenglischen Grafschaft Dorset als ein sichtbares Zeichen dafür, dass ein geheimnisvoller Zimmermann beim Bau der Kirche in nächtlicher Arbeit die Fehler der Handwerker ausbügelte, um anschließend für immer zu verschwinden ... Wir mögen darüber lächeln. Es zeigt sich jedoch auch hier ein offenbar tiefsitzendes menschliches Interesse daran, die Präsenz des Mensch gewordenen Göttlichen in der Welt auch jenseits seines ursprünglichen Wirkungsorts und seiner

---

[82] Zu den Windeln Jesu vgl. Nicklas, Gospel Book, 22; zu den Fußabdrücken Jesu vgl. Merkt, Fußabdruck Jesu. – Unter den apokryphen Apostelerzählungen ist es v.a. die *Doktrin des Addai*, die eine bereits in die Zeit kurz nach dem Tode Jesu stattfindende Kreuzauffindungslegende erzählt, in der das Kreuz Jesu Leben spendende Kräfte zeigt (Text nach Howard, *Teaching*, 28 und 30).

Zeit zu erspüren und ihr zu begegnen. Apokryphe Apostelerzählungen legen als Jesuserzählungen nach der Himmelfahrt, als Evangelien nach den Evangelien beredtes Zeugnis davon ab.

6. Fazit

Viele Apostelerzählungen verstehen sich ganz grundsätzlich *auch* oder gar in erster Linie als Erzählungen darüber, wie der auferweckte Christus durch seine Diener – und dies sind nicht nur die Apostel! – weiterhin in dieser Welt wirksam bleibt. Neben dem auch heute theologisch zentralen Gedanken der Präsenz Christi – in römisch-katholischer Sakramentenlehre würde man wohl den Begriff der „Realpräsenz" verwenden – in der Feier der Sakramente bieten die Apostelerzählungen eine Vielzahl von Motiven, die zeigen sollen, dass das Jesus-Christus-Evangelium nicht mit Jesu irdischem Leben oder seiner Himmelfahrt beendet ist. Die wohl schon früh enttäuschte Erwartung des am Ende der Zeiten auf den Wolken des Himmels zum Gericht erscheinenden Menschensohns spielt für die erwähnten Texte offenbar keine oder keine entscheidende Rolle (mehr). Dies ist bereits durch die Evangelien des Neuen Testaments vorbereitet: Während etwa das Markusevangelium sich an Menschen wendet, die darunter leiden, dass die Parusie Christi noch aussteht, solange „der Bräutigam weggenommen ist" (Mk 2,20),[83] spricht das Matthäusevangelium von der bleibenden Präsenz des „Immanuel" (Mt 1,23) „bis zur Vollendung des

[83] Hierzu ausführlich Du Toit, *Der abwesende Herr*.

Zeitalters" (Mt 28,20).[84] Ohne diesen Gedanken explizit aufzunehmen, inszeniert die lukanische Apostelgeschichte wie auch andere Apostelerzählungen die bleibende Wirksamkeit des erhöhten Christus in der Welt. Der Gedanke, dass diese „bis an die Grenzen der Erde" (Apg 1,8) reicht, wird dadurch illustriert, dass die Apostel entweder explizit unter Aufsicht Christi oder aufgrund eines bindenden Losentscheids tatsächlich die bekannte Welt unter sich aufteilen, dass es aber Christus selbst ist, der sie lenkt und der in ihnen, aber nicht nur in ihnen, wirkt und der auf unterschiedliche Weise, sinnlich fassbar, unter seinen Anhängerinnen und Anhängern präsent bleibt. Diese Gedanken sind so wichtig, dass sie auch in deutlich nachapostolischer Zeit nicht einfach aufgegeben werden können, sondern auf unterschiedliche Weise und mit Hilfe unterschiedlichster Medien – von der liturgischen Praxis über Bilder bis hin zu Reliquien – zum Ausdruck gebracht werden.

---

[84] Übersetzung nach Alkier und Paulsen, *Markus und Matthäus*, 213.

II. Jesus, die Apostel und die Kulte der anderen

1. Einleitung

Anhand einer Reihe von Beispielen hat das erste Kapitel versucht zu zeigen, wie sehr Christus selbst als der eigentliche Protagonist vieler apokrypher Apostelakten gelten kann. Wir haben gesehen, wie sich das Motiv, dass die Apostel in verschiedene Weltgegenden gesandt werden, um dort das Evangelium zu verkünden (welches sich häufig zu Beginn apokrypher Apostelerzählungen findet), mit der Vorstellung verbindet, dass damit alles, was sich seiner Herrschaft entgegenstellt, besiegt und überwunden wird. Die bekannteste und grundlegende Darstellung dieser Auseinandersetzung findet sich in den bereits mehrfach angesprochenen *Petrusakten*: Was an der Oberfläche als Kampf zwischen dem Wundertäter Petrus und Simon Magus erscheint, ist in Wahrheit eine Auseinandersetzung zwischen Christus selbst und seinem Gegenspieler, dem Satan bzw. Teufel. Im Grunde lässt sich der Plot der Schrift mit einfachen Worten zusammenfassen: Die sich im Handeln des Petrus zeigende „Kraft Gottes" setzt sich gegen den Anspruch des Simon Magus durch, diese „Kraft Gottes" zu repräsentieren. Mit dem Sturz des Simon Magus ist in exemplarischer Weise auch der Verführer, der Satan, gestürzt.[1] Die auch in den *Pseudoklementinen*

---

[1] Grundlegend zur Theologie der Schrift vgl. Nicklas, Inszenierung „petrinischer Theologie".

thematisierten Auseinandersetzungen zwischen Petrus und Simon Magus, dem Repräsentanten des Bösen, sind so eindrücklich, dass sie sich über die Vermittlung späterer Schriften – wie der *Legenda Aurea* des Jakobus von Voragine (1261–1266) – auch ins kulturelle Gedächtnis des mittelalterlichen Christentums eingebrannt haben. Kaum überschaubar ist die Zahl der Repräsentationen des Sturzes des über Rom fliegenden Simon Magus in der Ikonographie;[2] die literarischen Rezeptionen der Figur Simon Magus (und seiner in den *Pseudoklementinen* erwähnten Partnerin Helena) reichen bis zu Faust und darüber hinaus.[3] Was die *Petrusakten* wenigstens in den Abschnitten vor dem *Martyrium des Petrus* grundsätzlich darstellen, ohne dass Simon eindeutig mit einer konkreten Häresie oder einem bestimmten Kult verbunden werden könnte, bieten auch andere Apostelerzählungen. Hierbei zeigt sich jedoch eine erstaunliche Bandbreite zwischen Texten, die sehr klare lokale und/oder regionale Anknüpfungspunkte aufweisen bzw. in denen es um die Überwindung konkreter Kulte und Praktiken geht einerseits, und andererseits solchen, die sehr allgemein von der Überwindung dämonischer Mächte und dem Fall von Götterbildern sprechen.[4] Im folgenden Kapitel aber geht es mir nicht darum, ein möglichst großes Spektrum solcher Texte vorzustellen, sondern zu zeigen, wie unterschiedlich die

---

[2] Hierzu weiterführend Poeschke, Art. Simon Magus, in *LCI* 4, 158–160.

[3] Eine wunderbare Übersicht bietet Pouderon, *Métamorphoses.*

[4] In einigen Fällen, wie etwa den *Barnabasakten* aus Zypern, entsteht dabei der Eindruck, dass der Fall der Tempel einfach zu einem Motiv geworden ist, das in einer derartigen Erzählung erwartbar ist, ohne dass dies mit ausführlicheren Detailbeschreibungen einher gehen muss.

Funktion selbst sehr ähnlich wirkender Texte ausfallen kann.

2. Jakobus und Hermogenes: Eine andere Version des Siegs über den Antagonisten

Bevor ich mich Schriften zuwende, in denen konkretes Lokalkolorit erkennbar ist, richte ich den Blick auf eine wenig bekannte Variante dessen, was eben in den *Petrusakten* zu beobachten war. Die lateinische *Passio des Jacobus Maior* (oder *Passio Iacobi Zebedaei*) in der Sammlung des Pseudo-Abdias (ECCA 706, CANT 272)[5] gehört zu den Schriften, deren Handlung mit Variationen dem am nächsten kommt, was wir auch in den *Petrusakten* finden. §1 des Textes greift knapp auf das Motiv von der Auslosung der verschiedenen Missionsgebiete zur Verkündigung des Evangeliums zurück: Jakobus, „der Sohn des Zebedäus und leibliche Bruder des Johannes, der das Evangelium hinterlassen hat" (§1: *Zebedaei filius et Joannis, qui Evangelium reliquit, frater germanus*), erhält dabei die Provinzen Judäa und Samaria zugewiesen, wo er erfolgreich wirkt. Ab §2 werden seine beiden Gegenspieler eingeführt, nämlich Hermogenes[6] und Philetus, die sich gegen die Botschaft des Jakobus richten, „Jesus

[5] Lateinischer Text: J.A. Giles. Übersetzungen von mir. Die im Mittelalter erfolgte, fälschliche Zuweisung einer Reihe lateinischer Apostelakten zum angeblich von den Aposteln selbst eingesetzten Bischof Abdias von Babylon leitet sich von einer Notiz in der *Passion des Simon und Judas* innerhalb der gleichen Kollektion ab.

[6] Dieser Name erinnert natürlich an die in 2 Tim 1,15 eingeführte Figur. Ob auch Philetus aus dem in 2 Tim mit Hermogenes verbundenen Phygelus abgeleitet ist, lässt sich wohl nicht erweisen.

Christus, der Nazarener, sei der wahre Sohn Gottes" (§ 2: *quod non verus Dei filius esset Jesus Christus Nazaraenus*). Als Philetus aufgrund der Wunder des Jakobus erkennt, dass dieser unüberwindbar ist, und den Hermogenes gar bittet, mit ihm zum Apostel zu gehen und ihn um Vergebung zu bitten, bindet Hermogenes den Philetus mit magischen Fesseln. Bereits die Berührung mit dem Taschentuch des Apostels ermöglicht jedoch seine Flucht. Was nun folgt, ähnelt in vielen Aspekten dem, was auch die *Petrusakten* über das Gegenüber von Petrus und Simon Magus erzählen. Hermogenes, der erst jetzt, in § 3, offen als Magier eingeführt wird, sucht mit Hilfe all seiner Macht Jakobus zu bezwingen:

Hermogenes aber, der Magier, war betrübt, weil er [= Philetus, der zu Jakobus ging] ihn verhöhnte, und er rief mit Hilfe seiner Kunst Dämonen herbei, schickte sie zu Jakobus und sagte: Geht und bringt diesen Jakobus zusammen mit meinem Schüler Philetus hierher, damit ich ihnen [Rache] auferlege, und die übrigen meiner Schüler kein solches Spiel mit mir treiben. So kamen die Dämonen dorthin, wo Jakobus betete; sie fingen an, in der Luft Geschrei zu erheben und sagten: Jakobus, Apostel Gottes, erbarme dich unser, denn bevor die Zeit des Feuers kommt, werden wir schon verbrannt. Jakobus sagte zu ihnen: Warum seid ihr zu mir gekommen? Die Dämonen sagten zu ihm: Hermogenes hat uns gesandt, damit wir dich und Philetus zu ihm führen. Sobald wir aber eintraten, fesselte uns ein heiliger Engel Gottes mit feurigen Ketten, und wir werden elendig gequält.

Die Auseinandersetzung zwischen Jakobus und Hermogenes trägt also Züge dessen, was wir auch zwischen Petrus und Simon Magus in den *Petrusakten* finden: Hermogenes ist nicht Repräsentant eines konkreten griechisch-römischen Kults (oder gar einer speziellen christlichen Häresie), sondern als Magier im Stande, Dämonen zu rufen. Somit steht er auf der Seite des Bösen an sich. Seine Auseinandersetzung mit Jakobus wird weit weniger dramatisch erzählt als der sich über mehrere Runden hinziehende Kampf zwischen Petrus und Simon Magus: Jakobus, dem die bereits durch einen Engel gefesselten Dämonen offenbar ohne Vorwarnung begegnen, sendet diese zurück zu Hermogenes. Diese bringen nun nicht, wie von Letzterem befohlen, Jakobus und Philetus zu Hermogenes, sondern fesseln ihren einstigen Meister und führen ihn zum Apostel. Jakobus aber lässt es nicht zu, dass die Dämonen Hermogenes quälen; stattdessen weist er den bereits bekehrten Philetus an, nach dem Ethos der „Schule unseres Herrn Jesus Christus, in der Menschen Gutes statt Schlechtem zurückgeben sollen" (§ 3: *ut cognoscas scholam Domini nostri Jesu Christi hanc esse, ut discant homines bona pro malis reddere*), Hermogenes von seinen Fesseln zu lösen und ihn freizulassen. Als er Hermogenes jedoch auffordert, nun als freier Mann zu gehen, bittet ihn dieser um einen Gegenstand, welcher ihm vor den einst von ihm beherrschten Dämonen Schutz bieten könne. Jakobus bietet ihm seinen Wanderstab (*baculum itineris mei*) an: Ich halte es für zumindest nicht ausgeschlossen, dass hier bereits auf den Pilgerstab des Jakobus angespielt ist, der ikonographisch jedoch erst ab ca. 1200 belegt ist. Dies wäre sicherlich ein Indiz für eine nicht allzu frühe Datierung unserer Schrift (oder zumindest dieser Passage des Texts),[7] vor allem wenn die Übernahme des Pilgerstabs, der im weiteren Verlauf keine Rolle mehr spielen wird, als Zeichen der nun erfolgenden Umkehr des

[7] Die noch von Lipsius, *Apostelgeschichten* vertretene Datierung ins 2. Jahrhundert ist sicherlich nicht haltbar; eher ist der Vermutung von Díaz y Díaz, *Escritos jacobeos*, 226–227, zu folgen, dass der Text auf das frühe 6. Jahrhundert zurückgehen könnte.

Sünders Hermogenes verstanden wird. Dies geschieht nun tatsächlich: Zusammen mit den ihm verbliebenen Schülern vernichtet Hermogenes all seine Zauberbücher und zeigt sich als reuiger Sünder (§ 4): „Befreier der Seelen, nimm den Reuigen an, den du bis jetzt ertragen hast als Böswilligen und Verleumder“ (*Animarum liberatur, accipe poenitentem, quem invidentem et detrahentem hactenus sustinuisti*). Dies nun klingt kaum wie eine konkret auf die Taten des Hermogenes abgestimmte Bußformel: Im Grunde könnte jeder Sünder und jede Sünderin so vor dem Apostel auftreten. Johannes spricht ihm zu, im Falle echter Reue auch wahrhaft Vergebung von Gott erhalten zu können. Die Reue des Hermogenes muss sich aber nicht nur in Worten ausdrücken, sondern auch durch Taten zeigen (§ 4):

> Hermogenes sagte zu ihm: Darin bringe ich Gott wahre Reue dar, dass ich alle die Bücher weggeworfen habe, in denen eine verbotene Annahme stand, gleichzeitig habe ich allen Künsten des Feindes abgeschworen. Da sagte der heilige Apostel: Geh durch die Häuser derer, die du ruiniert hast, um dem Herrn zurückzugeben, was du genommen hast. Lehre, dass das, was du vorher als falsch gelehrt hast, wahr ist, und das, was du vorher als wahr gelehrt hast, falsch ist. Und zerbrich das Bild des Gottes, den du angebetet hast und von dem du geglaubt hast, durch ihn Weissagungen zu empfangen. Außerdem gib die Gelder, die du durch schlechte Werke erworben hast, für eine gute Sache aus. Und so, wie du ein Sohn des Teufels warst, indem du Teufel nachgeahmt hast, wird du ein Sohn Gottes, indem du Gott nachfolgst.

Hermogenes steht so für einen durch die Begegnung mit Jakobus komplett gewandelten Menschen. Obwohl die Erzählung eine Reihe von Elementen kombiniert, die wir auch aus anderen frühchristlichen Schriften kennen, entsteht etwas im Vergleich zu den *Petrusakten* deutlich Neues, Anderes. Auch der Petrus der *Petrusakten* betont, dass er Simon Magus nicht töten werde; dieser kommt stattdessen durch die Pfuscherei zweier Ärzte um, die ihn, „den Engel Satans", in Aricia außerhalb Roms, „so zurichteten, dass er sein Leben aushauchte" (§ 32, Z. 838). Anders als Simon Magus aber geht der einstige Teufelssohn Hermogenes nun offenbar in ein neues Leben! Selbst die kanonische Apostelgeschichte weiß von einer in Teilen ähnlich strukturierten Erzählung: Als die Söhne des Skeuas bei einem versuchten Exorzismus im Namen Jesu vom Dämon fürchterlich verprügelt in die Flucht geschlagen werden, verbrennen viele, die sich bisher als Magier betätigt hatten, ihre Zauberbücher. Allerdings hören wir von ihrem weiteren Schicksal nichts (Apg 19,11–20). Stattdessen interessiert der Text sich für das Wachsen des Worts, in dem sich die Kraft Gottes zeigt.[8] Anders als Simon Magus bleibt Hermogenes nicht auf der Seite des Bösen stehen, sondern konvertiert im wahrsten Sinne des Wortes.[9] Seine in Worten gegenüber dem Apostel gezeigte Reue muss nun aber in Taten umgesetzt werden: Erwartet wird ein kompletter Bruch mit einer Vergangenheit, in der er Götterbilder verehrt und den von ihnen ausgehenden Orakeln getraut hatte. An das Versprechen des Zachäus (Lk 19,8) wiederum erinnert die Aufforderung, durch schlechte Werke erworbenes Geld in gutem Sinne zu verwenden:[10] Die Lösung für Hermogenes ist somit eine an-

---

[8] So auch die Interpretation bei Marguerat, *Apostelgeschichte*, 668.

[9] Zur Diskussion um „Konversion" im antiken Christentum vgl. auch den knappen Forschungsüberblick bei Niederhofer, *Konversion*, 7–11.

[10] Dabei ist Hermogenes realistischer als Zachäus, der glaubt, in

dere als die für Simon Magus: Der „Sohn des Teufels" wird nicht mit diesem vernichtet, sondern in einen Sohn Gottes verwandelt, der nun Christus nachfolgen wird. Darf man dies als eine narrative Illustration des Zueinanders von Joh 8,44 und Joh 1,12 lesen, wo das Johannesevangelium zwar von (Juden als) Teufelskindern spricht, aber grundsätzlich von der Möglichkeit ausgeht, dass alle Menschen zu Gotteskindern werden können? Ich halte dies durchaus für möglich. In jedem Falle ist der so erreichte Sieg noch vollkommener als der über Simon Magus.

Vielleicht ist es darüber hinaus erlaubt, noch ein wenig weiterzugehen und zu spekulieren: Wir können nicht sicher sein, wann und in welcher Form eine ursprüngliche Fassung dieser Schrift entstanden sein mag. In einer Zeit, in der Pilger und Pilgerinnen sich – wie Hermogenes mit dem Pilgerstab des Jakobus, der die bösen Geister in die Flucht schlägt – nach Santiago de Compostela aufmachten, dürfte einer solchen Erzählung, wenn sie nicht schon von vornherein so konzipiert war, neuer Sinn zugewachsen sein: Vor Jakobus, dem „Befreier der Seelen" (§ 4), ist es jeder Person möglich, ihre Reue zu bekunden und von Gott Verzeihung selbst für die größte Verfehlung zu erbitten: Bereits der Weg zum Apostel beweist, dass die Reue nicht in Worten allein besteht, sondern sich schon in Taten zeigt. So gesehen erzählt die Schrift also nicht (oder nur ansatzweise) von der Überwindung einer Verehrung von Götterbildern, sondern von der jederzeit möglichen Umkehr und Vergebung der Sünden.

---

der Lage zu sein, das betrügerisch Erworbene den Geschädigten gleich vielfach zurückzuerstatten.

3. Auseinandersetzung mit konkreten Kulten

3.1 Verschiedene Formen der Johannesakten

Zu den Texten, in denen so etwas wie Lokalkolorit entsteht, gehören auch die alten *Johannesakten*. In einer heute nur noch sehr hypothetisch rekonstruierbaren, fragmentarischen Urform, entstanden wohl im späten zweiten, womöglich frühen dritten Jahrhundert[11], erzählt diese Schrift eine Reihe von Szenen, die in Ephesus spielen.[12] Für die vorliegende Fragestellung ist besonders eine Szenenfolge im berühmten Tempel der Artemis von Ephesus entscheidend. Beim „Geburtstag des Götterbilds" (§ 38)[13] steigt auch Johannes zum Heiligtum hinauf, er allerdings als einziger in schwarzer Kleidung;[14] alle anderen tragen weiß (§ 38). Aufgrund dieser für alle offensichtlichen Pro-

---

[11] Zur Datierung z. B. Bremmer, *Apocryphal Acts*, 222; Bremmer votiert zudem für Ostsyrien als Entstehungsort; weitere Meinungen u. a. Attridge, Acts of John, 217, sowie Nicklas, Second Century.

[12] Das in der folgenden Passage vorgestellte Material wurde auch verwendet in dem Beitrag Nicklas, Positionen, 335–338; ich habe seitdem aber meine Gedanken noch einmal weiterentwickelt. – Ich zitiere die griechischen *Johannesakten* im Folgenden nach der Edition von Junod und Kaestli. Übersetzungen sind übernommen oder adaptiert von Schäferdiek, Johannesakten.

[13] Zu historischen Hintergründen vgl. Hötzinger, Wettstreit, 342: Der Text setzt „eine gewisse Kenntnis des Artemiskults voraus: So passt der Name des Festes … zum Glauben, dass Artemis in der Stadt Ephesus geboren wurde, und der Hinweis, dass die Epheser am Fest der Artemis weiß gekleidet waren (ActJoh 38), wird von einer Inschrift in Ephesus (IEph 907) bestätigt."

[14] Dies ist historisch offensichtlich falsch gedacht; der Artemistempel lag ja nicht auf einer Anhöhe der Stadt, auch wenn der Weg vom Stadtzentrum am Hafen bergauf führt. Erzählerisch ergibt sich jedoch der besonders schöne Effekt, dass durch den *Aufstieg* des Apostels die Artemis und ihre Weihegegenstände zu Boden gewor-

vokation ergreift ihn die Menge und sucht ihn zu töten. Dem „Sklaven des einzigen Gottes“[15] stehen die Verehrer der Artemis entgegen. Vergleichbare Konstellationen sind im Grunde bereits aus Szenen aus dem Alten Testament wie der Auseinandersetzung zwischen Elija und den Priestern der Baalskulte bekannt (vgl. 1 Kön 18; vgl. aber auch der Wettkampf zwischen dem Gott Israels und Bel in Dan 14,1–22)[16] – und natürlich ist auch der Ausgang der Szene keineswegs überraschend. Obwohl seine Gegner zahlenmäßig überlegen sind, hindert niemand den Johannes daran, eine ausführliche Rede zu halten, in der er auf die im bisherigen Verlauf des Textes berichteten Wunder und Heilungen verweist:[17]

Ihr seid in Gefahr, Männer von Ephesus, bei der Art des Meeres zu verharren; jeder ausmündende Fluss und jede hinabströmende Quelle, Regengüsse und in ununterbrochener Folge (wogende) Wellen und felsige Sturzbäche werden ebenfalls salzig von dem bitteren Wirkstoff darin. So seid auch ihr bis heute unverändert der wirklichen Frömmigkeit entgegen(gerichtet) und geht in euren alten Kulten zugrunde. Wie viele durch mich (ausgerichtete) Wunder, wie viele Heilungen habt ihr gesehen! Und doch seid ihr blind in euren Herzen und könnt nicht sehen! Was ist nun, Männer von Ephesus? Ich habe es gewagt und bin jetzt auch zu diesem euren Götzentempel heraufgekommen. Ich werde euch als durch und durch gottlos überführen und als tot, soweit es die menschliche Vernunft angeht. Seht, ich stehe hier! Ihr

---

fen und gedemütigt werden. Hierzu auch Junod und Kaestli, *Acta Johannis* 2, 495–496.

[15] Zur Bedeutung dieser Bezeichnung in frühchristlicher Literatur (mit einem Schwerpunkt auf den *Petrusakten*) vgl. Bremmer, Slaves of God / Christ.

[16] Der Hinweis findet sich auch bei Klauck, *Apokryphe Apostelakten*, 36.

[17] Übersetzungen der alten *Johannesakten* übernommen oder adaptiert von Schäferdiek, Johannesakten.

alle sagt, dass ihr die Artemis für eine Göttin haltet. Betet also zu jener, dass ich allein sterbe. Oder ich allein werde, wenn ihr dies nicht zu bewirken vermögt, meinen eigenen Gott anrufen und euch alle wegen eures Unglaubens töten. (§ 39)

Erneut finden wir Grundstrukturen dessen, was 1 Thess 1, 9–10, also sicherlich einer der frühesten Texte der christlichen Bewegung überhaupt, als eine Grundstruktur anbietet, mit der sich frühe Christusanhänger identifizieren sollen:[18] Entscheidend ist die totale Bindung an den einen wahren Gott und Christus, die sich durch die provozierende Selbstbezeichnung als „versklavt" zum Ausdruck bringen lässt. In der Entscheidung für diesen Gott aber geht es um Leben und Tod: Auf der einen Seite stehen entweder tote Bilder, die nichts vermögen, oder gar in ihnen wohnende, Tod bringende dämonische Mächte, auf der anderen Seite die Macht des allein lebendigen und Leben spendenden Gottes. Diese Macht hat Johannes bereits zuvor, z.B. in der Heilung der alten Frauen von Ephesus (§§ 33–37), demonstriert.[19] Daher steht das Resultat des Gebetswettstreits, zu dem Johannes auffordert, von vornherein fest, ja kommt es gar nicht mehr zu einer solchen Auseinandersetzung. Stattdessen schreckt die Menge davor zurück.[20] Wie weit die Macht des wahren Gottes geht, zeigt sich im Folgenden: Da sich ihm niemand zu widersetzen wagt, sieht Johannes freie Bahn dafür, „euren Kult (θρησκεία) zuschanden zu machen" (§ 40). Tatsächlich zerbirst der Altar der Artemis auf die Worte des Johannes

---

[18] Hierzu weiterführend auch Nicklas und Schlögel, Mission to the Gentiles, 326–327.

[19] Die Passage der eigentlichen Heilung ist leider nicht erhalten. Trotzdem ist davon auszugehen, dass der Text sie ursprünglich erzählte. Unklar ist, ob auch andere Wundererzählungen vorangingen.

[20] So auch Junod und Kaestli, *Acta Iohannis 2*, 496.

hin, die Götterbilder fallen zu Boden, die Hälfte des Tempels stürzt ein. Die Menge gerät außer sich, reißt auch den Rest des Tempels nieder und bekennt sich zum Gott des Johannes. Anders noch als in der kanonischen Apostelgeschichte, wo die Auseinandersetzung zwischen Paulus und den Silberschmieden von Ephesus (Apg 19,21–40) für alle Beteiligten recht glimpflich ausgeht, mündet die Szene hier in die komplette Zerstörung des Artemis-Heiligtums. Dass ein solches Ereignis in keinem Bezug zu dem steht, was in der ersten Generation der christlichen Bewegung möglich war, ist vollkommen klar. Doch selbst in der Zeit der wahrscheinlichen Entstehung der alten *Akten des Johannes* verlangt es ein enormes Maß an Imaginationskraft, um sich eine solche Szene vorzustellen. Wie funktioniert also ein „Demonstrationswunder",[21] wenn das im Text Demonstrierte in keinem Verhältnis zur Realität steht? Selbst wer keine Ahnung von den konkreten Verhältnissen in Ephesus hat,[22] dürfte in einer Welt, in der allüberall die Tempel der verschiedensten Gottheiten ungebrochen standen und offenbar funktionierten, das hier Erzählte kaum als real glaubhaft empfinden haben können. Projiziert dieser Text also einen für die Zukunft erhofften Wunschtraum in die Ursprünge der christlichen Bewegung? Lässt er vielleicht sogar den Gewaltphantasien einer noch marginalen Gruppe freien Lauf? Will er in erster Linie unterhalten, ohne Anhalt an der Wirklichkeit zu nehmen? Ich bin mir mit einer Antwort alles andere als

---

[21] So Bolyki, Miracle Stories, 20–21.

[22] Dass der Text sich tatsächlich nicht für die konkreten Verhältnisse in Ephesus interessiert, zeigt die Tatsache, dass Johannes davon spricht, in den Artemis-Tempel „heraufgekommen" (ἀνῆλθον) zu sein, obwohl dieser in einer Senke lag. Hierzu bereits Schäferdiek, Johannesakten, 172 Anm. 35.

sicher, ja halte es gar für nicht unmöglich, dass wir es mit einer Passage zu tun haben, die in dieser Form nicht zu den alten *Johannesakten* gehört haben könnte. Wie auch immer: Wenn der Text eine Welt konstruieren will, innerhalb derer die Macht des lebendigen Gottes der Christen sich gegen die als Dämonen verstandenen alten Götter durchsetzt, muss sich diese erzählte Welt zumindest in der Entstehungszeit des Textes an der tatsächlich erlebten Welt stoßen. Das Problem mag sich relativieren, wenn wir Adressatinnen und Adressaten voraussetzen, die den Text in Ägypten oder Syrien lesen und keine Ahnung von den tatsächlichen Verhältnissen in Ephesus haben. Es ist damit aber nicht gelöst. Noch schwieriger wird dies schon bei einer möglichen Entstehung der Schrift in Kleinasien.[23]

Die Situation ändert sich aber, wenn wir die Passage als Teil der sehr erfolgreichen, byzantinischen *Akten des Johannes durch Prochorus* lesen, die im fünften oder sechsten Jahrhundert mit einiger Wahrscheinlichkeit in Antiochien entstanden sein dürften.[24] Noch ausführlicher als die alten *Johannesakten* erzählt auch dieser Text (§§ 41–60) von Auseinandersetzungen des Apostels mit Verehrern der Artemis, die mit dem Fall des Tempels und der Vertreibung des in ihm lebenden Dämons enden (§ 59–60). Zudem dürfen wir nicht vergessen, dass wenigstens einige Handschriften des Texts auch die (wohl) auf die alten *Akten* zurückgehende Fassung enthalten.[25] In der Zeit der

[23] Vgl. hierzu z.B. den Überblick von Lalleman, *Acts of John*, 256–268, welcher sich selbst für Kleinasien entscheidet.

[24] Einführung und englische Übersetzung bei Spittler, Acts of John by Prochorus.

[25] Hierzu die knappe Übersicht bei Spittler, Acts of John by Prochorus, 271–272; ausführlich zudem Junod und Kaestli, *Acta Iohannis 1*, 1–68.

Entstehung dieses Texts (und noch mehr der heute erhaltenen Handschriften),[26] also deutlich nach der teilweisen Zerstörung des Artemisions durch die Goten in der Zeit des Kaisers Gallienus im Jahr 262 n. Chr., der nur ein Wiederaufbau in bescheidenerem Maße folgte,[27] ändert sich das Bild. Ich halte es zumindest für möglich, dass spätere Leserinnen und Leser dieser *Johannesakten*, zu Zeiten also, als der Artemiskult zu seinem endgültigen Ende gekommen und Reste des Artemisions in eine Kirche umgebaut wurden, das, was sie sahen, tatsächlich als Resultat des oben erzählten Wunders betrachten konnten … – vielleicht mit einem Blick von der auf dem Hügel gelegenen Johannesbasilika, die in der Zeit Justinians (527–565 n. Chr.) prachtvoll an der Stelle errichtet wurde, an der man seit dem 2. Jahrhundert das Grab des Apostels verehrte?[28]

---

[26] Soweit ich sehe, gehen die frühesten von ihnen auf das 9. oder 10. Jahrhundert unserer Zeitrechnung zurück. Für einen knappen Überblick siehe Spittler, Acts of John by Prochorus, 270–271.

[27] Zur Geschichte des Artemisions im 3. und 4. Jh. vgl. knapp Thür, Das spätantike Ephesos, 263: „Das Artemision dürfte nach dem Goteneinfall des Jahres 262 noch bis zum Ende des 4. Jhs. bestanden haben, dann würde der hypäthrale Bau großteils abgetragen, der Sekos in eine Kirche umgebaut und die Bauteile der Ringhalle andernorts als Spolien verwendet."

[28] Dies ist auch deswegen denkbar, weil die spätere Johannesbasilika nicht weit von den Resten des Artemisions errichtet wurde. Weiterführend Thiel, *Johanneskirche*. Natürlich ist es dabei nicht notwendig, an eine konkrete Rezeption der alten oder der byzantinischen *Johannesakten* in schriftlicher Form zu denken. – Zu den wichtigsten Zielen von Pilgern im spätantiken Ephesus vgl. schließlich Maraval, *Lieux saints*, 380–382.

3.2 *Das griechische Martyrium des Markus (ECCA 593; CANT 287)*

Auch das griechische *Martyrium des Markus* bietet einiges an Lokalkolorit, in diesem Falle aus Alexandrien, wo der Text wohl in der zweiten Hälfte des vierten Jahrhunderts unserer Zeitrechnung entstanden sein dürfte.[29] Bereits in § 1 versteht sich unsere Schrift als Beschreibung der Überwindung dämonischer Kräfte durch Jesus Christus selbst:[30]

Dieses ganze Land [Ägypten und große Teile Nordafrikas] war nämlich in seinem Herzen unbeschnitten und Götterbilder anbetend, voll von jeglicher Unreinheit; man verehrte unreine Geister, denn an jedem Haus, an jeder Straßenkreuzung und in jeder Gegend wurden Heiligtümer und heilige Bezirke errichtet; Wahrsagerei mit Hilfe der Sterne, magische Praktiken und jegliche Macht wurden verehrt. Umso mehr gab es bei ihnen Dämonen, die unser Herr Jesus Christus in seiner Gegenwart auflöste und vernichtete.

Konkret jedoch geht es darum, trotz des aufgrund der Hinrichtung des Markus offenbaren Siegs der Anhänger des Serapis über die Christen[31] die Überlegenheit Christi über den Stadtgott Alexandriens, Serapis, zu demonstrie-

---

[29] Ich habe mich zu dieser Schrift mehrfach geäußert: Der folgende Abschnitt greift auf Material zurück in Nicklas, Martyrdom of Mark in Alexandria, sowie Nicklas, Martyrdom of Mark; dort werden auch alle Einleitungsfragen auf aktuellem Stand diskutiert.

[30] Der griechische Text der Handschrift Codex Parisinus 881, die hier in meiner Übersetzung geboten wird, findet sich in PL 115, Sp. 164–169 (sowie in Nicklas, Martyrdom of Mark in Alexandria, 534–537). Eine kritische Edition der Schrift steht dagegen leider noch aus.

[31] Der Text verwendet diese Bezeichnung auch explizit (siehe §§ 6 und 10).

ren. Anders als es die *Akten des Johannes* zu zeigen suchen, ist dies im *Martyrium des Markus* aber noch keineswegs für alle deutlich erkennbar. Die Opposition zwischen Serapis und Christus wird auf mehreren Ebenen demonstriert. Besonders deutlich zeigt sich dies schon daran, dass Markus, welcher als Apostel und Evangelist verstanden wird, am „Geburtstag des Serapion" gefangen genommen wird, welcher auf den Ostersonntag fällt (§ 7). Vor dem Hintergrund dieser starken Markierung fallen mögliche andere Beziehungen auf. Die Menge zerrt Markus mit den Worten „Lasst uns den Büffel nach Boukolou zerren!" nach Boukolou / Baukalis, einen Vorort außerhalb der Mauern Alexandriens, der einst als Viehweide diente.[32] Soll man bei der Rede vom Büffel an den Apisstier denken? Oder sollen Leserinnen und Leser der Schrift daran erinnert werden, dass die Verehrung des Markus in Baukalis mit einiger Wahrscheinlichkeit ein Heiligtum des Serapis ersetzte (§ 10)?[33] Besonders eindrücklich ist die Beschreibung der Ereignisse nach dem Martyrium selbst (§ 9). Markus stirbt mit den Worten des Stephanus wie auch des lukanischen Christus selbst (vgl. Lk 23,46; Apg 7,59): „In deine Hände, Herr, lege ich meinen Geist." Dies geschieht an einem Ort namens Angelos, vielleicht der Stelle, an der einst die „Kirche der Engel" entstand, um das Serapeion zu ersetzen. Schon legt der Mob aus „gottlosen Griechen" – interessanterweise wird nicht von Ägyptern gesprochen – Feuer an die sterblichen Überreste des Apostels, als dies durch ein Wetterwunder verhindert wird:

> Aber durch die Vorsehung des Herrn, unseres Erlösers Jesus Christus, kam ein Wirbelsturm auf und ein großes Unwetter;

---

[32] Weiterführend Haas, *Alexandria*, 269–270.

[33] Hierzu Capponi, Serapis, 131.

die Sonne zog ihre Strahlen zurück; es gab einen schweren Donner und einen riesigen Wolkenbruch mit Hagel bis zum Abend – mit dem Ergebnis, dass viele Häuser einstürzten und viele Menschen starben. Voll Furcht ließen sie den Leichnam des Heiligen zurück und flohen. (§ 10)

Der Text macht klar, wer für die Rettung der Markusreliquien verantwortlich ist – sicherlich nicht Serapis, der Herr über das Wetter und damit die regelmäßige Nilflut wie auch die Fruchtbarkeit des Landes, sondern der Σωτήρ Jesus Christus. Darauf folgt wenigstens in Teilen der Überlieferung ein überaus spannendes Detail. Auch die Perspektive der Serapisanhänger kommt noch einmal zu Wort:[34]

Andere aber lachten und sprachen, als habe ihr dreifach-seliger Serapis wegen seines Geburtstags den Mann heimgesucht. (§ 10)

Zwar hat sich Christus für diejenigen, die es erkennen wollten, als Handlungssouverän offenbart, und zwar ist Serapis offenbar bezwungen; gleichzeitig macht der Text doch recht klar, dass es weiterhin eine andere Sicht der Dinge gibt. Ich halte es für zumindest denkbar, dass eine solche Textform des *Martyriums des Markus* in eine Zeit gehört, in der die Präsenz des Serapiskults in Alexandria noch deutlich spürbar war, vielleicht gar in eine Zeit, in der noch das berühmte Serapeion von Alexandria stand.[35] Dann könnte dem Text nicht nur die Funktion zugekommen sein, sich der eigenen apostolischen Ursprünge be-

[34] Φοβηθέντες δὲ ἐάσαντο λείψανον τοῦ ἁγίου καὶ ἔφυγον. ἕτεροι δὲ διαχλευάζοντες ἔλεγον, ὡς ὅτι ὁ τρισμακάριος Σέραπις αὐτῶν τὴν ἐπισκοπὴν τοῦ ἀνδρὸς ἐποιήσατο διὰ τὸ αὐτοῦ γενέθλιον. (PG 115, Sp. 164–169). Übersetzung von mir.

[35] Zur Zerstörung des Serapeions um das Jahr 392 n. Chr. vgl. z. B. Hahn, Conversion, 339–341 sowie Schmidt, Sturz des Serapis.

wusst zu werden, sondern dazu provoziert haben, dieser angeblichen Ursprünge in einer Weise gerecht zu werden, die sich auf radikale und aggressive Weise von jeglicher Form des Serapiskults abgrenzt.[36]

Exkurs: Der Umgang mit griechisch-römischen Bildungsinhalten in spätantiken Apostelerzählungen

Sich von den toten, von Dämonen bewohnten „Götterbildern“ zu trennen und alleine dem „lebendigen Gott“ zu dienen muss nicht unbedingt bedeuten, sich von allen geistigen Errungenschaften der alten Welt zu distanzieren. Die Bedeutung verschiedenster Strömungen antiker Philosophie, griechisch-römischer Rhetorik, die Überlieferung jüdischer und griechisch-römischer Autoren wie Josephus, Philo, Seneca und anderer bis hin zur kreativen Verwendung der Werke Homers und Vergils für die spätantiken *Centones* stehen nur als Beispiele für ein weit größeres Ganzes. Auch die apokryphen Apostelerzählungen nehmen auf unterschiedliche Weise Stellung zu solchen Themen. Zwar lassen sich vor allem die frühesten dieser Erzählungen bekanntlich als formal beeinflusst von antiken Romanen verstehen[37] und sind auch motivisch – z.B. aufgrund der Tatsache, dass in vielen dieser Schriften Tiere eine wichtige Rolle spielen – von antiker Mythologie, aber auch Naturkunde beeinflusst.[38] Wenn vor allem spätere Apostelerzählungen explizit Stellung zum Studi-

[36] Die zusätzliche Frage, was es bedeuten mag, das *Martyrium des Markus* in Alexandria zu lesen, habe ich in dem Beitrag Nicklas, Mit heteronomen Texten, 138–141 diskutiert.

[37] Hierzu siehe v.a. Söder, *Die apokryphen Apostelgeschichten.* Aktueller z.B. Pervo, Ancient Novel, sowie Cooper, *Virgin*; Thomas, *Acts of Peter* und andere.

[38] Wunderbare Beispiele bei Spittler, *Animals.*

um der großen Schriften griechisch-römischer Kultur nehmen, ist dies aber häufig eindeutig negativ. Das eben erwähnte *Martyrium des Markus* etwa zitiert den Flickschuster und späteren Bischof Ananias mit den Worten: „Nie habe ich derlei Dinge [wie das von Markus verkündete Evangelium; TN] gehört, sondern stattdessen Ilias und Odyssee und alles, was den Kindern Ägyptens gelehrt wird" (§4). Der Text berichtet nicht, dass Ananias gezwungen würde, sich von all dem abzuwenden, er scheint es aber um des Evangeliums willen zurückzulassen. Das hier propagierte Christentum wendet sich also gegen all das, was als „alte Schule" gelten kann. Entscheidende Aspekte griechisch-römischer Bildung werden zumindest relativiert. Damit aber bezieht der Text – vielleicht aus der Perspektive eines eher bildungsfernen, sich womöglich als „ägyptisch" verstehenden Christentums – Stellung gegen intellektuelle christliche Gruppen, wie sie in Alexandria seit dem 2. Jahrhundert ja durch Namen wie Pantaenos, Clemens von Alexandrien, Origenes, Basilides und Isidor repräsentiert werden, die wenigstens in einigen Fällen als Lehrer oder Häupter christlicher Schulen bekannt sind.[39] Eine geradezu absurd wirkende Erzählung auf ähnlicher Linie findet sich in der Tat zwei der *Philippusakten*, wo 300 Philosophen aus Athen nicht in der Lage sind, sich auch nur ansatzweise intellektuell mit der Verkündigung des Philippus auseinanderzusetzen, und deswegen den jüdischen Hohenpriester holen müssen, der anschließend im wahrsten Sinne des Wortes durch Strafwunder in Grund und Boden gestampft wird.[40] Eine deut-

---

[39] Ich spiele hier an den Titel des Bandes von Fürst, *Christentum* an.

[40] Edition des Texts: CCSA 11. Eine deutsche Übersetzung des Texts liegt m.W. noch nicht vor. Englisch siehe François Bovon und

lich interessantere Variation zur Konstellation im *Martyrium des Markus* bieten stattdessen die wohl auf das sechste oder siebte Jahrhundert zurückgehenden *Akten des Titus*, die – auch wegen ihres Themas, der apostolischen Ursprünge der Kirche Kretas und der dortigen Verehrung des Paulusschülers Titus – mit größter Wahrscheinlichkeit in Kreta entstanden sein dürften.[41] Im Verhältnis zu griechisch-römischer Bildung ist dieser Text wenigstens auf den ersten Blick noch radikaler als das *Martyrium des Markus*, denn schon in § 1 lesen wir über Titus:

> Im Alter von 20 Jahren verlangte er nach den Werken und Schauspielen Homers und der übrigen Philosophen, als er hörte, wie eine Stimme folgendermaßen sprach: „Titus, du musst von hier auswandern, um deine Seele zu retten. Denn diese Erziehung wird dir nicht von Nutzen sein.“[42]

Titus ist unsicher, da er weiß, wie auch die von Götterbildern gegebenen Orakel in die Irre führen können, und wartet ab, bis ihm neun Jahre später eine Vision zuteilwird, die ihm befiehlt, das „Buch der Hebräer“, also offenbar das Alte Testament, zu lesen. Im Jesajabuch stößt er auf Jes 45,16–17 in der Textform: „Erneuert euch zu mir, ihr vielen Inseln. Israel wird gerettet werden vom Herrn mit ewiger Rettung“ (§ 1). Griechisch-römisches Bildungsgut wird also an die Seite der Orakel der Götterbilder ge-

---

Christopher R. Mathews, *Acts of Philip: A New Translation* (Waco, Tx.: Baylor University Press, 2012).

[41] Griechischer Text: Halkin, Légende crétoise. Zur Einführung Nicklas, Akten des Titus, 460–462; die folgenden Textzitate sind meiner Übersetzung in diesem Beitrag entnommen. Eine weitere Einleitung mit englischer Übersetzung bietet auch Pervo, Acts of Titus, 406–410.

[42] Übersetzungen der *Akten des Titus* stammen von mir.

stellt: Es ist nötig, sie zurückzulassen, um auf den rechten Weg zu finden. Die Wahrheit steckt dagegen im „Buch der Hebräer" – und zwar, obwohl der Text dies nicht explizit zum Ausdruck bringt, gar in einer Form, die die früheren Orakel ersetzen kann. Wenn Jesaja von der Erneuerung der Inseln spricht, die sich Gott zuwenden sollen, dann ist damit im Grunde das Programm der *Titusakten* vorweggenommen: die Umwandlung Kretas zu einer dem Gott Israels zugewandten Insel und die Partizipation des Volks der Kreter am Volk Gottes.[43] Tatsächlich erzählen auch die *Akten des Titus* von der Überwindung alter Kulte bei der Ankunft und dem Einsturz der Götzentempel bei der Bestattung des Heiligen (z.B. §7 und 11; vgl. aber auch §9). Gleichzeitig aber bieten sie ein überraschendes Detail: Titus wird eingeführt als entstammend „aus dem Geschlecht des Minos, des Königs von Kreta" (§1). Dies ist ein spannender Aspekt, der dem Text ein eindeutig kretisches Lokalkolorit verleiht: Doch welche Funktion kommt dieser Bemerkung zu? Und wie viel an Wissen über den Mythos um Minos darf und muss bei den Rezipienten des Texts vorausgesetzt werden? Sollen sie mitdenken, dass Titus damit selbst – über seinen Ahnen – als Nachkomme des Zeus und der Europa zu gelten hat?[44] Soll damit eine Ursprungserzählung des vorchristlichen Kreta in die eines christlichen Kreta integriert werden – und wenn ja, auf welche Weise? Die Handlung der Erzäh-

---

[43] Dass dies wenigstens ansatzweise für den Text interessant zu sein scheint, zeigt auch §3, wo auf das Pfingstereignis zurückgeblickt und die Anwesenheit von Kretern und Arabern (vgl. Apg 2,11) – unter ihnen Titus – besonders betont wird.

[44] Schon erwähnt bei Homer, *Ilias* 13,450; besonders bekannt aber auch Ovid, *Metamorphosen*. Ausführlicher hierzu Robertson, Problem.

lung, die in § 11 auf die Grablege des Titus als Ort seiner bleibenden Wunder wirkenden Präsenz weist,[45] spricht m. E. dafür, dass sich die Verbindung zwischen Titus und Minos kaum einem Zufall verdankt. Ich halte es jedoch für wichtig, dass Minos zwar als König von Kreta, aber *nicht* als Sohn des Zeus beschrieben – und somit Titus nicht als Zeussohn bezeichnet ist. Wenn § 7 dann einen geradezu königlichen Empfang beschreibt, der dem in die Heimat zurückkehrenden Titus bereitet wird, steht dies in einer Linie mit dem in § 1 Erzählten. Gleichzeitig wird deutlich, dass Titus ein anderer geworden ist: Er spricht freundlich zu denen, die ihn empfangen, aber in hebräischer Sprache: Bei seinem Auftreten zerbricht das Bild der Artemis und kommen die Anwesenden zum Glauben an den „einen Gott", der ihnen öffentlich erschienen ist. Titus aber lebt von nun an nicht wie ein König, sondern als Asket:

> Die Nahrung des Heiligen aber bestand aus Gartengemüsen; er pflegte auf grobem Stoff und einem Fellchen zu ruhen. (§ 7)

Titus wird also nicht als Nachfahre des Zeus *und* Verkündiger Christi zugleich beschrieben, sondern als königlicher Nachfahre des Minos, der das Studium der Schriften Homers und der alten Philosophen hinter sich lässt, um Schüler des Paulus und Verkünder Christi zu werden. Als solcher wird er selbst zum Lehrer und Gründer der Kirchenorganisation Kretas:

> Er aber ordinierte Bischöfe in Knossos, Hierapytna, in Kydonia und Cheronesos, in Eleutherina und Lampa, in Kosamos und

---

[45] Mit seinen mit dem Rest nicht klar kompatiblen Aussagen mag § 12 eine spätere Hinzufügung darstellen.

Kantanos, so dass sie zusammen mit der Metropole Gortys neun Bischöfe waren. Und er lehrte sie vier Jahre lang. (§ 8)

Der aus dem Geschlecht des Minos Stammende bleibt somit weiterhin zentral für ein kretisches Christentum: aber nicht als königlicher Nachfahre des Zeussohns Minos, sondern als an seinem Grab in der Kathedrale von Gortys präsenter Heiliger, der für die Verbindung zu den frühesten Ursprüngen des Christentums überhaupt, für die Anfänge der kretischen Kirche, die Überwindung der alten Götter und die Einführung einer neuen, im inhaltlichen Detail zwar nicht referierten,[46] aber sich doch auf Paulus zurückführenden „christlichen" Lehre steht. Darauf, dass darin, vielleicht anders als im *Martyrium des Markus*, nicht unbedingt ein Impuls gegen ein sich intellektuell definierendes, philosophisches Denken seiner Zeit integrierendes Christentum stehen muss, könnte ein unscheinbarer Satz in § 10 hindeuten: „Damals schrieb er [Titus] Briefe an Dionysios den Areopagiten und andere." Zunächst einmal ist dieses Motiv, falls wir es als ursprünglich ansehen wollen, für die Datierung der *Akten des Titus* interessant, setzt es doch mit größter Wahrscheinlichkeit Wissen um eine frühe Sammlung von dem Dionysios zugeschriebenen Werken, unter anderem zehn Briefe, voraus.[47] Für den Plot der *Titusakten* scheint dieses Motiv überflüssig; man könnte den Satz ohne Schaden für die Handlung streichen. Womöglich ist hier tatsächlich einfach der Bezug zu einem heute nur in armenischer Fassung erhaltenen, Dionysios als Verfasser angebenden, aber mit dem Oeuvre des Pseudo-Dionysios nur fälsch-

[46] Der Text setzt einfach voraus, was in seiner Entstehungszeit unter „orthodoxer" christlicher Lehre verstanden ist.

[47] So schon Halkin, La légende, 242 und 251 Anm. 1.

licherweise in Bezug gesetzten *Brief an Titus* (BHO 642) hergestellt. Vielleicht aber kreiert der Text doch noch mehr an Verbindungen. Die Rede vom Briefwechsel zwischen Titus und Dionysios-Areopagita stellt ja gleich mehrere Bezüge her – eine Verbindung zwischen zwei Paulusschülern, einen Austausch zwischen Kreta und Athen (als dessen Bischof Dionysios schon bei Eusebius von Caesarea, *h. e.* 3,4,10 und 4,23,3 gilt[48]), womöglich aber auch den bleibenden Austausch mit einer Persönlichkeit, die nicht nur in der kanonischen Apostelgeschichte (Apg 17,34) als einer der wenigen beschrieben wird, die in Athen aufgrund der Verkündigung des Paulus zum Glauben kommen, sondern dem an der Wende vom 5. zum 6. Jahrhundert verfasste, bedeutsame neuplatonisch beeinflusste theologische Abhandlungen (*De divinis nominibus*, *de caelesti hierarchia*, *de ecclesiastica hierarchia* und *de mystica theologia*) zugeschrieben wurden.[49] Bleibt Titus, der Lehrer der Bischöfe Kretas, somit doch in Kontakt mit der – wenn auch gewandelten – philosophischen Tradition, die er nach § 1 einst zurückgelassen hat? Wir können nicht sicher sein, ob der Text so gelesen werden will; er schließt eine solche Deutung aber auch nicht aus.

[48] Eusebius selbst führt diese Information bereits auf Dionysios von Korinth (gest. 171 n. Chr.) zurück.

[49] Zur zeitlichen Einordnung aufgrund der literarischen Nähe zu bzw. Abhängigkeit von den Schriften des Proclus (gest. 485), dem Henotikon Zenos des Isauriers (erlassen 482) sowie dem im Jahr 476 durch den antiochenischen Patriarchen Petrus Fullo eingeführten Credo sowie frühesten Rezeptionen bei Severus von Antiochien im Jahr 518 oder 528 vgl. Suchla, Dionysius Areopagita, 176. Ausführlicher zur philosophischen Theologie des Dionysios zugeschriebenen Werks siehe z. B. Louth, *Denys the Areopagite*, sowie Suchla, *Dionysius Areopagita*, 89–128.

Noch einmal um ein Vielfaches offener zeigt sich ein heute wenig bekannter Text aus der Rezeptionsgeschichte der alten *Akten des Paulus und der Thekla*, die fälschlicherweise Basilius von Seleukia (gest. nach 458 n. Chr.)[50] zugeschriebene Schrift mit dem Titel *Leben und Wunder der Heiligen Thekla.*[51] Aufgrund zahlreicher Bezugnahmen auf datierbare Ereignisse und bekannte Personen ist eine sehr präzise Datierung der *Wunder* zwischen den Jahren 468 und 475 n. Chr. möglich. Das *Leben der Thekla* wiederum ist leicht früher, etwa um 460, anzusetzen.[52] Während deren erster Teil, das *Leben der Thekla*, eine, deutlich eigene Schwerpunkte setzende Paraphase der *Akten* bietet,[53] spielen sich die *Wunder* alle erst nach dem Tod der Apostolin ab, deren bleibende, zunächst die Gegend von Dämonen reinigende, die Stadt beschützende und dann auch Menschen heilende Präsenz um Seleukia am Kalykadnos in Kilikien anhand des Textes demonstriert werden soll. Völlig kompromisslos zeigen bereits die ersten Kapitel, dass die Apostolin die „alten Dämonen"

---

50 Zu Leben und Bedeutung dieses Bischofs vgl. Pilhofer, *Das frühe Christentum*, 163–167; zur Argumentation in Bezug auf die Verfasserschaft der Schrift zuletzt Kollmann und Schröder, *Pseudo-Basilius von Seleukia*, 69–73.

51 Edition Dagron sowie, darauf basierend, Talbot und Fitzgerald Johnson, *Miracle Tales*, 2–201 (nur *Wunder der Thekla*), sowie Kollmann und Schröder, *Pseudo-Basilius von Seleukia*. Die folgenden deutschen Übersetzungen entstammen letzterer Ausgabe oder sind aus ihr adaptiert. Eine leicht zugängliche Übersetzung (mit Einleitung) nur des *Lebens der Thekla* bietet zudem Jacobs, *Life of Thecla*

52 Ich folge hier der überzeugenden Argumentation von Kollmann und Schröder, *Pseudo-Basilius von Seleukia*, 73–74.

53 Eine Analyse der dabei erkennbaren Techniken und neuen inhaltlichen Schwerpunktsetzungen bietet Fitzgerald Johnson, *Life and Miracles*, 15–112.

wie Apollo Sarpedonios,[54] Athene (mit einem Heiligtum auf dem Berg Kokysion), Aphrodite und schließlich Zeus zum Schweigen bringt, überwindet und unwirksam macht.[55] Anders als in den bisher erwähnten Texten aber ist dies kein Grund, um deshalb wichtige Güter einer „klassischen" griechischen Bildung geringzuschätzen. Dies zeigt sich schon daran, dass der Verfasser des Textes (neben Motiven aus der Schrift)[56] gern explizit Zitate aus klassischer Literatur einbaut:[57] Man kann darüber diskutieren, ob seine bereits im Prolog zur Schau gestellte Kenntnis der Orakel, die einst Krösus den Untergang brachten, auf direkter Kenntnis Herodots beruht oder nicht.[58] Offen bleiben muss auch, wie explizit die in § 9 verwendeten Bilder von Dohle und Adler auf Fabeln des Aesop (Aesop, *Fab.* 2) zurückgehen. Ganz explizit jedoch wird immer wieder Homer zitiert. Dies geschieht etwa in § 6, der Thekla als Beschützerin der Stadt Ikonium beschreibt. Das Eingreifen der Heiligen habe ermöglicht, „dass viele [der Feinde] getötet, weit mehr aber noch gefangen genommen wurden ..., so dass noch nicht einmal, *wie man mit einer homerischen Wendung sagen könnte,* ein Bote nach Hause heimkehrte" (§ 6; Zitat aus Homer, *Il.* 12,73). Ganz deutlich wird die Freude des Autors an solchen Einflechtungen auch in § 10, wo der Verfasser sich

---

[54] Zur Identifikation des lokalen Heros Sarpedonios mit Apoll sowie der Geschichte und Bedeutung seines Kults vgl. knapp Kollmann und Schröder, *Pseudo-Basilius von Seleukia*, 30–31.

[55] Beispielhaft dazu z.B. Gotter, Thekla gegen Apoll, sowie knapp Fitzgerald Johnson, *Life and Miracles*, 124–130.

[56] Hierzu vgl. schon Dagron, *Vie et Miracles*, 156.

[57] Die folgenden Hinweise finden sich auch im Fußnotenapparat bei Kollmann und Schröder, *Pseudo-Basilius von Seleukia*.

[58] Hierzu z.B. Kollmann und Schröder, *Pseudo-Basilius von Seleukia*, 202 Anm. 9.

selbst mit Worten Homers – „Aber fahre nun fort!" (*Od.* 8,492) – ermutigt, dem eben Berichteten weitere Wundererzählungen hinzuzufügen (ähnlich § 35). Weitere Beispiele ähnlicher Art ließen sich anführen[59]. Besonders aufschlussreich sind jedoch die folgenden Szenen: § 38 erzählt von der Heilung eines Grammatiklehrers namens Alypios, der sich, aufgrund schwerer Krankheit in Todesgefahr, an die Heilige wendet. Thekla erscheint ihm – die Szene erinnert an Heilungen in Asklepiosheiligtümern[60] – in der Nacht und fragt ihn nach seinem Leiden. Da antwortet der Gelehrte:

> Das weißt du selber; warum soll ich es dir, die du über all dieses Bescheid weißt, sagen? Dieser Vers stammt von Homer [Il. 1,365], er aber hatte ihn äußerst geschickt als Zitat verwendet – besser als damals Achilleus gegenüber seiner Mutter Thetis –, um seinem eigenen Fachgebiet die Ehre zu erweisen und um durch diese wunderschöne, äußerst passende Formulierung gleichzeitig die Jungfrau wohlwollend zu stimmen. Und tatsächlich lächelte die Märtyrerin darüber, hatte ihre Freude an dem Mann und an dem Vers und staunte darüber, wie überaus passend er geantwortet hatte.

Natürlich wird Alypios am nächsten Tag geheilt … und zwar dadurch, dass sein Sohn Solymios, „ein zärtlich lie-

---

59 Vgl. z. B. § 11: Anspielung auf *Il.* 21,483–494; § 16: *Il.* 1,351; § 26: *Il.* 5,720 und 8,382; § 27: *Il.* 15,273.618–619; § 35: *Il.* 10,496; § 44: *Il.* 16,154; vgl. auch § 18: Euripides, *Ba.* 1090–1091; § 38: Plato, *R.* 10,617e, sowie die Erwähnung Hesiods in § 44; interessanterweise spricht der Text in § 39 gar vom „wundervollen Plato" (ὁ θαυμαστὸς Πλάτων).

60 So schon Cox Miller, *Dreams*, 117, die die Thekla der *Wunder* als christliche Heilige im Mantel des Asklepius versteht, aber auch Fitzgerald Johnson, *Life and Miracles*, 197–210, Pilhofer, *Das frühe Christentum*, 214–216, der auf die Konkurrenz zum Asklepios-Heiligtum in Aigeai im östlichen Kilikien verweist, und andere.

bender Sohn und Liebhaber der Literatur" (§ 38), ihm genau den Edelstein überbringt, welchen ihm Thekla schon in der Nacht (offenbar im Traum) als „Unterpfand seines Lebens und seiner Gesundheit" (§ 38) in die Hand gedrückt hatte. Dies alles ist kein Zufall, sondern laut Auskunft des Textes (§ 37) nur ein Beispiel dafür, dass sich Thekla in ihren Wundern gerne auch Gebildeten zuwende. Schließlich, so setzt § 38 hinzu, sei sie „Liebhaberin der Literatur und der Musen" (φιλόλογος καὶ φιλόμουσος; sehr ähnlich auch § 41: φιλόλογος). Dies wiederum erweist sich auch auf anderer Ebene: Paragraph 45, bereits Teil einer Art von Nachtrag zur Sammlung, erzählt von einer gewissen Xenarchis. Dieser wird ein Buch geschenkt, worüber sie zwar Freude empfindet, aber doch zugeben muss, dass sie „die elementaren Buchstaben und Schriftzeichen nicht kenne". Als sie jedoch (nur angedeutet) ihre Hoffnung auf „die Lehrmeisterin ihres Lebens" – gemeint ist Thekla – zum Ausdruck bringt, da plötzlich ist sie in der Lage zu lesen, „und zwar so flink und sicher, dass alle Frauen, die bei ihr standen, außer sich vor Staunen gerieten."[61] Zwar handelt es sich hier um ein Evangelienbuch; es dürfte aber kein Zufall sein, dass die Liebhaberin der Literatur hier zur Lehrmeisterin einer Frau wird, die nun offenbar öffentlich vorzulesen beginnt.

3.3 Wie funktionieren eigentlich die alten Heilsstätten?

3.3.1 Die Wunder der hl. Thekla

Die eben angesprochenen *Wunder der Thekla* sind aber auch in anderer Hinsicht hochinteressant. Wie schon an-

[61] Der Text spielt mit dem Satz „Wie kann diese Frau das Geschriebene verstehen, ohne es je gelernt zu haben?" zudem mit Joh 7,15.

gedeutet, demonstriert diese Schrift anhand vieler Beispiele die Überwindung und wahrhaft wirksame Ersetzung der alten Kulte durch die Apostolin Thekla und ihren Kult. Doch auch ein anderer Aspekt dieser Schrift ist interessant: Schon in ihrem Prolog beschäftigen sich die *Wunder der Thekla* mit der Frage danach, wie die bekannten Kulte der griechisch-römischen Gottheiten einst (wenigstens teilweise) funktionieren konnten: Immerhin seien von Göttern wie dem Zeus in Dodona, dem pythischen Apollo in Delphi oder dem Asklepios in Pergamon, Epidaurus und Aigeai eine Vielzahl von Erzählungen über Orakel und wunderbare Heilungen überliefert.[62] Bei all diesen Gottheiten handelt es sich für den Autor unseres Texts um dämonische Mächte, denen durchaus eine gewisse Wirksamkeit zuzutrauen ist. Trotzdem seien einige dieser Erzählungen einfach erfunden – ich zitiere weiterhin aus dem Prolog:

> Bei diesen handelt es sich zum Teil um unwahre Erzählungen, um Erfindungen und schlaue Einfälle derer, die sie verfasst haben, welche den Dämonen eine bestimmte Wirksamkeit, Kraft und Sehergabe beilegen wollen.

In einigen Fällen aber – der weitere Text konzentriert sich auf Orakel – könne man in gewisser Weise wirklich von Prophetien sprechen, allerdings solchen, die so doppeldeutig verfasst seien, dass sie ihre Empfänger in die Irre führten:

> Denn bei den Orakelsprüchen ist alles Streben auf dunkle, rätselhafte Worte gerichtet. Da sie nämlich kein rechtes Verhältnis

[62] Damit nennt der Text mehr oder weniger die Gottheiten, deren Kulte für Seleukia und die umliegende Region von besonderer Bedeutung waren. Hierzu weiterführend u. a. Kollmann und Schröder, *Pseudo-Basilius von Seleukia*, 30–31.

zur Wahrheit und auch kein Mittel haben, die Zukunft klar vorherzusagen, was das, was sie prophezeiten, blind, verschlungen, verworren, mit Möglichkeiten des Abirrens in tausend Richtungen erscheinen lässt, so dass die Fälle fehlgeschlagener Prophezeiungen nicht so sehr den weissagenden Dämonen, als vielmehr denen zuzuschreiben waren, die die Orakelsprüche offenbar nicht verstanden.

Dies wird direkt im Anschluss an dem auch in der Antike berühmten Beispiel des Krösus illustriert, der den Apollo von Delphi mit der Frage konsultiert habe, ob er Kyros, den König der Perser und Meder, besiegen könnte. Mit leichten Variationen zitieren die *Wunder der Thekla* daraufhin die bereits bei Herodot, *hist.* 1,53, überlieferte Form des Orakels: „Krösus wird, wenn er den Fluss Halys überschreitet, eine große Herrschaft zerstören.“[63] Das Resultat ist bekannt: Krösus versteht dies als Ermunterung, tatsächlich die Perser anzugreifen, unterliegt auf katastrophale Weise und zerstört damit sein eigenes Königreich. Für unsere Frage interessant ist jedoch weniger diese bekannte Erzählung als ihre Deutung durch die *Wunder*:

Diese Prophezeiung, die er entweder als Loxias gegeben hatte, indem er die Auslegung eben dem Empfänger [des Orakels; TN] überließ, oder aber als ein boshafter Betrüger des Bittstellenden oder auch aufgrund eigener Unkenntnis, wie und auf welche Weise das zukünftige Ereignis eintreten werde – sie hat Krösus ein für alle Mal zugrunde gerichtet.

---

[63] Konkretere Informationen: Kollmann und Schröder, *Pseudo-Basilius*, 202 Anm. 9: „Der Autor ist offenkundig von Eusebius, *p. e.* 5,20,8 – 5,21,3 (GCS 259–261) abhängig, wo ebenfalls unter Verwendung dieses Herodot-Zitats herausgestellt wird, wie Apollon durch die Zweideutigkeit seines Orakelspruchs Krösus ruinierte. Der Orakelspruch wird bereits von Aristoteles, *Rh.* 3,5, als Musterbeispiel doppeldeutiger Irreführung angeführt.“

Mit dem Attribut des Apollo als „Loxias“ (der „Doppeldeutige“ bzw. „Verschleierte“) und seiner Anrede als „Orakelgott“[64] (vgl. auch Herodot, *hist.* 1,91) bietet der Text nur eine mögliche Lösung des Rätsels: Womöglich lässt der „Dämon“ Apollo den Wortlaut des Orakels bewusst so offen, dass dieses Verschiedenes heißen kann, vielleicht will er seine Bittsteller gar in die Irre führen; vielleicht aber weiß er selbst gar nicht mehr über die Zukunft, als er wirklich sagt. Wie auch immer: In gewisser Weise wird dadurch deutlich, dass die alten Orakel tatsächlich im weiteren Sinn „funktionierten“, indem sich in ihren die Stimmen dämonischer Mächte zeigten; faktisch aber erwiesen sie sich jedoch alles andere denn hilfreich:

> Die Äußerungen der Dämonen sind, um nur Weniges aus der übergroßen Menge anzuführen, von solcher Art: Sie sind irreführend, boshaft, betrügerisch, heimtückisch, listig, voller Dunkelheit und Lüge.

Ganz anders dagegen die Orakel und Heilungen, die durch die Heiligen vollbracht werden. Deren Klarheit, Wahrheit und Einfachheit erkläre sich darin, dass sie „in der Gnade Christi“ vollbracht würden – ein Motiv, das uns (in Variationen) bekanntlich schon in unserem ersten Kapitel begegnet ist.[65] Eine interessante, an das, was wir im *Martyrium des Markus* entdeckten, erinnernde Variation findet sich in § 40 der *Wunder.* Dieses geht zwar auf Thekla zurück, wird aber falsch gedeutet – und führt

---

[64] Kollmann und Schröder, *Pseudo-Basilius*, 202 Anm. 10.

[65] Eine ausführlichere Analyse dieser Passagen, allerdings mit z. T. anderem Interesse, bietet Fitzgerald Johnson, *Life and Miracles*, 113–130, von dessen Beobachtungen ich mich teilweise habe inspirieren lassen.

deswegen nicht zur Konversion des Geheilten.[66] Der Sophist Aretarchos sei an einem so heftigen Nierenleiden erkrankt, „dass er infolge der unerträglichen Schmerzen sich oftmals den Tod wünschte und diesen wegen der unermesslichen Qualen herbeisehnte." Obwohl er laut § 39 kein Anhänger Christi und schon deswegen natürlich auch kein Verehrer der Thekla ist, kommt ihm diese – offenbar durch eine Audition – zu Hilfe.[67] Er reibt sich mit Lampenöl ein und wird geheilt, reagiert aber anders als erwartet (§ 40):

> Nachdem er aufgrund seines großen Scharfsinns und seines klugen Verstandes sie, die ihm das Heilmittel gegeben hatte, benannt und anerkannt hatte, erwies er den Dank für die Heilung einem anderen: Sarpedonios, so sprach er, hat mir befohlen, (dieses Heilmittel) von ihr zu erbitten und in Empfang zu nehmen.

Die Passage ist auf mehreren Ebenen höchst spannend: Aretarchos versteht und erkennt offensichtlich an, dass ihm das Heilmittel für seine Krankheit durch Thekla offenbart wurde. Auch wenn aus dem Text nicht eindeutig hervorgeht, *wie weit* seine Verehrung Theklas geht – of-

---

[66] Ein weiteres solches Beispiel bietet § 39, die Erzählung von der Heilung des (auch ansonsten bekannten) Sophisten Isokasios (hierzu Kollmann und Schröder, *Pseudo-Basilius von Seleukia*, 330 Anm. 120).

[67] Das in §§ 39 und 40 erkennbare Motiv, dass Thekla auch Ungläubigen zu Hilfe kommt, findet sich ebenfalls in späterer Literatur zur Frage, ob es erlaubt sei, für Nichtchristen Fürbitte zu leisten (*Ps. Ioh. Damasc., Fid. Dorm.*: PG 95, 264A und *Marcus Ephesius, Oratio altera: Concilium Florentinum documenta et scriptores* 71). Der Ausgangspunkt liegt in dem bereits in den *Akten des Paulus und der Thekla* auftauchenden Motiv, dass Thekla Fürbitte für Falconilla, die (nicht getaufte) verstorbene Tochter der Königin Tryphaena, geleistet habe. Ich bin Frau Kollegin Andrea Riedl für diesen Hinweis dankbar.

fenbar impliziert sie nicht, getaufter Christ zu sein – ist die Möglichkeit, durch Thekla geheilt zu werden, zweifelsohne Teil seines Deutesystems. Anders als durch den Text propagiert, steht aber für Aretarchos der Kult der Thekla offenbar nicht im Widerspruch zu den alten Kulten, sondern er ordnet sich in diese ein: Apollo Sarpedon wird weiterhin als eine hohe, für Heilungen zuständige Gottheit angesehen, die jedoch den „Fall Aretarchos" an Thekla delegiert hat. Auch wenn wir nicht wissen können, ob und inwiefern der hier geschilderte Fall sich historisch ereignet hat, so ergibt eine derartige Erzählung nur Sinn, wenn sie paradigmatisch für ein Problem steht, das wohl immer wieder aufgetaucht sein muss: Der Kult der Heiligen ersetzt nicht einfach das bestehende System von Kulten, sondern wird in dieses integriert. Eine Heilung durch Thekla wird *auch* der Hilfe des Apollo Sarpedon zugeschrieben. Natürlich kann der Text dies nicht tolerieren. Selbst wenn Sarpedon dem Philosophen einen solchen Rat gegeben hätte, wäre dies das schlagende Beispiel für die Machtlosigkeit des Gottes:

Sollte es demnach so gewesen sein, dass der, der dich auf jemand anderen verwies, dir selbst (das Gewünschte) nicht gewährt – wenn er denn dazu imstande gewesen wäre –, sondern dass er seinen Schutzflehenden, den Anhänger seines Kultes, der, wie du es wohl selbst sagen würdest, in seine Mysterien eingeweiht und ihm in glühender Verehrung zugetan ist, zu einer anderen Person schickte, und zwar zu einer, die sich mit ihm im Kriegszustand befindet? Dies wäre dann der stärkste Beleg dafür, dass er [Apollo Sarpedon, TN] seine eigene Schwäche eingestand, dass er die Macht der Märtyrerin laut bezeugte und allen Menschen kundtat, dass er seine Fähigkeit, seine Kraft, seine Weisheit – die er nie besessen hatte – verloren hat, dass es hingegen die Jungfrau ist, die jetzt große Macht besitzt und alle Menschen heilt. (§ 40)

Missverständnisse wie die des Aretarchos bieten uns heute spannende Beispiele „gelebter Religion“, die in diesem Falle nicht die Grenzziehungen vornimmt, wie sie in der „gebotenen Religion“ eines orthodox-organisierten Christentums verlangt werden.[68] Aus Sicht der *Wunder der Thekla* sind sie unbedingt zu vermeiden. Gleichzeitig lässt sich schließen: Die scharfen Grenzen, die der Text zieht, sind nicht einfach als Beschreibungen gelebter Praxis, sondern als Statements zu verstehen, wie angemessene Verehrung der Thekla zu erfolgen hat. Diese Statements aber sind nur dann sinnvoll, wenn die in ihnen zum Ausdruck gebrachte Sicht der Dinge nicht selbstverständlich ist. Wie wichtig die Grenzziehungen aber für die *Wunder der Thekla* sind, beweist auch die Tatsache, dass die Auseinandersetzung mit den griechischen Kulten nicht nur einen großen Teil der *Protheoria*, d.h. des Vorworts, ausmacht, sondern dass damit in Zusammenhang stehende Motive immer wieder aufgegriffen werden. Die alte Welt der betrügerischen, hinterlistigen und das Böse wollenden, von uralten Dämonen beherrschten Kulte ist durch Christus und seine Aufteilung der Welt unter die Apostel und Märtyrer gereinigt:

> Der Sieg über solch uralte Dämonen, die mit der Streitmacht ihrer Götzendiener stark gewappnet waren – diese machten ganze Städte und Völker aus –, kommt allein Gott zu und allein den Märtyrern, die von Gott in diesen Kampf gestellt worden sind.

[68] Zu diesem Begriffspaar vgl. zunächst McGuire, *Lived Religion*, die sich allerdings auf Phänomene in den USA heute konzentriert. Es ist das Verdienst von Rüpke, *Gelebte Religion* sowie ders., *Roman Religion,* den Begriff (sowie die Rede von „gebotener Religion“) in der Erforschung antiker religiöser Phänomene eingebracht zu haben. Wichtig ist, dass gelebte und gebotene Religion nicht einfach sich ausschließende Gegensätze darstellen, sondern sich überlappen.

Und so wie Christus unter den Heiligen dem einen diese, dem anderen jene Stadt oder Gegend zugewiesen hat, damit sie mit aller Gründlichkeit die Erde reinigten, so hat er auch ihr [Thekla; TN] diese Gegend zugeteilt, wie dem Petrus Judäa und wie dem Paulus alle Völker. (§ 4)

Mit „dieser Gegend" meint der Text die Umgebung von Seleukia, dem Zentrum der Thekla-Verehrung. Diese Stadt wird bereits in den alten *Akten des Paulus und der Thekla* als der Ort ihres Todes bezeichnet;[69] die Verehrung des Theklagrabes ist dort bereits durch die Pilgerin Aetheria/Egeria (*It.* 22–23) wohl im späten 4. Jahrhundert bezeugt.[70] Dieser Ort muss – in einer Art von kriegerischem Akt, in dem Thekla als Repräsentantin Christi und des wahren Gottes kämpft – „gereinigt werden". Dies geschieht in den ersten Kapiteln: Thekla bringt das Orakel des sarpedonischen Apollo zum Schweigen (§ 1); sie ersetzt auf dem Berg Kokysion die Schild tragende und die Stadt verteidigende Athene, die jedoch gegen das „unbewaffnete, fremde und wehrlose Mädchen" Thekla hilflos scheint (§ 2), vertreibt Aphrodite (§ 3) und überwindet mit Zeus auch den höchsten aller Dämonen (§ 4). *Trotzdem* oder in der Argumentation gerade *deswegen* ist die Stadt nun vor Angriffen – wie z. B. der Hagarener – geschützt, wie § 5 zu zeigen sucht. Dass sich der Schutz aber nicht nur auf Seleukia selbst bezieht, sondern die Präsenz und Hilfe Theklas auch andernorts zu erfahren ist, suchen

---

[69] Ansonsten spielt der Ort in den *Akten*, in deren Mittelpunkt Ikonium und Antiochien stehen, keine Rolle. Zur Entstehung und Bedeutung des Thekla-Kults in Seleukia siehe Davis, *Cult of St Thecla,* 36–80, Arbeiter, El santuario, sowie Pilhofer, *Das frühe Christentum*, 217–228.

[70] Einleitungsfragen zum Itinerarium der Aetheria/Egeria, bei *Aetheria/Egeria*, 12–16.

die folgenden Kapitel zu erweisen. Selbst in Ikonium, nach den *Akten des Paulus und der Thekla* ihrer Heimatstadt, in der sie ihr erstes Martyrium erfuhr, zeigt sie sich als Beschützerin (§ 6), aber auch in Aigeai in Kilikien (§§ 9 und 39[71]). Wie schon im *Martyrium des Markus* wird die Verbreitung des Evangeliums durch die Apostel – ja ihr Wirken auch nach ihrem Tode – als eine Art von Exorzismus verstanden. Nicht nur einzelne Menschen, sondern die Welt steht, exemplarisch illustriert anhand sehr konkreter Orte, unter dem Bann von dämonischen Mächten, die durch Christus selbst und diejenigen, die ihn vertreten, Apostel, Märtyrer und Heilige, besiegt werden. Diese Mächte wirken tatsächlich – aber auf verführerische und betrügerische, irreführende und unzulängliche Weise. Allerdings beruht ihr Ruf auf Übertreibungen und Erfindungen, aber auch Fehldeutungen tatsächlicher Wunder (wie im eben geschilderten Falle des Aretarchos). All dies ist nun nicht mehr nötig. Sie werden ersetzt durch diejenigen, denen im Namen Christi die Gnade zukommt, wahrhaft zu heilen und wahrhaft hilfreich die Zukunft zu prophezeien. Der Exorzismus geht der wahren Heilung voraus. Der Blick auf die Welt verändert sich. Alte Erinnerungsorte werden neu besetzt und neu gedeutet;[72] die Verehrung der immer präsenten Thekla, deren heilende Kraft in der Gnade Christi möglich ist, beseitigt den Kult der alten Götter (und darf auf keinen Fall einfach in diesen integriert werden).

[71] § 39 stellt gar den einzigen Beleg einer Thekla-Kirche in Aigeai dar (so Kollmann und Schröder, *Pseudo-Basilius von Seleukia*, 332 Anm. 122).

[72] Man könnte in diesem Zusammenhang von der Entstehung „augmentierter Räume“ sprechen. Zu diesem Konzept vgl. Merkt, Hetero-Topography.

3.3.2 Das Martyrium des Bartholomäus (ECCA 617; CANT 259)

Eine interessante Variante dessen, was wir eben beobachteten, bietet das wenig bekannte, in lateinischer und griechischer Sprache überlieferte *Martyrium des Bartholomäus* (oder: *Passion des Bartholomäus*).[73] Gemäß dieser recht späten, in der griechischen Fassung vielleicht erst ins 7. Jahrhundert zu datierenden Schrift wird der Apostel Bartholomäus nach Indien gesandt. Die Erzählung selbst aber könnte im Grunde überall spielen. Vor allem die griechische Fassung ist so inkonsequent, immer wieder von „griechischen Anhängern“ der „Götterkulte“ zu sprechen; wahrscheinlich geht der (hier nicht ganz eindeutig formulierte) Text gar davon aus, dass der in „Indien“ ins Meer geworfene Leichnam des Apostels in Lipari bei Sizilien ankommt und dort bestattet wird.[74] Obwohl die Namen der im Text erwähnten Gottheiten sich mit einiger Wahrscheinlichkeit von bekannten Gottheiten der antiken Welt ableiten lassen,[75] geht es dieser Schrift, anders als etwa den *Wundern der Thekla*, kaum darum, die Überwindung eines konkreten, vielleicht auch noch mit einem bestimmten Ort verbundenen Kults zu beschreiben. Trotz allem ist die Schrift für das Thema des Kapitels hoch inte-

[73] Edition: Bonnet, Passio Bartholomaei.

[74] Womöglich zeigt sich hier der Einfluss einer anderen Tradition, die das Wirken des Apostels im heutigen Albanien lokalisiert; wahrscheinlich aber liegt das Problem auch einfach bei unserer heutigen Vorstellung der Welt, die dies für unmöglich erachtet.

[75] Der Bezug von Astaruth zu Astarte scheint eindeutig; die in den Handschriften erkennbaren verschiedenen Schreibweisen der in der Edition als „Becher“ bezeichneten Gottheit (wie auch die Rede vom Gott Baldad) lassen an eine Form von „Baal“ denken. Hilfreich hierzu Wyatt, Astarte, sowie Na´aman, Baal Toponyms.

ressant. Ohne dass dies genauer motiviert würde, lässt sich der Apostel Bartholomäus im Heiligtum des Gottes Astaruth nieder, welches offenbar von einer Vielzahl von Pilgern besucht wird. Der Grund dafür ist, dass wenigstens einige dieser Pilger dort allem Anschein nach Heilung von ihren Krankheiten erfahren. Nicht ganz so explizit dargestellt, aber wohl wenigstens erschließbar ist eine Funktion des Tempels als Orakelstätte. Als jedoch Bartholomäus sich dort niederlässt, finden dort keine Heilungen mehr statt, noch kann die Gottheit auf eine der ihr gestellten Fragen Antwort geben. Die Pilger ziehen sich zurück und wandern zu einem anderen Tempel. Als sie dort fragen, warum Astaruth nun nicht mehr wirksam ist, wird ihnen dies auf die folgende Weise erklärt:

> Der Dämon Becher … antwortete und sagte zu ihnen: Seit dem Tag und der Stunde, als der wahre Gott, der in den Himmeln wohnt, seinen Apostel Bartholomäus in die hiesigen Gegenden gesandt hat, wird euer Gott Astaruth in feurigen Fesseln gehalten und kann nicht mehr sprechen noch atmen. Jene sagten: Und wer ist dieser Bartholomäus? Jener antwortete: Er ist ein Freund des alles vermögenden Gottes, und ist gerade jetzt in diese Gegend gekommen, damit er im Namen seines Gottes gegen jede Verehrung von Götterbildern dränge. (§ 1,6–7)

Im weiteren Verlauf der Erzählung offenbart Bartholomäus vor allem seine exorzistischen Fähigkeiten. Als er die Tochter des Königs Polymios heilt, öffnet ihm dieser sein Ohr und lässt sich von dem Apostel belehren. Wie in vielen der bereits genannten Texte kommt es zu einer Demonstration der Macht des christlichen Gottes (repräsentiert durch den Apostel) gegenüber dem Dämon: Bartholomäus zwingt den besiegten Dämon, sich zu offenbaren, zuzulassen, dass die Götterbilder im Tempel zerstört werden, und sich schließlich an einen einsamen Ort zurückzuziehen. Vor allem aber muss Astaruth erklären, mit welcher List die in den Götterbildern hausenden Dämonen vorgehen, um Menschen an sich zu binden. Die vollständige Szene lautet:

Da antwortete der Apostel: „Bekenne, unreiner Dämon, wer ist es, der all diese, die hier darniederliegen vor schweren Krankheiten, schädigt?“ Der Dämon antwortete: „Unser Fürst, der Teufel, dieser, der gefesselt ist, jener schickt uns zu den Menschen, damit wir, nachdem wir zuerst ihre Körper geschädigt haben, so auch in ihre Seelen vordringen, wenn sie uns opfern. Dann nämlich haben wir vollkommen Macht über sie, wenn sie uns vertrauen und uns opfern. Und wenn wir uns wegen ihres Unheils zurückziehen, scheinen wir sie zu heilen und werden von ihnen wie Götter angebetet. Aber in Wahrheit sind wir Dämonen, und die Diener des gekreuzigten Sohns der Jungfrau haben uns gebunden. Denn von jenem Tag an, an dem der Apostel Bartholomäus kam, werde ich, gefesselt mit feurigen Ketten, gezüchtigt. Und deswegen spreche ich, weil er es mir befohlen hat. Gleichzeitig wage ich nicht, einen weiteren Ton von mir zu geben, solange der Apostel anwesend ist, weder ich noch unsere Fürsten.“ Der Apostel sagte zu ihm: „Warum heilst du nicht alle, die zu dir gekommen sind?“ Der Dämon sagte zu ihm: „Wenn wir die Leiber schädigen, lassen wir die Leiber nicht frei, wenn wir nicht zuerst die Seelen geschädigt haben.“ Der Apostel sagte zu ihm: „Und wie schädigt ihr ihre Seelen?“ Der Dämon antwortete ihm: „Wenn sie glauben, dass wir Götter sind und sie uns opfern, zieht sich Gott von denen zurück, die opfern, und wir nehmen nicht die Leiden der Leiber weg, sondern ziehen uns in ihre Seelen zurück.“ Da sagte der Apostel zum Volk: „Seht den ihr für einen Gott hieltet, der euch heilt! Vielmehr schädigt er eure Seelen und Leiber. Hört nun auf euren Schöpfer, der in den Himmeln wohnt, und glaubt nicht an seelenlose Steine und Hölzer!“ (§ 6,4–9).

Dies versteht sich augenscheinlich als paradigmatisch. Der gefesselte Astaruth spricht stellvertretend für alle dämonischen Mächte; diese wiederum handeln im Auftrag ihres „Fürsten, des Teufels". Dessen Überwindung durch Christus ist ein wichtiges Thema der Belehrung, die Bartholomäus vorher dem König Polymios hat zuteilwerden lassen. Interessanterweise aber sieht der vorliegende Text die Überwindung des Teufels nicht oder wenigstens nicht in erster Linie durch Kreuz und Auferweckung Christi gegeben, sondern darin, dass Christus, anders als Adam, der erste Mensch, dessen Versuchungen drei Mal widerstanden hat. Trotzdem aber sind die Diener des Teufels weiterhin in der Welt wirksam. Um Menschen an sich zu binden, sorgen sie dafür, dass diese zunächst einmal physisch krank werden. Wenn solche Menschen nun Hilfe suchen und deswegen den Gottheiten der alten Heiligtümer – aus Sicht des *Martyriums* also den Dämonen – Opfer darbringen, ziehen sie sich wenigstens in manchen Fällen aus deren Körpern zurück, um vorzutäuschen, dass eine Heilung stattgefunden hat. Dies aber führt keineswegs zu einer wirklichen Heilung, sondern zu einer seelischen Bindung an die dämonischen Mächte. Gleichzeitig reißt damit die Leben spendende Beziehung zum wahren Gott, nämlich dem der Christen, ab. Gott zieht sich aus den Seelen der so Geschädigten zurück.[76] Ein solcher Text scheint sich mit einer Welt auseinanderzusetzen, in der zumindest die Erinnerung daran lebendig ist, dass die alten Orakel wenigstens phasenweise funktioniert haben müssen und es wenigstens an einigen Tempeln der alten Götter regelmäßig zu Heilungen gekommen sein mag. Die Frage, wie das möglich sein konnte, war sicherlich

[76] Ob hier noch im Ansatz Ideen einer Schechina-Vorstellung erkennbar sind, laut derer Gott (oder Gottes Geist) die Herzen oder die Seelen der Gerechten zu bewohnen im Stande ist, wird nicht mehr deutlich.

brennend in einer Welt, in der das Problem, an wen man sich im Fall einer Erkrankung wenden könnte, mitunter über Leben und Tod entschied. Das *Martyrium des Bartholomäus* bietet keine Alternative zu den alten Heilkulten an. Stattdessen führt es Krankheiten auf die dämonischen Mächte zurück, die in den an sich leblosen Götterbildern hausen; sie zu konsultieren aber kann niemals zu echter Heilung, sondern zu einer nur immer tieferen Verstrickung ins Unheil führen. Der Gott, der offenbar in den Seelen der Menschen Wohnung nehmen will, wird sich dann von ihnen zurückziehen.

4. Fazit

Durch die Art und Weise, wie die hier diskutierten Texte, z.T. gar kriegerische Bilder verwendend, von der Überwindung der paganen Kulte sprechen, ziehen sie z.T. scharfe Grenzlinien. Ihrer Adressatenschaft wird gleichzeitig vermittelt, auf welcher Seite der Grenze sie zu stehen haben: auf der Seite des lebendigen Gottes und des Christus, der mit Hilfe seiner Apostel, Märtyrer und Heiligen – darunter auch Frauen! – die Welt von den Mächten des Bösen befreit. Dies klingt eindeutig, ist es bei genauerem Hinsehen aber nicht, denn schon ein zweiter Blick verrät, dass die Grenzen nicht in jeder Schrift gleich verlaufen. Während das *Martyrium des Markus* die Schriften Homers offenbar ablehnt, ist die Thekla der *Wunder* eine Liebhaberin der Literatur und erfreut sich an einem Grammatiklehrer, der aus dem Stegreif die *Ilias* zu zitieren vermag. Während die *Akten des Titus* das Studium der Philosophie für nicht zum Leben führend halten, kann der Autor der *Wunder der Thekla* vom „wundervollen

Plato" (§ 38) sprechen. Wenn wir die genannten Texte zudem nicht einfach als Beschreibungen von Realitäten, sondern als Statements in Auseinandersetzung mit anderen Vorstellungen verstehen, dann wird deutlich, dass diese Grenzen nicht überall und in gleicher Weise existiert haben dürften.

Hinzu kommt eine andere Ebene: Während wenigstens die alten *Akten des Johannes* ganz offenbar einen imaginierten Sieg über den Kult der Artemis feiern – und damit ihren Adressaten und Adressatinnen sicherlich einiges abverlangen –, setzen andere Texte viel deutlicher eine „Siegerperspektive" voraus. Ich verwende dieses hoch aggressive Bild nur aufgrund der z.T. auch in den Texten erkennbaren Metaphorik. Vielleicht konnte in manchem Falle tatsächlich schon triumphierend mit Blick auf nicht mehr funktionierende oder gar in Trümmern liegendepagane Heiligtümer gelesen werden. Dass dies tatsächlich geschehen sein mag, zeigt z.B. eine Erzählung aus der *Historia Monachorum in Aegypto*, wo wir von spätantiken Pilgern erfahren, denen man beim Anblick der Ruinen der Tempel von Heliopolis erklärt, diese seien eingestürzt, als Christus bei der Flucht nach Ägypten Halt in Heliopolis gemacht habe.[77] In den meisten Fällen aber wirkt die Siegerperspektive sehr konstruiert und wenigstens in einigen Texten wird wenigstens ansatzweise deutlich, dass es durchaus auch andere Perspektiven gegeben haben mag. Vielleicht mag dabei die Meinung derer, die aus Sicht des jeweiligen Texts ganz außen stehen, wie die Anhänger des Serapis, welche im *Martyrium des Markus* am Ende noch immer mit ihrer Deutung zu Wort kommen, weniger pro-

---

[77] Ich habe diesen Text andernorts knapp diskutiert. Siehe Nicklas, New Testament Canon, 285–286.

blematisch gewesen sein, als die Perspektiven der (wohl) Vielen, die sich nicht eindeutig auf der einen oder anderen Seite der Grenze verorteten, sondern, vielleicht je nach Situation, sich in Räumen „dazwischen“ bewegt haben mögen. Wie sehr diese angesprochen werden, zeigen die vorgestellten Schriften auf unterschiedliche Weise. Bereits die Figur des Hermogenes aus dem *Martyrium des Jakobus* nach Pseudo-Abdias bleibt trotz der Ähnlichkeiten zu Simon Magus eben kein Simon, sondern bewegt sich von äußerster Abwendung über aufrichtige Reue hin zu einer neuen Identität als Sohn Gottes. So kann sie zum Vorbild für andere werden, die umkehren und sich vielleicht konkret auf den Weg zum Apostel Jakobus – nach Santiago de Compostela – machen wollen. Noch spannender sind die laut der *Wunder der Thekla* geheilten Gebildeten: Nicht alle durch Thekla Geheilten sind einfach Christen im Sinne des Textes. Anders als die Geheilten in den synoptischen Evangelien hat sie nicht „ihr Vertrauen“ (auf Christus) gerettet, sondern einfach die Tatsache, dass sie bei der überaus wirksamen Thekla Zuflucht suchen. Dass der oben erwähnte Aretarchos gar so weit geht, ein Wunder der Thekla dem Apoll Sarpedon zuzuschreiben, ist besonders aufschlussreich. Thekla wird durchaus anerkannt, dies aber heißt für ihn nicht, dass deswegen Apoll keine Rolle mehr spielen könnte. So wird, wie auch im *Martyrium des Bartholomäus*, den „alten Dämonen“ eine gewisse Wirksamkeit zugestanden. Diese aber sei verführerisch und niemals zum Heil führend. Zumindest in den *Wundern der Thekla* leidet die erzählerische Überzeugungskraft unter dem Werben, die Schwelle zu überschreiten – und Thekla als die alleinige Schutzherrin über Seleukia und allseits präsente Heilerin zu etablieren. So erfolgreich der Kult der Thekla über lange Zeit gewesen sein muss, so sehr muss er sich die Frage stellen, ob die so etablierte Heilige nicht im Grunde einfach die Funktion der alten Kulte unter neuem Label übernahm. Ich halte es für unmöglich, hier eine eindeutige Antwort zu geben: Für viele der Anhängerinnen und Anhänger des Theklakults mag einfach die Frage entscheidend gewesen sein, wo und auf welche Weise am sichersten Heilung und Beistand in ihren Sorgen, Nöten und Leiden möglich war.

So bieten uns die genannten Schriften – und viele andere, die nicht erwähnt werden konnten – reiches und spannendes Material für Diskurse darüber, was es bedeutet, in der Spätantike „Christ" oder „Christin" in einer Welt voller Gefahren für Leib und Seele zu sein. Sie bieten Einblicke in Prozesse der Abgrenzung von den alten Kulten und beschreiben die dabei gezogenen Grenzen häufig als entscheidend über Leben und Tod, werden aber gleichzeitig (direkt oder indirekt) zu Zeugnissen dafür, dass diese Grenzen nicht für jede und jeden in gleicher Weise gültig gewesen sein können. So stehen sie selbst nicht für eine (vielleicht gar individuell) gelebte Religion *jenseits gebotener Religion*, sondern bieten, selbst wo sie womöglich marginalisierte oder auch nur in bestimmten regionalen, historischen und sozialen Kontexten anerkannte Stimmen repräsentieren, (durchaus autoritativ) narrative *Angebote,* Räume der Uneindeutigkeit zu verlassen und die aufgezeigten Grenzen zu überschreiten. Wenigstens indirekt aber bezeugen sie auch, dass die Zahl der Stimmen in diesem Diskurs größer gewesen sein muss als das, was wir heute noch von ihnen erahnen können.

III. Apostelerzählungen als politische Erzählungen

Die Regensburger Kirche St. Emmeram (gegründet um 780 n. Chr.) ist neben dem Dom St. Peter und vielleicht noch stärker als dieser Keimzelle und Erinnerungsort der Regensburger wie auch der Bayerischen Kirchengeschichte.[1] Die Gräber mehrerer Herrscher des späten karolingischen Reichs zeigen, dass Regensburg über lange Zeit auch eines der wichtigsten Zentren dieses Reichs war, ein Ort, an dem Könige und Kaiser wie Karl der Große (768–814), Ludwig der Deutsche (843–876), Arnulf von Kärnten (887–899) und andere sich für zum Teil längere Zeit aufhielten. Für die Apokryphenforschung ist diese Kirche unter anderem wegen der Fresken in der wenig bekannten Maria Magdalena-Kapelle interessant (die eigentlich die hagiographisch-apokryphe Legende der ägyptischen Maria darstellen[2]); und auch der *Liber visionum* des Otloh von St. Emmeram (ca. 1010-ca. 1070) könnte als eine mittelalterliche apokryphe Apokalypse verstanden werden. Für unsere Zwecke jedoch ist besonders das mittelalterliche Eingangsportal aus zwei Toren interessant. In deren Mitte erblicken wir Christus als Pantokrator, auf der linken Seite die Statue des heiligen Emmeram, des neben dem

---

[1] Zu Regensburg als Erinnerungsort des Christentums vgl. Smoltczyk, Regensburg.

[2] PG 87 III 3697–3720; *Acta Sanctorum Aprilis* I; XIII–XXI. Eine leicht zugängliche deutsche Übersetzung findet sich bei Ziegler.

mittelalterlichen Bischof Wolfgang wichtigsten Diözesanpatrons von Regensburg. Beider Gebeine befinden sich in der Kirche. Auf der rechten Seite dagegen sehen wir die Statue einer Person, mit der sich die Regensburger Diözesangeschichte heute etwas schwerer tut. Es handelt sich um den etwas obskuren Heiligen Dionysios, von dessen Wirken in Regensburg sich, historisch gesehen, keine Spuren nachweisen lassen. Fündig werden wir erst, wenn wir nach Paris blicken: Die erstmals bei Gregor von Tours, *Historia Francorum* 1,30,[3] belegte Gründungslegende der Kirche von Paris lässt einen gewissen Dionysios um die Mitte des 3. Jahrhunderts, genauer gesagt, in der Verfolgung durch Kaiser Decius (249–251),[4] zusammen mit einigen Begleitern als Bischofsmissionar in Gallien auftreten und in Paris das Martyrium erleiden. Besonders beeindruckend daran ist das (erst in späteren Fassungen der Legende begegnende) Motiv, dass Dionysios noch nach seiner Enthauptung – Hals über Kopf sozusagen – mehrere Kilometer zum Montmartre, also dem *mons martyrum*, geeilt sei, wo sich – über seinem Grab – heute die berühmte Kirche von Saint Denis zu Paris erhebt.[5] Um Paris gar mit der Zeit der Apostel zu verbinden, hat man diesen

---

[3] Das eigentliche Martyrium ist hier nur ganz knapp als Teil des Martyriums von sieben Bischöfen berichtet, unter denen Saturninus von Toulouse die wichtigste Rolle einzunehmen scheint: „Unter ihnen erlitt Dionysius, der Bischof von Paris, mehrfache Foltern im Namen Christi, dann wurde seiner irdischen Existenz durch das Schwert ein Ende gemacht.“ (Übersetzung von mir).

[4] Die Frage, ob man in diesem Falle historisch von einer systematischen Christenverfolgung sprechen darf, ist natürlich umstritten. Ich verwende hier der Einfachheit halber die Perspektive der späteren christlichen Quellen.

[5] Der älteste Nachweis des Grabes von Dionysios und seinen Gefährten Rusticus und Eleutherius in Paris geht etwa auf das Jahr 475

Dionysios ab dem 9. Jahrhundert (unter Abt Hilduin [814–830; 831–840]) mit dem Dionysios Areopagita der Apostelgeschichte (Apg 17,34) identifiziert.[6] Wohl zur Zeit des bereits genannten Otloh, also in der Mitte des 11. Jahrhunderts, behauptete man schließlich auch im Regensburger Kloster St. Emmeram, die Reliquien des Dionysios zu besitzen.[7] Arnulf von Kärnten habe sie Ende des 9. Jahrhunderts aus Paris entführt und nach St. Emmeram gebracht, wo sie nach einer Zeit des Vergessens im 11. Jahrhundert „wiederentdeckt" wurden – ein Fund, der im Jahr 1049 gar durch den dem Haus der Salier nahen Papst Leo IX. (1049–1054) bestätigt wurde.[8] Damit „besaß" auch das Kloster St. Emmeram in Regensburg ab dem Mittelalter die Reliquien des Dionysios. Dies diente einerseits dazu, sich so unabhängig wie möglich vom Einfluss des Regensburger Bischofs zu machen, andererseits stellte sich das Kloster St. Emmeram in Regensburg damit – zutiefst selbstbewusst – kirchlich wie politisch an die Seite von Saint-Denis in Paris.[9] Mit diesem zugegebenermaßen späten Beispiel aber sind wir mitten im Thema. Die These des folgenden Kapitels lautet, dass die verschiedenen apokryphen Apostelerzählungen zwar kaum in der Weise als anti-imperiale „Kampfschriften" gedeutet werden sollten, wie dies manchmal geschieht, dass sie aber trotzdem in den Agonismen und Antagonismen ihrer Zeit Stellung

---

zurück; die Gründung der Abtei Saint-Denis ist vor dem Jahr 626 anzusetzen (vgl. Suchla, *Dionysius Areopagita*, 131).

[6] Weitere Informationen (inclusive Bibliographie) bei Melczer, *Pilgrim's Guide*, 233–234 sowie bei Suchla, *Dionysius Areopagita*, 132.

[7] Quellen: BHL 2194 und 2195. Weiterführend Kraus, *Translatio* sowie knapper Suchla, *Dionysius Areopagita*, 135–137.

[8] Weiterführend Morsbach, *St. Emmeram*, 11–12.

[9] Sehr ähnlich formuliert Kraus, *Translatio*, 9.

nehmen, Position beziehen und Autorität ausüben wollen. Dies wiederum kann in unterschiedlichen Texten auf sehr unterschiedliche Weise geschehen.[10]

1. Apokryphe Apostelakten – Anti-Empire?

Heutige Diskussionen darüber, ob apokryphe Apostelerzählungen sich als „politische" Schriften verstehen lassen, verlaufen häufig in anderen Bahnen. In den allermeisten Fällen ordnen sie sich in Diskurse um die Frage ein, ob das frühe Christentum (oder Teile davon) sich als Bewegung verstehen lässt, die sich im kritischen Gegenüber zum römischen Imperium, seinen Repräsentanten, Machtansprüchen oder seinen sozialen Verhältnissen einordnet. Das Markusevangelium wird als eine Art von hintergründiger Kampfschrift gegen den Aufstieg des flavischen Kaiserhauses gelesen,[11] die Johannesapokalypse stehe im Wider-

[10] Ich verstehe den Begriff des „Agonismus" im Sinne von Mouffe, *Agonistik*, die den agonistischen Wettstreit (zwischen Gegnern) – und nicht eine falsche Konsensorientierung – als fundamentalen Bestandteil des Politischen versteht. Ein Ziel von Politik schließlich bestehe darin, die bestehenden Agonismen nicht zu zerstörerischen Antagonismen (zwischen Feinden) werden zu lassen. Unter dem Politischen wiederum versteht sie „die Dimension des Antagonismus", die sie „als für die menschliche Gesellschaft konstitutiv betrachte[t]" (Mouffe, *Über das Politische*, 16); angesprochen ist damit die innerhalb der Antagonismen menschlicher Gesellschaft erkennbare Dimension der Notwendigkeit, das Unentscheidbare zu entscheiden. In die Wissenschaft vom frühen Christentum eingebracht wurden Mouffes Ideen v.a. durch Reinmuth, Positionen im Konflikt.

[11] Zur kritischen Diskussion dieser These (incl. der entsprechenden Sekundärliteratur) vgl. z.B. Huebenthal, Anti-Gospel, sowie Nicklas, Jesus and Vespasian.

stand gegen den Kaiserkult,[12] und die Diskussion über die angeblich anti-imperiale Haltung des Paulus ist kaum überschaubar.[13] Ich halte es persönlich für wichtig und richtig, über die Rolle religiöser Bewegungen (bis heute!) in der Gesellschaft zu reflektieren und dabei auch deren Ursprünge zu berücksichtigen. Zwar bin ich sehr offen für die Vorstellung, dass Gedanken des frühen Christentums gesellschaftsverändernde und damit politische Bedeutung zukam und zukommt. Gleichzeitig jedoch bleibe ich skeptisch gegenüber Ideen, die im frühen Christentum geradezu einen Gegenentwurf zum römischen Imperium und seiner Gesellschaft(en) sehen wollen.[14] Ähnliches gilt m.E. auch für Zugänge, die in apokryphen Apostelakten anti-imperiale Haltungen entdecken.[15] In einem m.E. wegweisenden Beitrag hat sich Julia Snyder differenziert mit dem Thema auseinandergesetzt.[16] Sie geht zunächst einmal von einer starken Definition des Begriffs „anti-imperial" aus. Um als anti-imperial gedeutet werden zu können, müsse ein Text die folgenden Kriterien erfüllen:

(i) It actively portrays the (Roman) imperial system as *lacking* ongoing earthly legitimacy or calls for a system change within the current age. (ii) It does not display elements that *attribute* an

[12] Ein typisches Beispiel eines solchen Zugangs bietet Friesen, A Useful Apocalypse, 81–85; vgl. aber auch (mit ausführlichem, bibliographischen Überblick) Carter, Revelation and Roman Culture. Deutlich differenziertere Beiträge finden sich bei Ebner und Esch-Wermeling, *Kaiserkult*.

[13] Vgl. z.B. Horsley, *Paul and Empire*.

[14] Bereits die Tatsache, dass uns keine Stimme aus dem frühen Christentum erhalten ist, die die Versklavung von Menschen als mit biblischen Menschenbildern unvereinbar anprangert, ist ein deutliches Zeichen dafür.

[15] Vgl. z.B. Rhee, *Early Christian Literature*, 171–179.

[16] Vgl. Snyder, Apostles and Politics.

ongoing earthly legitimacy or valid functional role to the (Roman) imperial system. (iii) The aforementioned traits would have been acknowledged by the text's producer, had the issue been brought to his or her attention.[17]

Damit differenziert Snyder deutlich zwischen Texten, die ein gesellschaftskritisches *Potenzial* aufweisen, solchen, die sich – eventuell auch in neuen Kontexten – als kritisch gegenüber Aspekten des römischen Imperiums zeigen, und schließlich solchen, die sich als grundsätzliche Kritik an dem römischen Imperium verstehen. Wer auf die endzeitliche Herrschaft Christi oder die Königsherrschaft Gottes hofft, muss nicht notwendigerweise davon ausgehen, dass bis dahin gültige Herrschaftsformen unrechtmäßig oder gar teuflisch und in sich verkehrt sind. Wer Repräsentanten der römischen Herrschaft kritisiert, muss diese Herrschaft deswegen nicht grundsätzlich ablehnen. Und wer Kaiser wie Nero oder Domitian als blutgierig bezeichnet, kann damit vielleicht sogar einem gesellschaftlichen Mainstream entsprechen. Dies zeigt sehr konkret der Seitenblick in christliche apologetische Literatur. Tertullians *Apologeticum* etwa, verfasst an der Wende vom zweiten zum dritten Jahrhundert unserer Zeitrechnung,[18] differenziert klar zwischen guten (und damit den Christen wohlgesonnenen) Kaisern und schlechten. Es ist für Tertullian kein Problem, die grundsätzliche Treue der Christen gegenüber dem Römischen Reich zu betonen – und gleichzeitig Kaiser wie Nero und Domitian wegen ihrer Grausamkeit scharf zu verurteilen (*apol.* 5,3–4). Snyder wiederum zeigt, dass wichtige Passagen der *Akten des Paulus und der Thekla*, des *Martyriums*

---

[17] Snyder, Apostles and Politics, 228.
[18] Zur Datierung Georges, *Tertullian*, 30–32.

Pauli oder auch der *Akten des Johannes in Rom*, anders als häufig behauptet, kaum als anti-imperial im oben beschriebenen engeren Sinne bezeichnet werden sollten. Besonders schön lässt sich das grundsätzliche Problem an den *Akten des Petrus* (Actus Vercellenses) verdeutlichen:[19] Paragraph 11 der *Akten* erzählt von einem Exorzismus im Hause des einst unter dem Einfluss von Simon Magus stehenden Senators Marcellus, der nun jedoch durch das Auftreten des Petrus wieder auf den rechten Weg gebracht wird. Als Petrus (natürlich „im Namen des Herrn Jesus Christus") einem Dämon befiehlt, aus einem jungen Mann auszufahren, ergreift dieser eine große marmorne Statue des Kaisers und zertrümmert sie mit seinen Füßen. Marcellus ist außer sich: „Wenn dies nämlich dem Kaiser durch irgendeinen von seinen *curiosi* gemeldet wird, wird er uns große Strafen auferlegen."[20] Petrus wertet dies als offensichtliches Zeichen dafür, dass Marcellus in seinem Entschluss zur Christusnachfolge noch nicht weit genug gekommen ist. Wenn er aber doch aus ganzem Herzen glaube, werde er selbst auf wunderbare Weise durch den Herrn in der Lage sein, die Statue wieder unversehrt zu machen, indem er diese mit Wasser besprenge. Marcellus bekennt seinen Glauben; er spritzt das Wasser über die Steine und die Statue wird wieder wie zuvor. Natürlich erinnert die Reaktion des Marcellus aus heutiger Perspektive an das, was wir heute mit einem autoritären oder gar totalitären Überwachungsstaat verbinden.[21] Doch bereits

---

[19] Sehr kritisch gegenüber einer anti-imperialen Interpretation der Szene ist neben Snyder auch Callon, Images of Empire.

[20] Die Übersetzung des Terminus *curiosi* als Späher bei Döhler, *Acta Petri*, 87, vereindeutigt m. E. zu sehr, was im Text uneindeutig ist.

[21] Dass die in den *Petrusakten* beschriebene Situation nicht voll-

die Frage, was konkret mit den *curiosi* des Kaisers gemeint ist, ist umstritten.[22] Wichtiger aber erscheint, dass die Statue durch einen Dämon (und nicht einen neu bekehrten Christen) zerstört wird und dass die Zerstörung der Statue in keiner Weise als paradigmatisch für die Haltung von Christinnen und Christen gegenüber dem römischen Staat, dem römischen Kaiser (oder gar einfach nur Nero) bezeichnet wird. Stattdessen wird an ihr die vorbildhafte Entwicklung des Marcellus demonstriert, der aufgrund seines nun unerschütterlichen Vertrauens auf Christus mit dessen Hilfe in der Lage ist, die Statue auf wunderbare Weise wiederherzustellen. Selbst das System der *curiosi* wird nicht kritisiert. Obwohl Marcellus dazu aufgefordert wird, „seinen ganzen Besitz zu verausgaben, um seine Seele zu retten" (§ 11, Z. 336–337), und er sich von nun an tatsächlich als wahrer Wohltäter erweist, erzählt der Text zudem an keiner Stelle davon, dass er *seinen Status* als Senator aufgegeben hätte (oder auch, dass Petrus dies von ihm verlangt hätte). Bis zum Ende bleibt er ganz offensichtlich ein reicher Mann, der dem Petrus ein großartiges Begräbnis finanzieren kann.[23] Die Figur „Marcellus" steht in den apokryphen Apostelerzählungen nicht allein. Selbst wenn man das frühe Christentum nicht als die Bewegung der illiteraten Marginalisierten betrachten will, wie dies lange Zeit gerne geschehen ist,[24] fällt doch auf, in

---

kommen aus der Luft gegriffen ist, zeigt der bei Tacitus, *Annales* 1,74,3 geschilderte Fall des Granius Marcellus. Hierzu auch Katzoff, Tacitus. Ich verdanke den Hinweis Jan N. Bremmer.

[22] Hierzu ausführlicher Bremmer, Aspects, 147.

[23] Eine ausführlichere Diskussion dieser Szene bietet Nicklas, Let the Dead, 80–89.

[24] Besonders typisch die klassische, sehr einflussreiche Einschätzung von Deissmann, *Licht vom Osten*, 208–210. Grundlegend an-

welchen Milieus sich viele apokryphe Apostelakten abspielen: Die *Akten des Paulus und der Thekla* bewegen sich nicht nur in einer Welt von Hausbesitzern, die offenbar auch eine größere Zahl von Gästen beherbergen können. Unter den Figuren, die in der erzählten Welt des Textes als Christusanhänger und -anhängerinnen beschrieben werden, gehört nicht nur Thekla, die sich als „Erste der Ikonier" (§ 26: Ἰκονιέων εἰμὶ πρώτη) bezeichnen kann, sondern auch die Königin Tryphaena (§ 28: βασίλισσα Τρύφαινα).[25] In den *Thomasakten* lesen wir von der Taufe des Königs Gundafor und seines Bruders Gad (§§ 26–27); die Entsendung des Addai / Thaddäus nach Edessa wiederum erfolgt auf Initiative des dortigen Königs Abgar. Im *Martyrium des Bartholomäus* lesen wir von einem Exorzismus an der Tochter des Königs Polymios (§ 3), und in den auch als Martyrium des Matthäus bezeichneten griechischen *Akten des Matthäus* (ECCA 420; CANT 267) heilt der Apostel einen großen Teil der Familie des Königs Fulvanus (§ 5).[26] Weitere Beispiele, meist mit imaginierten Charakteren, ließen sich anführen. Solche Mit-

---

ders betrachtet den Sachverhalt mit guten Beispielen z. B. Schnelle, Das frühe Christentum.

[25] Zu dieser Figur vgl. Bremmer, Magic, Martyrdom, 160: "The name [Tryphaena; TN] is interesting, since we know that there once indeed existed a queen called Tryphaena, daughter of king Polemon I of Pontus, who had been married to the Thracian king Kotys and lived in Pontus with her son, king Polemon II. She was a cousin of Claudius, as the author knew …, but there is no reason to believe that she had actually settled in Antioch – historical reality was not one of the aims of the author."

[26] Edition des griechischen Texts bei Bonnet, Martyrium Matthaei. Soweit ich weiß, existiert derzeit weder eine deutsche noch eine vollständige englische Übersetzung; eine französische Übersetzung mit Einleitung bieten Amsler und Bouvier, Martyre de Matthieu.

glieder oberer und oberster Schichten bekehren sich zwar, sie bleiben aber Teil ihrer sozialen Milieus. Die Texte bezeugen vor allem den offenbaren Wunsch, dass die christliche Bewegung genau diese erreicht und in sie eindringt – und sie dabei unter Einbeziehung häufig recht einfacher „christlicher“ Wertvorstellungen ändert.[27] Wenn ein christlicher Senator (wie der Marcellus der *Petrusakten*) dann seine Möglichkeiten nutzt, großzügig gegenüber den Armen zu sein, bestätigt das seinen Status mehr, als dass es ihn brechen würde. Die Armen und Bedürftigen, die er unterstützt, werden nicht zum Gegenüber auf Augenhöhe, sondern bleiben Objekte seiner Barmherzigkeit.

Trotz allem aber bieten selbst die frühen apokryphen Apostelakten so etwas wie politisches Potenzial. Dies allerdings liegt auf der Ebene, dass viele dieser Texte totale Hingabe zu Christus (bzw. dem Gott der Christen) fordern.[28] Dies kann sich z.B. an der Selbstbezeichnung der Christusanhänger als „Versklavte Christi“ zeigen. Die älteste Stelle, in der dieser durchaus herausfordernde Identitätsmarker sich in christlicher Literatur zeigt, ist sicherlich 1 Thess 1,9–10, wo Paulus auf die Konversion der *Ekklesia* von Thessalonich[29] weg von den toten Götzenbildern hin zum Dienst von Versklavten für den „lebendigen und wahren Gott“ (δουλεύειν θεῷ ζῶντι καὶ ἀληθινῷ) zurückblickt. Der sicherlich auf das Alte Testament zurückgehende Sprachgebrauch begegnet jedoch nicht nur

[27] Ganz regelmäßig begegnet dabei z.B. das Motiv, dass sich die Mitglieder höherer sozialer Schichten von nun an in der Fürsorge von Armen, Witwen und Waisen engagieren.

[28] Ausführlich hierzu Bremmer, Slaves of God / Christ.

[29] Ich versuche den in den üblichen Übersetzungen eingeführten, aber doch etwas anachronistischen Begriff der „Gemeinde“ hier zu vermeiden. Wichtiger erscheint die Konnotation „Versammlung“.

in paulinischer (z.B. Röm 1,1; 1 Kor 7,22; Gal 1,10; Phil 1,1) und deuteropaulinischer Literatur (Tit 1,1), dem Jakobusbrief, 1 Petr und (regelmäßig) in der Offenbarung des Johannes (Offb 1,1; 2,20; 7,2–3 u.a.), sondern auch in apokryphen Apostelerzählungen. In den *Akten des Paulus und der Thekla* scheint mir zumindest die die Selbstbezeichnung der Thekla als „Sklavin des lebendigen Gottes" (§ 38; vgl. auch § 27 und 39) schon wegen der Seltenheit der Rede vom „lebendigen Gott" im Neuen Testament auf 1 Thess 1,9 anzuspielen. Der Text bietet somit ein „narratives Modell eines ‚Idealwegs' einer Frau weg von ihrer alten Familie hinein in die neue der Christusanhänger."[30] In den *Akten des Petrus* wird die Bezeichnung als Sklave Christi (oder Gottes) nicht nur zu einer Bezeichnung der Apostel oder anderer Mitglieder der christlichen Gemeinde. Was dies bedeutet, wird auf elementare Weise im Plot des Texts umgesetzt. Petrus etwa handelt, wie wir bereits in Kapitel 1 gesehen haben, konsequent dem Willen Christi entsprechend. Als er das erste Mal „gesundem Menschenverstand" folgt und aus Rom flieht, um dem möglichen Martyrium zu entgehen, ist es Christus selbst, der ihn dazu bringt umzukehren (§ 35). Petrus erweist sich so als wahrer, vollkommen seinem Herrn hingegebener Sklave Christi; nur dadurch kann er Simon Magus besiegen. Gleichzeitig führt ihn dieser Weg ans Kreuz. In Verbindung damit erkennt Jan Bremmer in den *Akten des Petrus* einen weiteren Aspekt, der – zumindest im Vergleich zur griechisch-römischen Religion[31] – eine echte

[30] Nicklas, Akten des Paulus, 190.

[31] Natürlich ist mir bewusst, dass der Begriff „Religion", angewandt auf antike Phänomene problematisch ist; ich sehe aber momentan keinen wirklich adäquaten Ersatzbegriff und spreche von griechisch-römischer Religion im Sinne von Rüpke, *Pantheon.*

Innovation darstellt: Der Glaube der Christen soll ihr Innerstes treffen, sie glauben mit dem Herzen.[32] Besonders deutlich kommt dies in § 11 zum Ausdruck. Hier sichert Petrus dem Marcellus zu, dass er, wenn er nur aus ganzem Herzen an Christus glaubt, das Wunder vollbringen kann, die durch den Dämon zerstörte Kaiserstatue wiederherzustellen.[33] Die totale Hingabe an Christus bzw. an Gott, die eine Schrift wie die *Akten des Petrus* narrativ einfordert, indem sie diese als Ideal christlichen Daseins beschreibt, das zu verlassen gefährlich ist, weil überall die Netze des Satans lauern, muss an sich nicht anti-imperial ausgerichtet sein. Solange Welt, Staat und Gesellschaft dieser Hingabe nicht aktiv entgegenwirken, können sie, wenn auch wohl in vorläufiger Weise, weiterbestehen. Wo jedoch eine Entscheidung eingefordert wird, an wen man

---

Besonders hilfreich erscheint mir die folgende Beschreibung: „Ich fasse Religion ... als das situative Einbeziehen von Akteuren (ob sie nun als Göttliches oder Götter, Dämonen oder Engel, Tote oder Unsterbliche bezeichnet werden), die in bestimmter Hinsicht überlegen sind. Vor allem aber ist ihre Anwesenheit, ihre Mitwirkung, ihre Bedeutung für die jeweilige Situation nicht einfach unhinterfragbar gegeben. Sie können von anderen menschlichen Beteiligten an der Situation als unsichtbar, stumm, nicht handelnd oder schlicht abwesend, vielleicht sogar als nichtexistent betrachtet werden. Kurzum, religiöses Handeln ist dann und dort gegeben, wo in einer Situation mindestens ein einzelner Mensch solche Akteure in seine Kommunikation mit anderen Menschen einbezieht, ob er nun bloß auf sie verweist oder sie direkt anruft" (ebd., 16). Religion sowie religiöses Handeln werden somit im Kern als Kommunikations- sowie, damit zusammenhängend, als Handlungsstrategie aufgefasst.

[32] Dass dieses Motiv wiederum seine Wurzeln wohl im Judentum hat – man denke an das „Höre Israel" des Deuteronomiums (Dtn 6, 4–5) – bleibt dabei unbenommen.

[33] Z. 337–338: *ex toto corde credens in Christo*; vgl. auch 340: *credens ex toto corde*. Das gleiche Beispiel findet sich auch bei Bremmer, Slaves of Christ.

sich zu binden hat, ja wo der Kaiser (oder seine Vertreter) den Antagonismus zwischen den Göttern Roms einerseits und der Bindung an Christus oder den Gott der Christen andererseits forciert oder heraufbeschwört, ist klar, was von einem guten Christen bzw. einer guten Christin gefordert ist: die Hingabe an Christus, die im Extremfall auch ins Martyrium, das Lebenszeugnis für Christus, führen kann. Im Grunde kommt selbst dies in den *Petrusakten* zum Ausdruck. Als Petrus aufgrund der Erwägungen der Gemeinde Roms fliehen will, erscheint ihm Christus (in der berühmten Quo Vadis Szene) und bringt ihn dazu, das Martyrium zu erleiden. Bei all dem müssen wir natürlich differenzieren zwischen den literarischen Inszenierungen der Apostelakten (oder auch anderer Märtyrertexte) einerseits und historischen und sozialen Realitäten andererseits. Wir dürfen hier zumindest vermuten, dass Christusanhänger und -anhängerinnen ihre Hingabe an Christus und den Gott der Christen in sehr unterschiedlich intensiver Weise lebten und auf verschiedene Herausforderungen auch – menschlich nachvollziehbar – in sehr unterschiedlicher Weise reagierten.[34] Vielleicht kann man ganz vorsichtig noch einen Schritt weiter gehen. Zumindest auffällig ist, wie sehr nicht nur Texte wie die *Passio Perpetuae et Felicitatis*, sondern auch verschiedene apo-

---

[34] Ein sehr schönes Beispiel für ein solches Verhalten zeigt sich in P.Oxy. XXXI 2601, dem aus den ersten Jahren des vierten Jahrhunderts stammenden Brief eines Christen namens Copres, der sich aufgrund des diokletianischen Edikts vom 23. Februar des Jahres 303 vor dem Dilemma sieht, wegen eines juristischen Problems dem Kaiser zu opfern. Anders als Patriarch Petrus von Alexandria (300–311) vorschreibt (*ep.can.* 5), entzieht sich Copres dem Dilemma mit einem Trick und rettet damit wohl zumindest sein Geschäft, wenn nicht sein Leben. Ausführlicher (unter Besprechung der relevanten Sekundärliteratur) vgl. Nicklas, Constructing, 524–528.

kryphe Apostelerzählungen immer wieder davon sprechen, dass gerade junge Menschen aus ihren Lebenskontexten ausbrechen, sich mit besonderer Radikalität der christlichen Bewegung zuwenden und dies auch bis zur letzten Konsequenz durchhalten.[35] In der *Passio Perpetuae et Felicitatis* begegnen wir der Gruppe der jungen Menschen um Perpetua, Revocatus, Felicitas, Saturus und Secundulus, die zu Beginn des 3. Jahrhunderts in Thuburbo Minus unter Arrest genommen wurden und in Karthago das Martyrium erlitten. Auch in den (natürlich fiktiven Erzählungen der) apokryphen Apostelakten tauchen auffallend viele junge Menschen auf. In den *Akten des Paulus und der Thekla* ist nicht nur Thekla eine junge Frau kurz vor ihrer Verheiratung; der Text spricht davon, dass viele junge Frauen zu Paulus kommen, um seine Lehre über Enkratie und Auferstehung (vgl. § 5) zu hören (§ 7).[36] Über die Tatsache, dass auch in späteren Jahrhunderten immer wieder junge Frauen gerade im Vorbild der Thekla ein Ideal sehen konnten, welches ihnen erlaubte, Frau zu sein, ohne die Gefahren von Schwangerschaft und Geburt auf sich zu nehmen, werde ich im nächsten Kapitel ausführlicher sprechen. Wir lesen jedoch auch von jungen Männern, die sich in ihrer Christusnachfolge *bewusst* gegen die Erwartungen ihrer Familie stellen. Der bereits in Ka-

[35] Ich verdanke auch diese Beobachtung Jan Bremmer. Siehe z. B. ders., Felicitas, 51, wo er die Radikalität antik-christlicher Märtyrer und Märtyrerinnen mit der moderner Kamikazefliegern vergleicht. Die Passage fehlt in der Neuauflage des gleichen Aufsatzes in seinen *Maidens*. Vgl. aber auch Bremmer, Motivation, 418.

[36] Ich verstehe hier das griechische παρθένος als „junge, unverheiratete Frau". Dass solche Frauen auch in biologischer Perspektive als Jungfrauen verstanden wurden, kommt erst sekundär als Bedeutung hinzu.

pitel 1 erwähnte Exuos in § 12 der *Andreasakten* in der Epitome des Gregor von Tours ist nur einer von ihnen, ein anderer der in § 4 desselben Texts erwähnte Sostratos, der von seiner Mutter zum Inzest gezwungen wird. Als junger, unerfahrener Mensch wird auch Johannes Markus, der Erzähler der *Barnabasakten*, gezeichnet; Gleiches mag auch für die Söhne des Zebedäus gelten. Und auch hier ließen sich die Beispiele fast beliebig fortsetzen.[37] Spiegeln die apokryphen Apostelakten damit so etwas wie eine echte Attraktivität von Aspekten des frühen Christentums für junge Menschen (eher höherer Schichten), die aus vorgegebenen Lebensentwürfen ausbrechen wollten? Mag dabei z. B. die Radikalität sexueller Enthaltsamkeit, die in vielen Apostelerzählungen als Ideal gilt, eine wichtige Rolle spielen? Bei diesen Andeutungen muss es leider bleiben – soweit ich sehe, ist dieses spannende Phänomen bisher nicht ausreichend untersucht.

Mit diesen Beobachtungen ist jedoch nur ein Aspekt in einer ganzen Bandbreite erfasst, innerhalb derer sich die politische Bedeutung apokrypher Apostelerzählungen bewegen kann. Sobald wir uns vor Augen führen, dass es das eine, einmütige Christentum, wie es die Apostelgeschichte wenigstens für die Jerusalemer Anfänge zu beschreiben sucht (vgl. Apg 2,44–47; 4,32), sicherlich nie gegeben hat, sondern konkurrierende, sich auf Jesus berufende Gruppen oder auch regionale Teilkirchen mit unterschiedlichen Machtansprüchen, lässt sich erklären, warum die sich auf unterschiedliche Apostel berufenden bzw. diese beanspruchenden Ursprungserzählungen solcher

[37] Eine vertiefte Untersuchung müsste natürlich zunächst einmal definieren, was denn überhaupt unter einem „jungen Menschen“ zu verstehen ist.

Teilkirchen sich nicht einfach in ein harmonisches Bild zusammenfügen lassen. Mit der Spätantike und dem Übergang zum Mittelalter ergeben sich weitere Möglichkeiten. Wo die Großkirche sich als Teil eines „christlichen Staates“ versteht, können Apostelerzählungen, verbunden mit Orten der Apostelerinnerung, alles andere als anti-imperial, sich mit den politischen Ansprüchen eines solchen „Staates“ verbinden und diesen – z. T. gegen andere Ansprüche – repräsentieren. Dass diese grundlegenden Thesen an konkreten Beispielen noch deutlich auszudifferenzieren sind, soll anhand der folgenden Beispiele demonstriert werden. Das erste davon führt nach Zypern.

2. Barnabasschriften und das Verhältnis zwischen Zypern und Antiochien

Bereits die neutestamentliche Apostelgeschichte des Lukas, entstanden wohl in den ersten Jahrzehnten des 2. Jahrhunderts, berichtet von einer ersten Mission Zyperns (Apg 13,4–13).[38] Den Anstoß dazu gibt, typisch für die Theologie der Apostelgeschichte, der Heilige Geist, welcher Barnabas und Saulus, der später unter seinem bekannteren Namen Paulus begegnet, für die entsprechende Reise auswählt. Die kurze Erzählung in der Apostelgeschichte ist in vielerlei Hinsicht bemerkenswert. Aus dem Duo Barnabas und Saulus wird ein Trio; ihr Reisebegleiter

[38] Die präzise Datierung bleibt umstritten. Für eine überzeugende Diskussion des Befundes vgl. Backhaus, Datierung, 128, der nach einer kritischen Sichtung aller Argumente für und gegen verschiedene Datierungen für eine relative Spätdatierung zwischen ca. 100 und 130 n. Chr. plädiert.

ist der eben erwähnte Johannes (Markus).[39] Wie üblich treten die drei in einer Synagoge (hier: der Synagoge von Salamis) auf; sie durchwandern die ganze Insel und gelangen schließlich nach Paphos, wo sie Widerstand durch einen jüdischen Falschpropheten und Zauberer namens Barjesus erfahren. Die Szene wird zu einem Schlüssel für die weitere Handlung der Apostelgeschichte, weil sie einen Wechsel in der Leitung der kleinen Gruppe markiert. Nicht Barnabas, sondern Saulus / Paulus ist es, der, vom Geist erfüllt, Barjesus bloßstellt und ihn durch ein Strafwunder erblinden lässt.[40] Daraufhin wird sogar der Statthalter von Zypern, der tatsächlich wenigstens mit gewisser Vorsicht nachweisbare Sergius Paulus,[41] „gläubig" (Apg 13,4–13). Die aus Antiochien entsandte Gruppe wird nun nicht mehr „Barnabas und Saulus", sondern „die (Gruppe) um Paulus" (οἱ περὶ Παῦλον) genannt (Apg 13,13). Es braucht uns für den Moment nicht zu interessieren, was an all dem historisch glaubwürdig ist und was eher zweifelhaft scheint. Spannend ist indessen die Tatsache, dass einige Aspekte dieser Darstellung der Dinge etwas mehr als drei Jahrhunderte nach der Niederschrift der neutestamentlichen Apostelgeschichte offensichtlich zu einem Problem wurden. In dieser Zeit – nach meiner Datierung in den ersten Jahrzehnten des fünften Jahrhunderts unserer Zeitrechnung[42] – entstanden die sogenannten *Barnabasakten*,

---

[39] Zu dieser Figur und ihrer Entwicklung in antik-christlicher Literatur vgl. weiterführend Furlong, *John also called Mark*.

[40] Hierzu weiterführend Förster, Der besiegte Magier.

[41] Marguerat, *Apostelgeschichte*, 489, schreibt: „Den Namen [sic] Sergius Paul(l)us ist in römischen Inschriften belegt, jedoch nicht auf Zypern selbst, so dass die Identität offen ist." Detailinformationen in Fußnote 16 auf der gleichen Seite.

[42] Zur konkreten Datierung der *Barnabasakten* (sowie weiteren

eine heute weitgehend unbekannte apokryphe Apostelerzählung, die nun noch einmal, dieses Mal aber aus der Perspektive des Reisebegleiters Johannes Markus, von der Mission Zyperns erzählt. Dabei ergeben sich im Vergleich zur Darstellung der kanonischen Apostelgeschichte einige Unterschiede. Davon, dass die Apostel aufgrund eines Impulses des Heiligen Geistes von der Gemeinde Antiochiens gesandt werden, ist nicht mehr die Rede; ihre Reise startet zudem nicht in Antiochien am Orontes, sondern in Ikonium (§ 5).[43] Ich werde zeigen, dass diese und andere offenbar bewusst gesetzte Differenzen zur kanonischen Apostelgeschichte für das Verständnis des Textes wichtig sind. Paulus, der sich, wie auch in Apg 15,36–41 erzählt, von Barnabas trennt, ist zudem weniger positiv beschrieben als in der Apostelgeschichte des Neuen Testaments. Er verhält sich nicht nur gegenüber Johannes Markus (zu Unrecht) hart und unbarmherzig (§ 6), auch im Streit zwischen Paulus und Barnabas ist es Letzterer, der sich als versöhnlich erweist (§§ 8–9) und so einen Abschied in Frieden ermöglicht (§ 10). Gleichzeitig verschiebt sich das Interesse der *Barnabasakten* auf eine zweite Missionsreise, die im Neuen Testament nur angedeutet ist (vgl. Apg 15,41). Ab jetzt stehen nur noch Barnabas und Johannes Markus im Fokus der Erzählung. Die beiden durchqueren nunmehr nicht mehr nur ganz Zypern, sie machen an einer Vielzahl von Orten Halt. Daraus ergibt sich ein

---

Einleitungsfragen) vgl. z.B. Czachesz, *Commission Narratives*, 189–190, Kollmann und Schröder, *Evangelist Markus*, 90–97, sowie (mit etwas anderen Ergebnissen) Nicklas, Akten des Barnabas. Die Übersetzungen des Textes folgen diesem Beitrag oder sind von ihm her adaptiert.

[43] Zu den Itineraren der verschiedenen Barnabastexte und ihrer Funktion vgl. Nicklas, Travels of Barnabas.

Itinerar von Krommyakita (Kap Krommyon, dem nördlichsten Punkt Mittelzyperns) über Lapithos, Lampadistos, Tamasos, Palaia Paphos, Paphos, Kourion, Amathos, Kition und Salamis. Erneut erfahren Barnabas und Markus besonders starken Widerstand von jüdischer Seite. Dieser wird initiiert durch den aus der Apostelgeschichte bekannten Barjesus, der trotz des in der Apostelgeschichte berichteten Strafwunders weiter sein Unwesen treibt. Bevor Barnabas in Salamis das (nur ganz knapp erzählte) Martyrium erleidet (§ 23), gelingt ihm der Aufbau einer allerersten Organisation der Kirche Zyperns. Er weiht in Tamasos Herakleides zum Bischof von Zypern (§ 17); als ein weiterer Bischof (aber ohne Nennung seines Sitzes) wird in § 20 der angeblich bereits auf der ersten Missionsreise geweihte Aristoklianes genannt. An anderen Orten werden Barnabas und Johannes Markus jedoch sofort abgewiesen. Nach dem Martyrium des Barnabas kann Johannes Markus mit knapper Not die Asche des Leichnams retten und diese in einer Höhle verstecken, bevor er flieht und schließlich nach Alexandria gelangt (§§ 24–26).

Solange wir uns auf die klassische Frage, was an dieser Erzählung historisch zu sichern ist, konzentrieren, müssen wir die *Barnabasakten* zur Seite legen, so wie es die Forschung des vergangenen Jahrhunderts meist recht schnell getan hat.[44] Spannender wird unser Text, wenn wir ihn als Schrift betrachten, die aus späterer Perspektive von den Ursprüngen der Kirche Zyperns erzählt und damit – als eine Art von Ursprungsnarrativ – in späterer Zeit Identität zu stiften sucht. Noch interessanter ist die Tatsache,

[44] In Wilhelm Schneemelchers Sammlung neutestamentlicher Apokryphen findet sich z. B. nur ein ganz kurzer Eintrag zu den *Barnabasakten*: Santos Otero, Jüngere Apostelakten, 421–422.

dass der Text offenbar die ältere, zu diesem Zeitpunkt bereits als kanonisch anerkannte Ursprungserzählung aus der Apostelgeschichte des Lukas zu modifizieren sucht: (1) Die Initiative einer Erstmission Zyperns geht in den *Barnabasakten* nicht mehr von der christlichen *Ekklesia* in Antiochien aus; jede Parallele zu Apg 13,1–3 fehlt. Stattdessen lesen wir einfach, dass die Gruppe von Ikonium über Seleukia nach Zypern reist (§ 5). Antiochien dagegen spielt erst *nach* der ersten Mission Zyperns wieder eine Rolle (§§ 5–6); das Itinerar aber legt nahe, dass der Text sich auf das pisidische Antiochien bezieht, ohne dies näher zu spezifizieren (§ 7). (2) Die Bedeutung des Paulus tritt gegenüber der des Barnabas deutlich zurück. Wie wir gesehen haben, ist sein Verhalten als ambivalent beschrieben. (3) Die in der kanonischen Apostelgeschichte erzählte Erstmission Zyperns wird nur knapp angesprochen. Für die kirchliche Organisation entscheidend ist die in der kanonischen Apostelgeschichte nur angedeutete (Apg 15, 39), in den *Barnabasakten* aber recht detailliert berichtete und ganz Zypern berührende zweite Missionsreise. (4) Auf dieser Reise ereignet sich das Martyrium des Barnabas, von dem wir in der Apostelgeschichte nichts hören. Wichtig jedoch ist vor allem, dass Zypern durch die Rettungsaktion des Johannes Markus – wenn auch an unbekanntem Ort – die Reliquien des Barnabas bewahrt. (5) Bedeutsam ist auch der Schluss der Erzählung. Mit dem Ausblick auf die Ankunft des Markus in Alexandria ist auf die altkirchliche Tradition der Mission Alexandrias (sowie großer Teile Nordafrikas) durch Markus angespielt, die in weiteren apokryphen Texten (z. B. dem *Martyrium des Markus*) aufgegriffen werden.[45] Gleichzeitig lösen die *Barnabas-*

[45] Hierzu auch Furlong, *John Called Mark*, 55–68.

akten die Verbindung zwischen Zypern und Antiochien am Orontes. All dies geschieht natürlich nicht zufällig. Kirchenpolitisch steht Zypern zu dieser Zeit zwischen den beiden Patriarchaten von Antiochien und Alexandrien. Mit ihrer neuen Ursprungserzählung, die niemals das Ziel hatte, Teil des Neuen Testaments zu werden, trotzdem jedoch höchste Autorität beanspruchte, versuchte die Kirche Zyperns ihre Unabhängigkeit gegen anders lautende Ansprüche des Patriarchats von Antiochien durchzusetzen. In Antiochien argumentierte man entsprechend der Apostelgeschichte des Neuen Testaments, dass Zypern *schon immer* eine von Antiochia abhängige Gründung sei – ja, dass dies durch den Heiligen Geist selbst gewollt sei. Mit der *neuen*, der apokryphen Erzählung über die eigenen Ursprünge war es nicht nur der Gesamtkirche Zyperns, sondern vieler ihrer Teilkirchen möglich, von sich zu behaupten, eine Apostelgründung zu sein – gegründet durch Barnabas, dessen Bedeutung gegenüber Paulus deutlich verstärkt wurde.[46] Gleichzeitig konnte Zypern auch beanspruchen, die sterblichen Überreste eines Apostels, nämlich des Barnabas, zu bewahren, wenn diese auch nicht vorzeigbar waren. Selbst Markus, der in der Apostelgeschichte nur eine nicht ganz glückliche Nebenrolle spielt, wird zu einer wichtigen Figur. Der spätere Apostel Alexandriens war mit diesem Text auch an der Mission Zyperns beteiligt. Im Jahr 431 schien die Kirche Zyperns tatsächlich am Ziel angelangt zu sein. Das Ökumenische Konzil von Ephesus (431) bestätigte ihre Unab-

[46] In späterer Zeit wird in den *Akten des Herakleides* besonders die Kirche von Tamasos diesen Anspruch weiterentwickeln. Die Edition der griechischen Fassung dieses Texts geht zurück auf Halkin, Héraclide. Weiterführend auch die Studie von Nicklas und Mamyan, Paul and Barnabas, 284–287.

hängigkeit von Antiochien. Damit aber war die Auseinandersetzung keineswegs beendet; sie entbrannte erneut unter dem antiochenischen Patriarchen Petrus Fullo (471, 476–477 sowie 485–488 n. Chr.). Das politische Interesse an der Vorherrschaft Antiochiens über Zypern, das verbunden war mit dem Recht, Bischöfe einzusetzen und damit Einfluss auf die dortige Kirchenpolitik zu nehmen, verband sich jetzt mit der Idee, dass die Unabhängigkeit der Kirche Zyperns durch ein *vorzeigbares* Apostelgrab zu beweisen war.[47] Um einem solchen Anspruch zu begegnen, reichten die *Barnabasakten* nicht mehr aus.

Dass nun tatsächlich auf wunderbare Weise ein Grab des Apostels Barnabas mit dem intakten Leichnam des Apostels entdeckt wurde, braucht nicht zu überraschen. Der Fund der Reliquien wird nun in einer weiteren Ursprungserzählung, dem sogenannten *Barnabas-Encomium* des Mönches Alexander, wahrscheinlich vom Beginn des 6. Jahrhunderts, berichtet.[48] Barnabas selbst erscheint Bischof Anthemios von Salamis mehrfach im Traum und bezeichnet ihm den Platz, an dem die *vollständigen Reliquien* des Apostels gefunden und anhand eines Exemplars des Matthäusevangeliums, das dieser den *Barnabasakten* zufolge immer bei sich trug (§ 15), identifiziert werden können (Z. 750–752).[49] Der Text verweist also auf die

---

[47] Ausführlicher zu den Gedanken des folgenden Abschnitts Nicklas, Barnabas Remembered.

[48] Aktuell zur Einleitung in diese Schrift vgl. Kollmann und Deuse, *Alexander Monachus*, 25–60; zur Datierung konkret 58–60, sowie Kollmann und Schröder, *Evangelist Markus*, 97–102.

[49] Textedition (incl. der Besprechung von Überlieferungslage und Einleitungsfragen): Van Deun, Sancti Barnabae (sowie Kollmann und Deuse, *Alexander Monachus*, die auch eine gute deutsche Übersetzung bieten, der ich folge bzw. die ich leicht adaptiert habe).

Barnabasakten und korrigiert sie zugleich. Nicht nur Aschereste werden entdeckt, sondern ein vollständiger Leichnam. Kein Wunder, möchte man sagen! Das *Encomium* „beweist" nicht nur die Existenz des Apostelgrabes in Zypern und demonstriert damit, wie Recht die Kirche Zyperns doch habe, in Petrus Fullo einen wahren Judas zu erkennen (explizit: Z. 589–590); es überhöht die Rolle des Barnabas noch einmal um ein Vielfaches. Barnabas ist in dieser Erzählung Augenzeuge des Wirkens Jesu (Z. 238–270), damit auch nicht mehr nur Reisebegleiter des Paulus, sondern derjenige, der überhaupt erst dafür gesorgt hat, dass Paulus als Apostel anerkannt werden konnte (Z. 271–355.386–388). Er ist nicht mehr nur Gründer der Kirche Zyperns, sondern Erstmissionar auch an anderen Orten wie Rom (Z. 365–374) und Alexandria (Z. 381–383). Diesen Barnabas und sein wunderbares Wirken auch nach dem Tode können, so der Text, *bis heute* all diejenige erleben, die als Pilger das Barnabaskloster bei Salamis besuchen, in dem Alexander, der Verfasser des Texts, lebt (Z. 820–869):

> Die Offenbarung der Reliquien des heiligen Apostels Barnabas hat diesen Ort. Was aber die aus seiner heiligen Grablege jederzeit hervorgehenden Wunder angeht: wenn einer über jedes einzelne schreiben möchte, wäre er meiner Meinung nach nicht in der Lage, genügend Papyrus zu finden. (Z. 854–858)

Noch klarer als die früheren Erzählungen verbindet das *Encomium* also Konstruktion von Vergangenheit und Gegenwart. Die für die politische Unabhängigkeit der Kirche Zyperns nötige bleibende Präsenz des Apostels im Barnabaskloster bei Salamis wird durch die Erzählung plausibilisiert – und soll beim Besuch des Klosters erlebbar gemacht werden.

3. Konstantinopel

3.1 Apostelgräber und -traditionen

Schwieriger ist die Situation in Konstantinopel. Zwar reicht die Geschichte des alten Byzantion bis auf die Zeit um 660 v.Chr. zurück, doch erst im November des Jahres 324 begannen die Bauarbeiten zur Neugründung der Stadt durch Kaiser Konstantin I.; erst im Jahr 330 wurden die Stadtmauern vollendet und wichtige öffentliche Gebäude eingeweiht.[50] Damit ist wenigstens die Stadt Konstantinopel einfach zu jung, um in ihr an ein irdisches Wirken der Apostel zu denken. Ihre kirchenpolitische Rolle als Sitz eines bereits in der alten Kirche anerkannten Patriarchats verlangte jedoch nach apostolischer Legitimation. Die Präsenz von Aposteln, apostolischen Figuren und wichtigen Heiligen in der Stadt musste deswegen durch den Transfer von Reliquien gesichert werden.

In ihrer im Jahr 2018 erschienenen Dissertation *Leichen, Asche und Gebeine* spricht Martina Hartl von mehreren Initiativen, wichtige Reliquien nach Konstantinopel zu holen:[51] Den Anfang machte wohl bereits Konstantin selbst, „als er im Jahr 336 Reliquien des Apostels Andreas und des Evangelisten Lukas in sein Mausoleum in Konstantinopel bringen ließ."[52] Es folgten im Jahre 356 n. Chr., d.h. in der Zeit Konstantius II. (337–361), die Reliquien des Paulusschülers Timotheus, die zusammen mit denen des Andreas und des Lukas im Jahr 357 ihren Weg in die

[50] Weiterführend ist z.B. Berger, *Konstantinopel*, 1–20.

[51] Hartl, *Leichen*.

[52] Hartl, *Leichen*, 163. Wichtig hierzu die entsprechende Notiz des Socrates, *h.e.* 1,40.

neue Apostelkirche fanden.[53] Die Apostelreliquien wanderten somit aus der unmittelbaren Umgebung des Konstantinsgrabes in die neue Apostelkirche;[54] unklar bleibt jedoch, ob bereits Konstantius „das Prestige Konstantinopels mit dem Import von Reliquien steigern wollte."[55] Es folgten die *Translatio* des Schädels von Johannes dem Täufer (womöglich bereits zur Zeit des Valens [364–378], in einer Kirche niedergelegt aber erst später unter Theodosius I. [379–395]), Reliquien des Jakobssohns Joseph, des Priesters Zacharias und des Stephanus. Eine Initiative Kaiser Justinians (527–565), Körperreliquien des Petrus und Paulus aus Rom zu erhalten, blieb erfolglos.[56] Spuren dessen finden sich nicht nur bei Historikern wie Eusebius von Caesarea und Sozomenos oder dem *Chronicon Paschale* des siebten Jahrhunderts, sondern auch in den *Akten des Timotheus*. Diese wenig bekannte, jedoch in vielerlei Hinsicht hochinteressante Apostelerzählung wohl der zweiten Hälfte des fünften Jahrhunderts[57] scheint in erster Linie das Ziel zu haben, als Schrift über Timotheus, aber auch den Apostel Johannes und Ephesus die apostolische Bedeutung der Stadt Ephesus zu betonen. Der Text bietet nicht nur Informationen über Wirken und Tod des

[53] Damit ist auch die intendierte Rauminszenierung, in dem Konstantins Grab geradezu die Stellung Christi innerhalb der Apostel einnimmt, wohl bewusst zerstört.

[54] Vgl. Hartl, *Leichen*, 165, die betont, dass Konstantius II. offenbar versucht habe, den Kult um Konstantin „‚unauffällig' zu schwächen, indem er die Reliquien des Andreas und des Lukas aus dem Mausoleum entfernte und in der (neuen) Apostelkirche deponierte."

[55] Hartl, *Leichen*, 165.

[56] Ausführlicher Hartl, *Leichen*, 168–170.

[57] Vgl. hierzu die Argumente von Bremmer, Timothy, 217–222, der eine Datierung in die Jahrzehnte nach dem Konzil von Chalzedon (451 n. Chr.) vorschlägt.

Timotheus, sondern auch über den Ort, an dem seines Martyriums gedacht wird („einen Ort namens Pion“; § 13), sowie den Tag seines Todes (§ 16). All dies ist nur sinnvoll, wenn es auf eine Tradition der Verehrung des Timotheus in Ephesus anspielt.[58] Dass diese Verehrung sich aber nicht mehr auf die Reliquien des Timotheus berufen kann, ergibt sich aus einer Textvariante, die sich in einigen Handschriften der *Akten* in § 14 findet. Dort lesen wir:

> Und er [der Leichnam des Timotheus] wurde in die königliche Stadt Konstantinopel überführt. Und er wurde niedergelegt in der heiligsten großen Kirche der heiligen Apostel; seitdem und bis heute liegen seine heiligen Reliquien unter dem geheiligten Altar – zusammen mit den Aposteln Andreas und Lukas.[59]

Der Text scheint also die Verehrung des Apostels in Ephesus zu verankern; er wirft – wenigstens in dieser kaum datierbaren Form – aber auch bereits einen Blick auf ein Konstantinopel, das zunehmend zum Ruheort von Aposteln wird. Inwiefern ein Text wie dieser bereits genutzt wurde, um die Apostolizität der Kirche von Konstantinopel hervorzuheben, lässt sich aufgrund dieser Notiz jedoch nicht sagen. Ich halte es für eher unwahrscheinlich. Tatsächlich scheint es nötig, die Sammlung von Apostelreliquien in Konstantinopel, ihre Verehrung und ihre politische sowie kirchenpolitische Auswertung voneinander zu differenzieren: Wenn man das Material durchsieht, dass Francis Dvornik bereits im Jahr 1958 zur Frage nach der Entstehung und Entwicklung von Andreastraditionen im Zusammenhang mit Konstantinopel (und seiner Vorgängerstadt Byzanz) zusammengetragen hat, so zeigt sich

---

[58] Hierzu ausführlicher Nicklas, *Acts of Timothy*, 70.

[59] Text: Zamagni, *Passion* (ou *Actes*) *de Timothée*, 298. Übersetzung von mir.

mit großer Wahrscheinlichkeit, dass die Sammlung von Apostelreliquien in Konstantinopel zunächst einmal dem Prestige des Kaiserhauses diente, jedoch nicht mit der Bedeutung des Bischofssitzes in Verbindung gebracht wurde.[60] Wie wenig noch im vierten und fünften Jahrhundert an kirchenpolitischem Kapital aus der Präsenz der Reliquien des Andreas in Konstantinopel geschlagen wurde, zeigt nicht nur die Durchsicht der Schriften des Johannes Chrysostomus (Patriarch von Konstantinopel von 398–404),[61] sondern auch der für Andreas relevanten Texte des Gregor von Nazianz, des Kyrill von Jerusalem, des Proclus, Theodoret und anderer. Westliche Zeugnisse der gleichen Zeit (z.B. des Paulinus von Nola, des Gaudentius von Brescia oder des Ambrosius von Mailand) wiederum bezeugen die Verehrung des Andreas im Westen, lassen aber keine Schlüsse auf eine mögliche Rivalität mit Konstantinopel zu. Dies gilt selbst für die Zeit Gregors des Großen (590–604).[62] Die ältesten Dokumente, in denen

---

[60] Vgl. die Übersicht bei Dvornik, *Idea of Apostolicity*, 138–180, bes. 139: "It would appear, at first, that the transfer of relics believed to be those of the Apostle Andrew, St. Luke and Timothy, to the Church of the Holy Apostles in the newly-founded city of Constantine was intended to bolster the prestige of the bishops of the residential city, but this was not the case" (ähnlich a.a.O., 140).

[61] Dvornik, *Idea of Apostolicity*, 140–146, der aufgrund von *hom.* 26 zum Hebräerbrief (PG 63, col. 179) gar vermutet, Johannes Chrysostomus habe die Authentizität der Andreasreliquien in Konstantinopel bezweifelt (S. 146).

[62] Dvornik, *Idea of Apostolicity*, 153–154: The spread of the cult of St. Andrew in Rome, in Italy, and in Gaul during the fourth and fifth centuries indicates clearly that, contrary to the conviction of some scholars, the Westerners were not yet aware of any Byzantine attempt to overshadow or to equalize the prestige of Peter with that of his brother, ‚the first called'". Zur Diskussion Gregors d.Gr. a.a.O., 158–161.

der Bischofssitz von Konstantinopel als „apostolisch" bezeichnet wird, gehen damit m.W. auf das siebte Jahrhundert zurück. Neben wenig bekannten hagiographischen Schriften sind dies die Akten des sechsten Ökumenischen Konzils von Konstantinopel aus dem Jahre 680.[63] In etwa parallel entstehen die ältesten Apostelerzählungen, die wenigstens knapp die Gründung der Kirche von Byzanz, also der Vorgängerstadt Konstantinopels, durch Andreas erwähnen.[64] Um die hier verarbeiteten Traditionen zu verstehen, ist ein Blick in die wohl im Osten des römischen Reiches zusammengestellten Apostellisten mit z. T. knappen Bemerkungen zu deren Wirken hilfreich. Neben den Zwölf enthalten einige dieser Listen auch die Namen der siebzig bzw. zweiundsiebzig von Jesus zur Mission ausgesandten Schüler Jesu (Lk 10,1–24); diese differieren natürlich in verschiedenen Listen voneinander. Eine dieser Listen, überliefert in der Handschrift Paris BNF gr. 1115 aus dem Jahr 1276, ist (fälschlicherweise) Epiphanius von Salamis zugeschrieben; ihr Inhalt dürfte vor das 9. Jahrhundert zurückreichen.[65] Andreas findet sich in dieser Liste an zweiter Stelle (nach Simon Petrus): Seine Missionsaktivität wird mit den Skythen, Sogden, Gorsinianern, Sebastopolis u. a. in Verbindung gebracht; sein Grab in Patras in Achaia lokalisiert. Eine explizite Erwähnung von Byzanz fehlt hier; diese allerdings findet sich – recht versteckt – etwas später, und zwar in der Liste der Schüler:

---

[63] Dvornik, *Idea of Apostolicity*, 161 verweist hier auf die *Vita des Symeon vom wunderbaren Berg* des Arcadius von Zypern sowie die auf den Hagiographen Eleusios zurückgehende *Vita des Theodor*.

[64] Ausführlich zum Folgenden Dvornik, *Idea of Apostolicity*, 171–176.

[65] Informationen bei Dolbeau, Listes d'apôtres, 459–460; Edition: Schermann.

Nr. 23 nennt den auch in Röm 16,9 erwähnten Stachys[66] und beschreibt diesen als denjenigen, „welchen der Apostel Andreas in Argyropolis in Thrakien als ersten Bischof von Byzanz einsetzte." So ist hier ein Bezug zwischen Andreas und Byzanz hergestellt. Mit keinem Wort erwähnt sind allerdings die Andreasreliquien in Konstantinopel. Auch ist von einem Wirken des Andreas selbst in Byzanz keine Rede. Immerhin wird der Ursprung der Kirche von Byzanz über den allerdings eher unbedeutenden Stachys in der apostolischen Zeit verankert. Etwas ausführlicher wird die gleiche Tradition in dem späten *Martyrium des heiligen Apostels Andreas* (8. Jahrhundert)[67] erwähnt, welches, 1894 von Maximilian Bonnet ediert,[68] nicht mit dem bekannteren *Martyrium des Andreas* zu verwechseln ist, das sich in den normalerweise zugänglichen Textausgaben findet.[69] In § 8 dieser (auch bei Dvornik erwähnten) Schrift[70] lesen wir:[71]

Und von dort [Sinope am Schwarzen Meer] gelangte er [Andreas], nachdem er durch denselben Pontus Euxinus, der nach Byzanz fließt, zurückgereist war, ans rechte Ufer. Und nachdem er an einem Ort namens Argyropolis angekommen war und dort eine Kirche gebaut hatte, weihte er einen der siebzig Jünger mit dem

[66] Dieser fungiert in der Liste des Pseudo-Dorotheos als Nr. 64; dort wird nur sein Name ohne weitere Informationen erwähnt.

[67] Überlegungen zur präziseren Datierung der Schrift (aufgrund der Bezeichnung der in § 9 zu findenden Bezeichnung von Thessalien, Hellas und Achaia als „westlich") bei Dvornik, *Idea of Apostolicity*, 172–173.

[68] Maximilian Bonnet, Martyrium Sancti Apostoli Andreae.

[69] Griechischer Text dieser Schrift z.B. bei MacDonald, *Acts of Andrew*.

[70] Dvornik, *Idea of Apostolicity*, 171–173.

[71] Griechischer Text: Bonnet, Martyrium, 358. Die Übersetzung stammt von mir.

Namen Stachys, den auch der Apostel Paulus, der Mund Christi, das Gefäß der Erwählung, im Römerbrief als geliebt bezeichnet, zum Bischof von Byzanz und überließ es ihm, das Heilswort zu verkünden. Wegen der dort herrschenden, auf die Anbetung von Götterbildern gerichteten Gottlosigkeit und der Grausamkeit des Götzen anbetenden Tyrannen Zeuxippus, der hier herrschte, wandte er selbst sich dem Westen zu und erhellte mit seinen göttlichen Lehren die Finsternis des Westens.

Selbst hier also ist Byzanz nur gestreift. Zwar baut – das griechische δειμάμενος kann wohl so verstanden werden, dass Andreas hier ein Gebäude „zimmert" – er eine Kirche in Argyropolis, dem heutigen Tophane, einem auf der europäischen Seite des Bosporus gelegenen Vorort von Istanbul. Von einer Missionstätigkeit des Andreas aber ist nicht die Rede, denn sein Weg führt nach Westen, nach Thessalien und Hellas. Die Kirche von Byzanz ist damit lose mit Andreas verbunden; ihre weitere Entwicklung, die nun in den Händen des Stachys liegt, aber ist in diesem Text nicht weiter erwähnt. Es ist (zumindest mir) nicht möglich, die Entwicklung der folgenden Jahrhunderte weiter nachzuzeichnen. Es zeigen sich jedoch mindestens zwei Linien der Entwicklung. So dienten die nach Konstantinopel überführten Reliquien von Aposteln, Apostelschülern und biblischen Gestalten sicherlich zunächst der Selbstinszenierung Konstantins als „christusgleich"[72], dann auch, um eine zu weitgehende Verehrung Konstantins einzudämmen, zur Steigerung der Bedeutung Konstantinopels als Kaiserstadt. Nur langsam und überraschend zögerlich entstanden daneben – und interessanterweise ohne explizite Verbindung zu den Reliquien – Traditionen, die den Apostel Andreas mit der Gründung

[72] So Berger, *Konstantinopel*, 15.

von Byzanz in Verbindung bringen. Hinzu kommt, dass wenigstens die frühesten Texte, die ja immerhin schon über die Zeit der Spätantike hinausweisen, diese Tradition im Grunde „nackt" präsentieren und die Chance ungenutzt lassen, auch nur ein spektakuläres Ereignis aus apostolischer Zeit mit dem alten Byzanz in Verbindung zu bringen. Selbst die eben erwähnten späten Traditionen sind so mehr der Vorgängerstadt Byzanz als dem mächtigen Konstantinopel angemessen: ein Bischofsitz, der sich auf einen in einem einzigen Vers des Römerbriefs erwähnten Paulusmitarbeiter, den „lieben Stachys" (Röm 16,9), zurückführen kann, der jedoch immerhin von Andreas selbst eingesetzt wurde.

3.2 Die Präsenz der Gottesmutter

Die Entwicklung von Aposteltraditionen ist aber nicht die einzige Strategie, mit Hilfe derer die Präsenz der Ursprünge des Christentums in Konstantinopel markiert werden konnte; mindestens genauso spannend erscheint eine zweite: Noch heute existiert im Istanbuler Stadtteil Balikli die Kirche der Muttergottes von der lebensspendenden Quelle. Zwar geht die heutige Kirche, die wenige hundert Meter westlich des Quelltors der theodosianischen Stadtmauern liegt, erst auf das Jahr 1833 zurück; Traditionen um eine wundersame, heilende Präsenz der Gottesmutter an diesem Ort aber reichen bis ins 5. Jahrhundert.[73] Während die Kirchengeschichte des byzantinischen Historikers Nikephoros Kallistu Xanthopoulos (1267/68 – nach 1328) die Ursprünge der Kirche auf eine Initiative des Kaisers Marcianus (450–457) und seiner

---

[73] Einleitendes bei Talbot und Fitzgerald Johnson, *Miracle Tales*, xiv–xviii.

Frau Aelia Pulcheria zurückführt, bietet die wohl im 10. Jahrhundert, womöglich gegen Ende der Regierungszeit des Kaisers Konstantin VII. (913–959) oder seines Nachfolgers Romanos II. (959–963) entstandene anonyme Sammlung von Wundererzählungen eine andere Version der Ursprünge dieses Heiligtums.[74] In Kapitel 2 des Texts – nach einer längeren Vorrede – werden diese folgendermaßen beschrieben: Offenbar kurz vor seinem Aufstieg zum Kaiser trifft der spätere Leo I. (457–474 n. Chr.) auf einen Blinden und begleitet ihn. Als der Blinde verlangt zu trinken, offenbart eine Stimme dem späteren Kaiser, dass er am Ort einer (jedoch verschlammten) Quelle sei. Die Stimme spricht ihn bereits als Λέων βασιλεῦ an und nimmt damit bereits seinen späteren Rang vorweg. Gleichzeitig fordert sie (mit Anklängen an Joh 9,11) Leo auf, Schlamm aus dem Wasser der Quelle zu entnehmen und damit die Augen des Blinden zu salben.[75] Dann werde er verstehen, wer an dieser Quelle wohne. Wenn er darauf für sie – nur den Lesern des Texts ist bereits klar, dass es sich um Maria handelt – eine Wohnstatt errichte, werde sie jedem, der zu diesem Ort komme, helfen:

> Dies war sowohl ein Ehrfurcht gebietendes Wunder als auch eine deutliche Vorhersage seiner [Leos] kaiserlichen Herrschaft. Denn die Theotokos sagte dabei sowohl voraus, dass Leo Kaiser werden würde,[76] und versah den, der nicht sehen konnte, mit Augenlicht. Mit einer einzigen Anrufung vollbrachte sie zwei

[74] Edition Talbot – Fitzgerald Johnson, *Miracle Tales*, 203–297. Übersetzungen stammen von mir.

[75] Der Text zeigt mehrere Parallelen zur Heilung des Blindgeborenen in Joh 9. Hierzu auch Nicklas, Receptions, 126–127.

[76] Ganz wörtlich spricht der Text von Leos königlicher Herrschaft und bezeichnet ihn als *Basileus*.

Wunder: Anstatt seinen Durst zu stillen schenkte sie dem, der nicht sehen konnte, Augen, und dem, der ihn an der Hand führte, Leo, ein in allen Teilen unversehrtes Reich als Dank für seine Menschenfreundlichkeit und sein Erbarmen. So groß ist ihre Großzügigkeit und Freigebigkeit, dass jeder, der ihr Heiligtum erreicht und das Wasser der heiligen Quelle kostet, erhält, was er sich wünscht, und schnell von dem, was ihn belastet, befreit wird. (§2)

Gleich mehrere Aspekte dieser Textpassage sind hoch interessant: Schon die Erzählung von der Heilung des Blinden lässt sich auf mehreren Ebenen lesen. Einerseits bezeugt sie, in deutlichen Anspielungen auf Joh 9, die (angebliche) Menschenfreundlichkeit (φιλανθρωπία) des späteren Kaisers Leo I., der nach Ausweis des Textes offenbar nichts Besseres zu tun hat, als einen beliebigen Blinden aufgrund einer Geisteshaltung, die ihn Mitleid empfinden lässt (διὰ γνώμης συμπάθειαν), an der Hand zu führen und diesen auf seinem Weg zu begleiten. Obwohl gleich der Beginn des Kapitels an den Beinamen Leos als „der Schlächter" (ὁ … καλούμενος Μακέλλης) erinnert,[77] wird neben der Menschenfreundlichkeit die Barmherzigkeit als Wesenszug des späteren Kaisers betont. Andererseits interessiert der Blinde als Figur nur im Verhältnis zum späteren Kaiser; über sein weiteres Schicksal lesen wir nichts. Es legt sich zumindest die Assoziation nahe, auch Leo selbst als von einer Blindheit Geheilten zu verstehen. Er erfährt in dieser Erzählung von der Präsenz der

[77] Dieses Attribut wurde Leo wegen der von ihm in Auftrag gegebenen Ermordung seines alanischen *magister militum* Aspar (400–471), der ihm als starker Mann Jahre zuvor noch zum Thron verholfen hatte, und dessen Sohn Ardabur, beide homöischen Bekenntnisses, beigelegt. Weiterführend zu den im Hintergrund stehenden Machtkämpfen zwischen Germanen und Isauriern am Kaiserhof siehe Meier, *Völkerwanderung*, 480–485.

Gottesmutter in der Quelle und von seiner (offenbar in dieser Lebensphase noch nicht absehbaren) Erwählung. Der vielleicht spannendste Aspekt der Erzählung aber liegt schließlich darin, dass es nicht das Schicksal ist, das Leo zum Kaiser machen wird.[78] Laut der oben zitierten Passage ist es eindeutig Maria selbst, die Leo die Herrschaft schenkt! Der zukünftige Kaiser erhält wegen der durch ihn demonstrierten Menschenfreundlichkeit die Herrschaft durch die Hand der großzügigen und freigebigen Gottesmutter, die im von ihm errichteten Heiligtum präsent gedacht ist und die ihre Präsenz auch weiterhin durch Wunder erweisen wird. Diese wunderbare Tätigkeit über die Jahrhunderte hinweg wird nun durch die Beispiele im Text illustriert. Dabei fällt – selbst beim allerersten Lesen – auf, wie sehr die Erzählungen über Wunder am Quellheiligtum sich für Mitglieder der kaiserlichen Familie oder der Eliten des byzantinischen Reichs interessieren. Kapitel 3 springt von der Zeit Leos gleich zu Kaiser Justinian I. (527–565), der angeblich von einem schweren Fall von Dysurie geheilt worden sei und deswegen die zur Zeit der Entstehung des Texts an der Quelle bestehende große Kuppelkirche zu Ehren der Gottesmutter errichtete. In Kapitel 5 wiederum lesen wir von der Heilung einer gewissen Glykeria, die als „Verwandte der Kaiserin Theodora" (ἡ συγγενὴς Θεοδώρας τῆς βασιλίσσης), also der Ehefrau Justinians, eingeführt wird, in Kapitel 6 von einer anderen Person vom Hofe Justinians. Kapitel 7 erzählt von der Heilung einer Schwägerin des Kaisers Maurikios (582–602) namens Eudokia, die ebenfalls auf Anraten der

[78] Tatsächlich wird Leo nicht aufgrund seiner Abstammung Kaiser des Oströmischen Reiches. Mit ihm beginnt die Thrakische Dynastie.

Kaiserin im Marienheiligtum um Hilfe sucht; in Kapitel 8 hören wir von der Heilung der Kaiserin Irene in ihrer Zeit als Mitherrscherin mit ihrem noch im Kindesalter befindlichen Sohn Konstantin VI., also in den Jahren von 780 bis 797, in Kapitel 9 von der Heilung einer gewissen Thekla, der Tochter von Kaiser Theophilos I. (829–842). Ab Kapitel 10 nimmt die Konzentration des Textes auf Mitglieder des Kaiserhauses ab. Doch schon jetzt sind mehrere ineinander greifende Muster erkennbar. Nach Leo, in dessen Zeit offenbar die Verehrung der Gottesmutter am Quellheiligtum begann, sind Persönlichkeiten erwähnt, die sich in besonderer Weise für dessen Erhalt und Ausbau einsetzten: Justinian, der offenbar die eigentliche Kirche (und das zugehörige Kloster) erst errichten lässt (§ 2), Basilios I. der Makedonier (867–886), der nach einem Erdbeben im Jahr 869 ihre Kuppel wiederherstellen lässt (§ 2 und 13), aber auch andere Gönner wie die Regentin Theodora II. (§ 9) oder Patriarch Stephanus I. (886–893), der Bruder des Kaisers Leo VI. (886–912; vgl. § 20). Interessant ist zudem, dass dabei mehrfach die Rolle der Kaiserin als Vermittlerin zur Gottesmutter betont wird. Besonders wichtig ist die trotz ihrer obskuren Herkunft später als Heilige verehrte Theodora, die Frau Justinians (geb. ca. 500 – gest. 548),[79] die über die Heilung ihres Mannes und dann ihrer Verwandten Glykeria (§ 5) von den Wundern der Gottesmutter erfährt und so auch eine andere, im Text namentlich nicht genannte Person am kaiserlichen Hof an das Heiligtum vermittelt (§ 6).[80] Als die eben genannte Eudokia, die Schwägerin des Maurikios, an Krebs erkrankt ist,

---

[79] Zu dieser höchst spannenden Persönlichkeit weiterführend Potter, *Theodora*.

[80] Dies ist schon deswegen sicherlich nicht als Zufall abzutun, wenn man bedenkt, wie sehr sich Darstellungen der Theodora und

erscheint nicht ihr, sondern der Kaiserin selbst Maria und fordert sie auf, ihre Schwester zur Quelle zu bringen, wo diese dann geheilt wird (§ 7). Ein entscheidender Schlüssel aber wird zu Beginn von Kapitel 9 deutlich: Das Quellheiligtum der Maria „funktioniert" nur gegenüber Mitgliedern kaiserlicher Familien, die als „orthodox" im Sinne der Entstehungszeit des Textes verstanden werden.[81] Zwar lesen wir nichts davon, dass zwischen der Herrschaft des Maurikios und der der Irene, also in einer Phase von beinahe zweihundert Jahren, *keine* Wunder an der Quelle der wundertätigen Maria stattfanden, die Reihe der geheilten Mitglieder aus dem kaiserlichen Haus ist nun aber für lange Zeit unterbrochen. Zwar mag man in vielen Fällen nicht mehr als spekulieren, warum viele Namen – wie z.B. der aufgrund seines Siegs über die Perser und der Rückführung der Kreuzesreliquien historisch so bedeutende Heraklius (610–641)[82] – nicht genannt sind. Gegen die Vorstellung, dass es sich hier um einen reinen Zufall handelt, sprechen aber folgende Beobachtungen: Aus der Zeit des Ikonoklasmus wird zunächst Kaiserin Irene genannt, die für einen zu ihrer Zeit hoch umstrittenen, auch im Ökumenischen Konzil von Nizäa im Jahr 787 demonstrierten bilderfreundlichen Kurs steht.[83] Dass der Text dies tatsächlich für wichtig hält, zeigt eine Be-

---

der Gottesmutter in frühbyzantinischer Zeit einander annähern. Beispiele bei Potter, *Theodora*, 126–128.

[81] Selbst ein Mörder wie Leo I. muss da keine Ausnahme bilden, richtete sich doch seine Bluttat gegen den zu stark werdenden Einfluss arianischer „Germanen" am Kaiserhof.

[82] Weiterführend hierzu Kaegi, *Heraclius*.

[83] Hierzu ausführlicher Brubaker und Haldon, *Byzantium*, 286–294.

merkung im Zusammenhang mit ihrer Heilung vom Blutfluss (§ 8):

Sobald sie [Irene] ankam und von dem geheiligten [Wasser] Anteil zu nehmen begann, wurde ihr der Blutfluss zurückgedrängt und ihr wieder vollkommen die Gesundheit geschenkt. Um dessentwillen brachte sie mit ihrem Sohn [Konstantin VI.] mit Gold durchwirkte Stoffbahnen und vergoldete Vorhänge dar … sowie eine Krone und Gefäße für das unblutige Opfer der Eucharistie, die mit Edelsteinen und Perlen geschmückt waren. Sie ordnete auch an, dass ihre Abbilder auf beiden Seiten des Heiligtums durch Mosaiken dargestellt würden, (die) in ihren Händen alle aufgezählten Gaben (zeigen), zum ewigen Gedächtnis, damit sowohl ihr [Plural] Glaube zum Ausdruck komme als auch das Wunder der (Stillung der) Blutung durch die Darstellung und Darbringung der Gaben in künftigen Zeiten gefeiert und öffentlich bekannt gemacht werde.

Die durch den Kontakt mit dem Geheiligten – wohl dem durch die Präsenz der Gottesmutter geheiligten Wasser – geheilte Kaiserin Irene wird so nicht nur zur großzügigen Gönnerin für die Ausstattung der Kirche; sie lässt auch ihr Bild und das ihres Sohnes Konstantin VI. anbringen, um ihre Verehrung der Gottesmutter über die Zeiten hinweg zu erweisen. Ist es reiner Zufall, dass der Text die Herstellung des Mosaiks so stark betont? Stünde diese Beobachtung allein, könnte man sie noch als Überinterpretation auffassen. Kapitel 9, also die Passage direkt danach, jedoch macht erneut einen zeitlichen Sprung von mehreren Generationen; wir erfahren nun von der Heilung der Königstochter Thekla (ca. 822/23 – nach 867). Während hier aber nur wenig Wert auf die eigentliche Heilungserzählung gerichtet wird, ist die Einleitung der Passage interessant:

Seit der Zeit, als der Glanz des rechten Glaubens unter Mitwirkung ihrer Mutter Theodora wieder in die Welt hineinleuchtete, litt Thekla, die Tochter des Kaisers Theophilos, an einem chronischen und schwer brennenden Fieber. (§ 9)

Dies lässt sich nicht anders denn als eine Anspielung auf den Politikwechsel nach dem Tode des Kaisers Theophilos I. verstehen.[84] Während unter seiner Herrschaft der Bilderstreit zu einem aggressiven Höhepunkt gelangt war, änderte seine (später als Heilige verehrte) Frau Theodora II. als Regentin für den minderjährigen Michael III. (bis zum Jahr 856) die Politik. Unter ihrer Herrschaft wurde die für die Orthodoxie bis heute so wichtige Bilderverehrung wieder eingeführt. Nur deswegen kann nun der „Glanz der Orthodoxie" wieder erstrahlen; deswegen gesundet wieder ein Mitglied des Kaiserhauses am Marienheiligtum, während die Mutter (wie schon vor ihr andere) zur Gönnerin für Kirche und Kloster wird (siehe den Schluss von § 9). Die Verbindung zwischen Orthodoxie, Verbindung zur Maria des Quellheiligtums und rechtmäßiger kaiserlicher Herrschaft ist schließlich auch bei Konstantin VII. (913–959), womöglich dem Auftraggeber der Schrift, und seinem Mitkaiser Romanos I. (920–944), hergestellt. Während die Kapitel 27 und 28 von Heilungen des Romanos, welcher sich nach Kap. 27 durch seinen „großen Glauben an die Kirche der allgepriesenen Jungfrau" auszeichnete, und Mitgliedern seiner Familie sprechen, konstruiert Kapitel 26 die Empfängnis Konstantins durch Kaiserin Zoe (Mitregentin Leos VI. von 914/15–918/19) als ein durch die Gottesmutter ermöglichtes Wunder: Die einst unfruchtbare Kaiserin gebiert ihren Sohn, den zukünftigen Konstantin VI. (Kap. 26). Natürlich ist die hier vorliegende Schrift mit einer Vielzahl von anderen Wun-

[84] Ausführlich hierzu Brubaker und Haldon, *Byzantium*, 392–404.

dern auch und in erster Linie ein „Werbetext“ für all diejenigen, die zur Kirche der Muttergottes von der lebensspendenden Quelle (und dem dort ab dem Jahr 536 eingerichteten Kloster) pilgern und dort Heilung von ihren Krankheiten suchen. Sicherlich stellt sich ein solcher Werbetext auch *gegen* und *neben* die Vielzahl anderer bedeutender und „wirksamer“ Marienheiligtümer Konstantinopels: die Kirche der Hodigoi (mit dem Konstantinopel beschützenden Bild der Maria Hodegetria), die Chalkopratciakirche mit dem Gürtel der Maria und die Blachernenkirche mit Kleidern und Schleier der Gottesmutter. Auch in der Stadt der Gottesmutter bemühten sich verschiedene Orte um den Vorrang. Wenn man nun bedenkt, dass das Kloster der Maria von der lebensspendenden Quelle Ziel einer am Tag der Himmelfahrt Christi stattfindenden jährlichen Prozession war, an der der Kaiser die Kirche zur Feier der Liturgie besuchte, um anschließend ein Mahl mit dem Patriarchen zu halten,[85] dann ist die politische Funktion des Textes durchaus nachvollziehbar. Wir sind hier sehr weit weg von den Diskussionen über das mögliche anti-imperiale Potenzial früher Apostelerzählungen noch am Anfang dieses Kapitels. Der hier vorliegende Text ist sicherlich nicht anti-imperial. Stattdessen steht er für ein subtil ausbalanciertes Zueinander von Macht- und Kraftverhältnissen. In einer Welt, in der der Kaiser in engster Weise mit der Kirche verbunden ist, in der er nicht nur Patriarchen einsetzt, sondern Einfluss auf Kirchenpolitik und theologische Entscheidungen nimmt, definiert er sich als vom wunderbaren Wirken der in Konstantinopel präsenten Gottesmutter abhängig. Am Beginn der Thrakischen Dynastie steht mit Leo I. ein Kaiser,

[85] Hierzu Talbot und Fitzgerald Johnson, *Miracle Tales*, xiv–xv.

dem diese die Herrschaft als Gegengabe für seine Menschlichkeit geschenkt hat (und der sich damit legitimieren kann), und inmitten der Makedonischen Dynastie versteht sich Kaiser Konstantin VII. als durch Marias wunderbare Hilfe gezeugt aus einer unfruchtbaren Mutter. Zwar heilt die Maria von der lebensspendenden Quelle jede und jeden, der aufrichtig bei ihr um Hilfe sucht. Doch wer den Boden anerkannter Orthodoxie verlässt, kann offensichtlich nicht damit rechnen.

4. Fazit

Damit bin ich weit jenseits des ursprünglich gewählten zeitlichen Schwerpunkts, der Spätantike, angelangt. Gleichzeitig war es keineswegs möglich, die gesamte Bandbreite dessen, was möglich wäre, abzuschreiten. Nur angedeutet werden kann, welche Bedeutung Traditionen um den Zebedaiden Jakobus nicht nur für die Entstehung des Pilgerwegs nach Santiago de Compostela, sondern auch für die Legitimation des Kriegs gegen die „Mauren“ in der Reconquista zukam.[86] Noch das anonyme *Breviarium der Apostel* aus dem sechsten Jahrhundert erwähnt nur in einem kurzen Satz, dass der Zebedäussohn Jakobus in den westlichen Teilen Spaniens gepredigt habe und nach seinem Martyrium unter Herodes Agrippa in *Achaia marmarica* begraben worden sei. Ähnliches lesen wir bei Isidor von Sevilla (ca. 560–636), *De ortu et obitu patrum* 71,125, wo jedoch aus *Achaia marmarica* das rätselhafte

[86] Zu den folgenden (und weiteren) Zeugnissen siehe Coffey und Dunn, *Miracles*, xxviii–xxxvi, sowie 97–135 (inclusive englischer Übersetzung der entscheidenden Passagen).

intra marmaricam wird. Weitere frühmittelalterliche Zeugnisse für ein angebliches Wirken des Jakobus in Spanien begegnen verstreut bei Aldhelm von Malmesbury (ca. 639–709), einem fälschlicherweise Beatus de Liébana (ca. 730–800) zugeschriebenen Hymnus der mozarabischen Liturgie, der Martyrologie des Notker Balbulus (ca. 840–912) und anderen. Ein Schlüsselzeugnis für weit entwickelte, hoch komplexe Jakobustraditionen ist der *Liber Sancti Jacobi* des *Codex Calixtinus*. Der Name des in der Haupthandschrift in Santiago de Compostela (13. Jh.) überlieferten Texts hängt damit zusammen, dass der ihn einleitende Brief vorgibt, auf Papst Calixtus II. (1119–1124) zurückzugehen. Während die *Wunder des Heiligen Jakobus* ein wunderbares Wirken des Apostels an vielen Stationen des heutigen Jakobsweges beschreiben, legitimiert die *Chronik des Pseudo-Turpin*, eine Bischof Turpin von Reims (vor 748/51–794) zugeschriebene Schrift, die Spanienfeldzüge Karls des Großen.[87] Der von seinen vielen Kriegszügen müde gewordenen Kaiser träumt von einem Pfad von Sternen am Himmel, der von der Ostsee über Deutschland, Italien, Gallien, Aquitanien, die Gascogne, Vasconien, Navarra und Spanien bis Galicien reicht. Dreimal erscheint ihm ein Ritter von glanzvollem Aussehen, stellt sich ihm als Jakobus vor und fordert ihn auf, einen neuen Feldzug zu unternehmen:[88]

Ich bin der heilige Apostel Jakobus, Jünger Christi, Sohn des Zebedäus, Bruder des Evangelisten Johannes; (ich bin der), den der Herr am See Genezareth durch seine unaussprechliche Gnade erwählt hat, um den Völkern zu predigen; den König Herodes

---

[87] Hierzu weiterführend Poole, *Chronicle* (mit englischer Übersetzung des Gesamtwerks).

[88] Lateinisches Original *Liber Sancti Jacobi: Codex Calixtinus* (Santiago de Compostela: Xunta de Galicia, 1998), 201.

mit dem Schwert hingerichtet hat und dessen Leichnam unerkannt in Galicien ruht, das noch immer von den Sarazenen auf schändliche Weise unterdrückt wird. Ich bin zutiefst beunruhigt darüber, warum ihr, die ihr so viele Städte und Völker erobert habt, mein Land überhaupt nicht von den Sarazenen befreit habt. Deshalb zeige ich dir an, dass, so wie der Herr dich zum mächtigsten aller Könige der Erde gemacht hat, er dich unter allen erwählt hat, meinen Weg zu bereiten und mein Land aus den Händen der Moabiter zu befreien, damit er dir eine Krone von unermesslichem Ruhm bereite. Der Weg der Sterne, den du am Himmel gesehen hast, zeigt dies an, dass du mit großem Heer von hier nach Galicien gehen sollst, um gegen das treulose Geschlecht der Heiden zu kämpfen, um meinen Weg und mein Land zu befreien und meine Basilika und mein Grab zu besuchen. Nach dir werden alle Völker vom Meer bis zum Meer als Pilger hierherkommen, um vom Herrn Vergebung für ihre Sünden zu erbitten und das Lob des Herrn, seine Tugenden und Wunder, die er vollbracht hat, zu verkünden: Sie werden gehen von der Zeit deines Lebens bis zum Ende dieses Zeitalters. So geht nun, so schnell ihr könnt, und ich werde euch in jeder Hinsicht ein Helfer sein. Und für deine Mühen werde ich dir vom Herrn in den Himmeln eine Krone verschaffen, und bis zum Jüngsten Tag wird dein Name gepriesen werden.

Die Apokryphen um Jakobus den Älteren, den Weg seiner Reliquien nach Santiago, die Sicherung und Rückeroberung des Jakobsweges, aber auch den durch ihn initiierten Kampf gegen die muslimischen Eroberer Spaniens – bildlich repräsentiert durch die Darstellung des Jakobus als „Maurentöter" (Santiago Matamoros) – wären einer genaueren Darstellung wert. Hier kann es nur darum gehen, der Bandbreite des bisher Aufgezeigten eine letzte, extreme Möglichkeit hinzuzufügen. Dass Apostelerzählungen politische Funktion zukommen kann, liegt nach diesem Überblick natürlich auf der Hand. Dabei stehenzubleiben aber würde bedeuten, es sich zu einfach zu machen: Wir haben gesehen, dass diese politische Funktion sich auf höchst unterschiedlichen Ebenen zeigen kann. Zwar sollten die Apostelerzählungen des zweiten und dritten Jahrhunderts nicht zu einfach als anti-imperiale Kampfschriften gelesen werden; in ihrem Fokus auf vollkommene Hingabe zu Christus und dem Gott der Christen aber zeigte sich zumindest ihr gesellschaftsrelevantes (und damit anti-imperiales) Potenzial, das in konkreten Entscheidungssituationen zum Tragen kommen kann. Ab dem vierten Jahrhundert – in einem neuen, sich noch immer wandelnden Verhältnis zwischen Kirche und (Römischem) Reich – ändern sich die Möglichkeiten, politisch relevant zu sein: im Ringen verschiedener Teilkirchen um ihre Stellung im Gesamt sich verändernder kirchlicher Landschaften wie in den Texten um Barnabas, die Gründung der Kirche Zyperns und die Bewahrung und Wiederauffindung seiner Reliquien, in der auf verschiedenen Ebenen stattfindenden Konstruktion von Verbindungen zu den Ursprüngen des Christentums, in der Inszenierung der Präsenz der Gottesmutter, von der her sich kaiserliche Herrschaft legitimieren (und gleichzeitig kontrollieren) lässt, bis hin zur Legitimation eines Feldzugs zur Befreiung eines Apostelgrabs von den muslimischen „Feinden Gottes". Wenn sie dabei auch noch unterhaltsam sein mögen, wie das z. B. für die zuletzt genannte Chronik des Pseudo-Turpin genauso wie für viele der ältesten Texte gilt, steht dies hierzu in keinerlei Widerspruch.

IV. Apostel und christliche Symbolgeschichte: Dimensionen der Thekla-Erinnerung

Was wir vom historischen Petrus wissen, lässt sich in wenigen Sätzen zusammenfassen: Zusammen mit seinem Bruder Andreas war er Fischer am See Gennesaret in Galiläa,[1] besaß ein Haus (wohl in Kafarnaum) und war verheiratet, als er Jesus von Nazaret begegnete, zu dessen engster Gefolgschaft er bald gehörte. Bei der Festnahme Jesu scheint er geflohen zu sein, ja diesen womöglich verleugnet zu haben. Nach dem Tode Jesu jedoch gehörte er zu denen, die behaupteten, ihnen sei der von Gott auferweckte Jesus als Lebender erschienen. Um ihn und andere Apostel, aber auch Paulus von Tarsus, entwickelten sich Gruppen von Christusbekennerinnen und -bekennern, die bald über das gesamte Römische Reich (und darüber hinaus) verbreitet waren. Petrus selbst dürfte nach einem Aufenthalt in Jerusalem auch nach Antiochia am Orontes gelangt sein, wo er mit Paulus in Konflikt geriet, womöglich nach Korinth und mit einiger Wahrscheinlichkeit, aber keineswegs historisch unumstritten, nach Rom.[2]

---

[1] Zum galiläischen Kontext des Petrus vgl. z. B. Freyne, Fisherman.

[2] Über den Aufenthalt des Petrus in Antiochia gibt am besten der in Gal 2,11–21 berichtete sogenannte „antiochenische Zwischenfall“ Aufschluss. Zur Evidenz eines petrinischen Aufenthalts in Korinth vgl. z. B. Witetschek, Peter in Corinth. Zur Diskussion um Zeugnisse eines petrinischen Aufenthalts in Rom vgl. Barnes, Another Shall Gird Thee (mit z. T. sehr kritischer Diskussion weiterer Sekundär-

Selbst um einige dieser Details lässt sich streiten – und da die beiden dem Petrus zugeschriebenen Schriften des Neuen Testaments, der erste und der zweite Petrusbrief, mit allerhöchster Wahrscheinlichkeit pseudepigraphisch sind, lässt sich nicht einmal Sicheres über eine genuin petrinische Theologie (oder auch Christologie) sagen. Die *Bedeutung*, die der Figur Petrus für das heutige Christentum zukommt – in besonderem Maße für die Römisch-Katholische Kirche, sicherlich aber nicht nur für diese – ist jedoch kaum zu unterschätzen. Viele Schriften des Neuen Testaments erwähnen ihn; hinzu kommt eine umfangreiche Sammlung von apokryphen Schriften, die an ihn erinnern.[3] Der erinnerte Petrus wird auf vielfältige Weise liturgisch inszeniert und in einprägsamen Bildern (meist als alter Mann, der die ihm von Jesus verliehenen Schlüssel mit sich führt) dargestellt. Petruserinnerung kann sich auch an bestimmte Orte, die durch die damit einhergehenden Formen von Kommunikation zu „Räumen“ werden, binden. Bis heute versteht sich z. B. das „christliche“ Rom als eine durch komplexe Erinnerungsräume in Verbindung mit Petrus und Paulus (wie auch ihre Martyrien) geprägte Stadt.[4] In dieser Stadt wiederum residiert der Papst, der seine (bekanntlich höchst umstrittene) gesamtkirchliche Autorität von der (angeblichen) Legitimation Petri durch Jesus von Nazaret selbst ableitet. Dieser Anspruch geht so weit, dass andere Kirchen ihn nicht einfach

---

literatur), sowie die entsprechenden Beiträge in Heid, *Petrus und Paulus*.

[3] Sehr hilfreich Eastman, *Ancient Martyrdom* sowie ders., *Many Deaths*. Zur Entwicklung der römischen Petrusfigur bis in die Spätantike vgl. auch Nicklas, Antike Petruserzählungen.

[4] Was dies etwa für das Forum Romanum bedeutet, zeigt Merkt, Hetero-Topography.

ignorieren können, sondern sich – zumindest kritisch distanzierend – dazu verhalten müssen. Mit anderen Worten: In den kollektiven Erinnerungen verschiedener christlicher Konfessionen nimmt die Figur „Petrus" eine Rolle ein, deren heutige Bedeutung sich nicht von dem allein, was wir über Petrus historisch sicherstellen können, ableiten lässt. Die Figur „Petrus" ist somit über die Jahrhunderte zu einem Kristallisationspunkt kollektiver Erinnerung des Christentums geworden. Diese Beschreibung kommt dem nahe, was der französische Historiker Pierre Nora als *lieux de mémoire*, als „Erinnerungsorte", beschrieben hat.[5] Gemeint sind damit „langlebige, Generationen überdauernde Kristallisationspunkte kollektiver Erinnerung und Identität, die in gesellschaftliche, kulturelle und politische Üblichkeiten eingebunden sind und sich in dem Maße verändern, in dem sich die Weise [ihrer] Wahrnehmung, Aneignung und Übertragung verändert."[6] Wichtig dabei ist: Ein Erinnerungsort kann materiell, aber auch immateriell sein. In jedem Fall ist er „durch einen Überschuß an symbolischer und emotionaler Dimension gekennzeichnet."[7] Bei „Erinnerungsorten" muss es sich also keineswegs um reale Orte im umgangssprachlichen Sinne, also Orte, die man betreten oder besuchen kann, handeln. Mindestens genauso wichtig können übertragene Orte sein – im Zusammenhang mit dem Christentum könnte man z. B. an das Kreuz, das Paradies oder die Hölle denken, aber eben auch an Personen, mit denen sich in unterschiedlicher Weise Erinnerungen verbinden, denen wenigstens phasenweise für die Identitätskonstitution

---

[5] Grundlegend sind die Bände von Nora, *Lieux de mémoire*.
[6] Ich beziehe mich auf François und Schulze, Einleitung, 18.
[7] François, Pierre Nora, 9.

des Christentums oder einiger christlicher Gruppen Bedeutung zukam oder weiterhin zukommt.

Bevor die Entstehung, Entwicklung und Funktion solcher Erinnerungsorte (in wenigstens fragmentarischer Weise) nachgezeichnet werden kann, müssen einige grundlegende Überlegungen angestellt werden: (1) Individuelle wie auch kollektive „Erinnerung" ist nie allein auf die Vergangenheit bezogen, sondern für die Gegenwart bedeutsam. „Erinnerungsorte" verändern sich also im Bezug zu ihren Kontexten. Sie können aufgrund unterschiedlicher Impulse in verschiedenen historischen Situationen, unterschiedlichen kulturellen und sozialen, aber selbst geographischen Kontexten ihre Bedeutung verändern; sie können „wachsen", aber auch (phasenweise oder ganz) verschwinden. Solche Entwicklungen sind schon deswegen nie vollständig zu erfassen, weil uns natürlich ein großer Teil des dazu notwendigen Quellenmaterials fehlt. Trotzdem kann versucht werden, die Dynamik der Entstehung und Entwicklung von „Erinnerungsorten" und ihre Funktion in verschiedenen Kontexten wenigstens in fragmentarischer Weise nachzuzeichnen. (2) Diese Dynamik aber ist nie einlinig oder eindimensional zu erfassen. Als Kristallisationspunkte kollektiver Erinnerung werden Erinnerungsorte zum Teil von Kommunikationsräumen, innerhalb derer sie – je nach Perspektive der jeweiligen Person oder Gruppe, die erinnert – sehr unterschiedlich betrachtet werden können. Mit einem Beispiel gesagt: Der erinnerte Petrus der Römisch-Katholischen Kirche des 21. Jahrhunderts ist ein anderer als der z. B. der evangelischer oder orthodoxer Kirchen der gleichen Zeit. (3) Um die Bedeutung von Erinnerungsorten zu fassen, reicht es nicht aus, textliche Zeugnisse allein zu betrachten. Stattdessen ist die Funktion mancher textlichen

Zeugnisse erst dann zu erfassen, wenn sie in ihrem Zueinander zu anderen Medien (z.B. aus materialer Kultur, z.B. in der Ikonographie u.a.) betrachtet werden. Bezogen auf die Quellen, die uns interessieren, heißt dies: Wir haben uns nicht einfach nur mit apokryphen Texten zu befassen, sondern müssen den Versuch unternehmen „parabiblische Traditionen" zu beschreiben. Unter Letzteren verstehe ich „durch das Zueinander verschiedener Medien (Texte, Dinge, Bilder, Riten etc.) bestimmte Konstellationen, die an der imaginierten Welt der Bibel teilhaben, jedoch nicht vollkommen in ihr aufgehen, sondern diese imaginierte Welt in neue Kontexte hinein aktualisieren, ja sie dort präsentieren. Diese Konstellationen sind keineswegs stabil, sondern entstehen erst durch die in ihrer Rezeption gebildeten mentalen Räume, d.h. in der Vorstellungskraft derer, die sie in Verbindung miteinander setzen."[8]

Nora selbst hat die Beschreibung solcher Erinnerungsorte mit dem Programm verbunden, „Symbolgeschichte" zu schreiben.[9] Es geht hierbei um eine Form der Geschichtsschreibung, die die Bedeutung des Symbolischen ernst nimmt, die dabei jedoch gleichzeitig in kritischer Weise historisch bleibt. Vielleicht ist diese Form von Geschichtsschreibung der Aufgabe, religions- wie auch kirchenhistorisch zu arbeiten, in besonderem Maße angemessen, ohne dass sie deswegen andere Formen kritisch historischen Arbeitens verdrängen müsste.

Natürlich kann ich im Folgenden kein Programm einer christlichen Symbolgeschichte oder einer Geschichte der wichtigsten apostolischen Figuren als für das Christen-

---

[8] Hierzu Nicklas, Neutestamentlicher Kanon, 19.

[9] Vgl. François und Schulze, Einleitung, 9–10.

tum wichtiger Symbole anbieten. Ich werde auch keine der ganz großen Figuren wie Jesus von Nazaret selbst, die Jungfrau Maria, Petrus oder Paulus in den Mittelpunkt stellen. Jedes dieser Projekte würde (mindestens) eine ganze Monographie erfordern. Mein Ziel ist bescheidener. Ich konzentriere mich auf eine Figur, die heute weitgehend vergessen ist, die aber für einige Jahrhunderte von größter, wenngleich durchaus umstrittener Bedeutung war, Thekla, nach den apokryphen *Akten des Paulus und der Thekla* eine zweifache Märtyrerin, erfolgreiche Missionarin, Begleiterin des Paulus – und, wie wir sehen werden, in vielen späteren Zeugnissen auch eine Apostolin und Lehrerin.[10] Es ist, wie ich denke, kein Zufall, dass ihr, einer außergewöhnlich spannenden Frauenfigur, heute wieder wachsendes Interesse zukommt. Thekla hat dieses Interesse verdient – nicht nur in der Erforschung des frühen Christentums, sondern auch in christlichen Frauenbewegungen, die sich heute gerne auf Maria oder noch lieber Maria Magdalena beziehen, sich meist aber nicht dessen bewusst ist, welche Kraft in der Symbolfigur „Thekla“ liegen könnte.

Doch selbst meine Darstellung des Erinnerungsorts „Thekla“ wird bestenfalls fragmentarisch und bruchstückhaft erfolgen können. Ins Zentrum stelle ich das Zueinander zweier Schlüsseltexte, der *Akten des Paulus und der Thekla* (in ihrer griechischen Fassung) und des deutlich späteren Doppelwerks *Leben und Wunder der hl. Thekla.* Im Vergleich dieser beiden Schriften versuche ich Motive zu lokalisieren, die offenbar für das Thekla-Ge-

---

[10] Nur ansatzweise kann ich hier auf den Kult der Thekla eingehen, wie er durch Davis, *Cult of Thecla* sowie (knapper und auf Kappadokien bezogen) von Moreschini, Cult of Thecla beschrieben wurde.

dächtnis dieser beiden Texte von Bedeutung waren. Von wenigstens einigen dieser Motive ausgehend werde ich versuchen zu zeigen, wie diese auch in anderen Zeugnissen der Thekla-Erinnerung begegnen. Nur ansatzweise wird es mir möglich sein, Verbindungen zwischen all diesen herzustellen – trotzdem hoffe ich, dass zumindest Konturen eines „Kristallisationspunkts" der Erinnerung erkennbar werden, der nur darauf wartet, auch in heutige Diskurse hinein aktualisiert zu werden.

1. Ausgangspunkt: Die Akten des Paulus und der Thekla

Ob wir bei Thekla tatsächlich eine historische Person greifen können, ist durchaus fraglich.[11] Im Neuen Testament wird sie jedenfalls an keiner Stelle erwähnt.[12] Zum ersten Mal erfahren wir von ihr in den *Akten des Paulus und der Thekla*, einem kurzen Text, der in modernen Übersetzungen von Apokryphen meist als Teil der umfangreicheren alten *Paulusakten* wiedergegeben wird, der aber häufig unabhängig von diesen kursierte und vielleicht auch als unabhängige Schrift entstanden sein mag.[13] Die-

---

[11] Einen (leider nicht mehr ganz aktuellen) Überblick über die Diskussion um die Historizität des in den *Akten des Paulus und der Thekla* Erzählten bietet z.B. Rordorf, Tradition, 381–384.

[12] Wenigstens in Varianten und Illustrationen einiger Handschriften der paulinischen, v.a. der Pastoralbriefe lässt sich allerdings ein Einfluss der *Akten des Paulus und der Thekla* erkennen. Hierzu weiterführend Kraus, Thecla, 127–143.

[13] Einen Überblick über die Überlieferung des Texts in Handschriften bietet Barrier, *Acts of Paul*, 26–30. Einen Eindruck von wenigstens einigen der Manuskripte gewährt zudem Wayment, *Text*, 17–21, sowie die entsprechenden Bilder.

ser in griechischer Sprache verfasste Text dürfte auf die letzten Jahrzehnte des zweiten Jahrhunderts zurückgehen, genauer vielleicht auf die Zeit zwischen 180 und 195 unserer Zeitrechnung.[14] Ihr erster Teil spielt in Ikonium, wo Paulus im Hause des auch aus dem Neuen Testament (2 Tim 1,16; 4,19) bekannten Onesiphoros einkehrt[15] und dort das „Wort Gottes von Askese und Auferstehung" (§ 5) verkündet.[16] Die Predigt des Paulus macht großen Eindruck auf die am Fenster des Nachbarhauses mithörende Thekla, eine Angehörige der Oberschicht von Ikonium. Geradezu verzaubert von den Worten des Paulus, die auch auf andere junge Leute großen Eindruck machen, wendet sich Thekla von ihrem Verlobten Thamyris ab. Angestiftet durch Demas und Hermogenes (vgl. die Namen von Gegnern in 2 Tim 1,15 und 4,10), die üblen Reisebegleiter des Paulus, zeigt Thamyris Paulus beim Statthalter Castellius an. Doch auch als Paulus festgenommen ist, kehrt Thekla nicht mehr zu Thamyris und ihrer Familie zurück, sondern besucht Paulus im Gefängnis, um von ihm belehrt zu werden. Ihre Zuwendung gilt allein Paulus. Auch als Paulus vor dem Statthalter steht, lässt sich Thekla nicht dazu überreden, zu Thamyris zurückzukehren. Da fordert Theoklia, Theklas Mutter, schreiend den Statthalter dazu auf, an Thekla ein Exempel zu statuieren und sie verbrennen zu lassen. So wird Paulus gegeißelt

---

[14] Ich folge hier Bremmer, Apocryphal Acts, 222 (auf der Basis ausführlicherer Argumentation in älteren Beiträgen des Autors).

[15] Zur Figur Onesiphoros in den *APTh* vgl. u.a. Skemp und Christ, *Reclaiming Thecla*, 15–16, und Niederhofer, *Konversion*, 46–48. 135.

[16] Eine ausführlichere Analyse der Passage (mit besonderem Schwerpunkt auf der Rede von der Auferstehung) bietet Zamfir, Asceticism.

und aus der Stadt geworfen, Thekla aber zum Tod in der Arena verurteilt. Als jedoch der Scheiterhaufen entzündet wird, wird dieser durch ein Wetterwunder gelöscht. So gerettet, trifft Thekla wieder auf Paulus und die Familie des Onesiphoros, die sich in eine Grabanlage auf dem Weg von Ikonium nach Daphne zurückgezogen haben. Obwohl Thekla die Festigkeit ihres Glaubens bereits bewiesen hat und sie ihm nun folgen will, verweigert Paulus ihr die Taufe. Damit endet der erste Teil der Erzählung. Der zweite führt Paulus zusammen mit Thekla nach Antiochien[17], wo im Grunde ein ähnliches Problem auftritt. Als ein gewisser Alexander sich auf offener Straße gegenüber Thekla übergriffig erweist, sagt sich Paulus von ihr los, sie aber wehrt sich erfolgreich. Alexander führt sie vor den Statthalter, der sie zum Kampf gegen wilde Tiere verurteilt. Eine reiche Frau namens Tryphäna, im Text auch als „Königin Tryphäna" bezeichnet, setzt sich dafür ein, dass Thekla bis zum Tierkampf bei ihr bleiben darf,[18] denn im Traum hatte ihre verstorbene Tochter Falconilla Tryphäna gebeten, Thekla an ihrer Stelle anzunehmen, damit diese Fürbitte für sie leisten könne. Als Thekla schließlich zum Tierkampf abgeführt wird, fürchtet Tryphäna, dass

---

[17] Unklar bleibt, ob es sich um das pisidische Antiochien oder Antiochia am Orontes handelt. Barrier, *Acts of Paul*, 137 votiert für Antiochien in Pisidien (mit v. a. geographischen Argumenten), verweist aber auf das Gegenargument, dass Alexander als Syrer bezeichnet wird. Interessanterweise aber wendet sich das *Leben der Thekla* § 15 explizit gegen die Deutung, es gehe um das pisidische Antiochien.

[18] Der Name Tryphäna erinnert an eine historische Persönlichkeit, und zwar die Tochter des Königs Polemon I. von Pontus und gleichzeitig die Cousine des Kaisers Claudius, die aber kaum in Antiochien lebte. Hierzu weiterführend Bremmer, Magic, 160 (mit Verweis auf Gutschmid, Königsnamen, 178–179).

nun auch ihre neue „Tochter" getötet werde, und begleitet sie. Obwohl nun eine Vielzahl von Tieren auf sie losgelassen wird, überlebt Thekla auch ihr zweites Martyrium, weil eine Löwin sie gegen alle anderen Tiere verteidigt. Als auch die Löwin tot ist, stürzt sich Thekla in ein Becken von (offenbar als gefährliche Raubtiere verstandenen) Robben und tauft sich damit selbst. Auch andere Versuche, wilde Tiere auf Thekla loszulassen, um sie zu töten, scheitern. Als Tryphäna bei diesem Schauspiel in Ohnmacht fällt und für tot gehalten wird, bittet selbst Alexander den Statthalter, das Spektakel zu beenden. Immerhin sei Tryphäna eine Verwandte des Kaisers. Als Thekla daraufhin freigelassen wird, loben die anwesenden Frauen den einen Gott, der Thekla gerettet hat. Thekla bleibt zunächst bei Tryphäna und unterrichtet diese und ihre Dienerinnen im Gotteswort. Wenig später trifft sie in Myra wieder auf Paulus, der sie nun beauftragt, das Wort Gottes zu lehren. Thekla zieht von dort zurück nach Ikonium, wo Thamyris inzwischen verstorben ist, aber ihre Mutter noch lebt. Nach einem Leben, in dem sie viele im Wort Gottes belehrt hat, stirbt Thekla schließlich friedlich in Seleukia.[19]

Die griechischen *Akten des Paulus und der Thekla* sind zwar die bekannteste, aber bei weitem nicht die einzige Quelle, die sich für Thekla interessiert. Bereits die verschiedenen Übersetzungen der *Akten* bieten die eben knapp zusammengefasste Erzählung mit z. T. deutlichen Variationen. Besonders einflussreich war zudem die in der zweiten Hälfte des 5. Jahrhunderts, genauer wohl zwi-

---

[19] Vor allem dieser letzte Satz bedeutet natürlich eine dramatische Vereinfachung der Textüberlieferung, die besonders beim Tode Theklas höchst flexibel ist. Einen Überblick hierzu bieten Kaestli und Rordorf, Fin de la vie.

schen den Jahren 460 und 475, in (oder um) Seleukia entstandene, bereits erwähnte Doppelschrift *Über Leben und Wunder der hl. Thekla*, die in ihrem ersten Teil eine deutlich erweiterte Fassung der *Akten*, im zweiten Teil jedoch Erzählungen über die Wunderwirksamkeit Theklas *nach ihrem Tode* vor allem in Seleukia bietet.[20] Damit aber ist noch bei Weitem nicht alles gesagt: Nicht nur in Seleukia, sondern über große Teile des Mittelmeerraums in Spanien, Kleinasien, Armenien und selbst Ägypten verbreitete sich – sicher nicht gleichmäßig, sondern mit regionalen und lokalen Schwerpunkten – der Kult der Thekla.[21] „Thekla" spielt auch darüber hinaus als erinnerte Figur in verschiedenen antiken und (wenigstens z.T.) mittelalterlichen Diskursen eine wichtige Rolle. Während entscheidende Aspekte des Kults um Thekla und ihre Reliquien in den vergangenen Jahren bereits aufgearbeitet wurden, ist der sicherlich damit zusammenhängende, letztere Aspekt der Thekla-Rezeption deutlich weniger bekannt. Als Fragment einer christlichen Symbolgeschichte aber erscheint er mir besonders spannend zu sein. Da ich bereits kurz Aspekte der Rezeption der Thekla-Figur im Zusammenhang mit Diskursen um die Überwindung der alten Gottheiten (besonders im Zusammenhang mit den *Wundern der Thekla*) dargestellt habe, seien im Folgenden andere Felder der Thekla-Rezeption dargestellt, anhand derer sich zeigen lässt, in welchen Kontexten sie zur Symbolfigur, zu einem Kristallisationspunkt christlicher Erinnerung, wurde.

---

[20] Argumente zur historischen Einordnung bietet Kollmann, *Pseudo-Basilius von Seleukia*, 73–74.

[21] Besonders wichtig hierzu Davis, *Cult of Thecla* sowie Barrier et al. (Hg.), *Thecla: Paul's Disciple.*

Um das kaum zu übersehende Material ordnen zu können, muss ich jedoch eine Vorentscheidung treffen. Als Basis meiner Darstellung dient im Folgenden das eben erwähnte *Leben der hl. Thekla.* Dieses erzählt zwar mehr oder minder die gleichen Ereignisse wie die *Akten.* Dies jedoch geschieht in einer stark redigierten, deutlich erweiterten und auch sprachlich angepassten Form. So gibt der Verfasser des Texts bereits in seinem Vorwort zu, besonders bei den Reden eingegriffen zu haben:

Indem wir im Rahmen des Möglichen auch Reden hinzuwebten, haben wir ihr, wie ich glaube, eine zusätzliche altertümliche Schönheit verliehen und dabei zugleich die jeder Person eigentümliche, für sie passende Redeweise gewählt.[22]

Es ist nicht möglich, *alle* Redaktionstendenzen, die das *Leben der hl. Thekla* gegenüber den *Akten* aufweist, hier im Detail aufzulisten und zu diskutieren. Ich konzentriere mich deswegen auf einige, die mir für das vorliegende Thema besonders wichtig zu sein scheinen, und versuche zu zeigen, wie sich diese in breitere Tendenzen der Thekla-Rezeption einordnen lassen. Bei einer solchen Durchsicht entstehen wenigstens Konturen von Thekla-Bildern, an denen erkennbar wird, in welchen Kontexten Thekla zum Kristallisationspunkt von z.T. durchaus kontroversen Erinnerungen wurde.

[22] Alle Übersetzungen dieses Texts folgen oder sind adaptiert von Kollmann und Schröder. Zitate des griechischen Texts folgen ebenfalls dieser Ausgabe, welche wiederum auf die Ausgabe von Dagron zurückgeht. Um der einfacheren Nachprüfbarkeit willen biete ich die Seiten- und Zeilenzahlen der Ausgabe Schröders (jeweils für griechischen und deutschen Text).

2. Kristallisationspunkte der Erinnerung: Leben und Wunder der hl. Thekla

Bereits in der Vorrede des *Lebens der hl. Thekla* wird Thekla in gegenüber den *Akten* aufschlusserregend neuartiger Weise charakterisiert. Im weiteren Verlauf des Texts bieten sich weitere interessante Elemente, von denen ausgehend sich ebenfalls Entwicklungen im Thekla-Bild beobachten lassen.

2.1 Thekla als Symbol für Jungfräulichkeit

Besonders wichtig erscheint die Bezeichnung der Thekla als „Jungfrau" (παρθένος), welche Dutzende von Malen im Text des *Lebens* begegnet. Das Wort „Jungfrau" (ähnlich wie „Märtyrerin") wird so sehr zum Attribut Theklas, dass in vielen Passagen nicht einmal mehr ihr Name genannt werden muss, sondern einfach von „der Jungfrau" gesprochen wird. Damit verbindet sich eine Vielzahl von Stellen, an denen von Theklas „Jungfräulichkeit" die Rede ist. Für das *Leben der hl. Thekla* verknüpft sich das Ideal der Jungfräulichkeit (und Unbeflecktheit) Theklas zunächst mit einer Vorstellung der „Heilsgeschichte",[23] in der die Rettung der Menschheit mit Hilfe einer Jungfrau – in diesem Falle Mariens – ermöglicht wurde. Dies wird bereits in § 1 (S. 80/81, Z. 5–6)[24] deutlich gemacht. Ähnlich

---

[23] Mir ist bewusst, dass dies ein Terminus unserer Zeit ist.

[24] Im Folgenden zitiere ich den Text immer zur leichteren Nachprüfbarkeit mit Hinweisen auf den jeweiligen Paragraphen sowie zudem Hinweisen auf die Seitenangaben in der bereits erwähnten von Burgard Schröder verantworteten Ausgabe der FC 93. Wo ich zwei nacheinander folgende Seiten angebe, liegt dies daran, dass ich mich auf das griechische Original und die deutsche Übersetzung beziehe, die ich von Schröder übernehme oder leicht adaptiere.

wie der Prolog des Johannesevangeliums setzt das *Leben der hl. Thekla* bereits vor Beginn der Schöpfung ein,[25] betont jedoch bei der Inkarnation die dauerhafte Jungfräulichkeit Mariens, aus der das Wort Gottes hervorgegangen sei. Vergleichbares bietet der Text in einer Rede des Paulus vor dem Prokonsul in Ikonium (§ 7):

> [E]r, der aus Gott ist, der Gott ist und immerdar beim Vater ist, erschien auch im Fleisch, gezeugt nach dem allgemeinen Gesetz der menschlichen Natur, jedoch aus einer Jungfrau, einer Frau, die nicht die Ehe erfahren hat. (S. 108/109, Z. 5–7)

Inkarnation des Logos und Jungfräulichkeit sowie Ehelosigkeit der Frau, durch die er geboren wird, hängen für diesen Text eng zusammen. Gleichzeitig wird die Jungfräulichkeit Mariens zur Basis dessen, was auch (zumindest in der Tradition der *Akten des Paulus und der Thekla*) entscheidender Inhalt der paulinischen Predigt ist – die Rettung des Menschen durch (v. a.) sexuelle Enthaltsamkeit.[26] Wie sehr wiederum die Entscheidung Theklas, Jungfrau zu bleiben und damit aus den Konventionen ihrer Lebenswelt auszubrechen, als ein Problem verstanden wird, an dem traditionelle Gesellschaftsstrukturen zu zerbrechen drohen, wird zwar bereits in den *Akten* ange-

---

[25] Die Passage ist voller Anspielungen auf Texte des Johannesprologs wie Joh 1,14.

[26] § 7 (S. 109): „Denn er, der aus Gott ist, der Gott ist und immerdar beim Vater ist, erschien auch im Fleisch, gezeugt nach dem allgemeinen Gesetz der menschlichen Natur, jedoch aus einer Jungfrau, einer Frau, die nicht die Ehe erfahren hat, um selbst das eigene Geschöpf, das eigene Werk zu erretten und um uns von den Dämonen, die uns unablässig beherrschen, zu befreien und um uns, zusätzlich zu diesem, Ehrbarkeit und Sittsamkeit zu lehren und um uns guten Rat zu erteilen über Keuschheit, Jungfräulichkeit und heilige Enthaltsamkeit …“.

deutet,[27] im *Leben* aber aus verschiedenen Perspektiven in z. T. ausführlichen Reden thematisiert. Dabei scheint es einerseits tatsächlich um eine Idee des Weiterlebens einer Person in ihren Kindern und Kindeskindern – und damit eine Art von „Auferstehung" – zu gehen. Dies betont z. B. der Prokonsul Kestillios in seiner Rede an Thekla (§ 11), wenn er sagt:

> Es ist die Ehe, die ein Gegengewicht zu der natürlichen Wirkung des Todes darstellt, indem sie an die Stelle derer, die von ihm weggeführt werden, die nachfolgenden Generationen treten lässt, so dass unser Geschlecht beinahe unsterblich ist, da die nachrückenden Menschen stets das Dasein, die Stellung und die Funktion der zuvor Verstorbenen einnehmen. (S. 124/125, Z. 12–16)

Andererseits aber geht es in einer Gesellschaft, in der nicht jede Person einfach eine Ehe eingehen kann, auch darum, bestimmte Privilegien zu wahren und sich damit von Versklavten, Dienerinnen oder Huren zu distanzieren. Diese zweite Dimension kommt vor allem im Denken Theoklias, der Mutter Theklas, zum Tragen, für die Theklas Verhalten eine Schande darstellt.[28] Anstelle der „ruhmvollen, von den Vorfahren ererbten Ehe" habe Thekla „das Leben einer Hure, einer gemeinen Dienstmagd vorgezogen" (S. 128/129, Z. 14–15).[29] Theklas Verhalten bietet somit einen gesellschaftlichen Sprengstoff, welcher vor allem dann zum Problem wird, wenn es eine zuneh-

---

[27] Hierzu z. B. die Überlegungen von Niederhofer, *Konversion*, über die im Text kontrastierten Welten (S. 230–232).

[28] Dass bereits die *Akten des Paulus und der Thekla* einem Honor-and-Shame-Denken verhaftet sind, zeigen auch Skemp und Christ, *Reclaiming Thecla*, 16–17.

[29] Eigenartig, damit aber wohl zusammenhängend ist auch der Vorwurf aus § 6, Paulus erhebe „unter Vorspiegelung der Jungfräulichkeit die Unzucht zum Gesetz" (S. 98/99, Z. 26–27).

mende Zahl von Nachahmerinnen ihres Lebensstils gibt, wie der Text ja selbst andeutet. Zwar tilgt das *Leben* recht konsequent Aussagen der *Akten*, die darauf hinweisen, dass die Predigt des Paulus vor allem bei jungen Leuten Anklang findet (z.B. *APTh* § 7.9.11.12.22),[30] dennoch deutet der Text immer wieder an, dass Thekla kein Einzelfall bleiben wird. Geradezu programmatisch zeigt sich dies gegen Ende der Rede, die Paulus hält, nachdem Thekla ihr erstes Martyrium überlebt hat:

> Da es dir [Herr; TN] wohlgefiel, ist auch diese Ähre der Jungfräulichkeit (ὁ τῆς παρθενίας οὗτος στάχυς) emporgesprossen, die uns gewiss die Frucht zahlloser Jungfrauen (παρθένων καρποφορήσει μυριάδας) bringen wird. Denn reich an Ertrag (wird) auch dieses Weizenkorn (sein), rein und deiner Scheune wert. (vgl. Mt 13,30; Text und deutsche Übersetzung S. 136/137, Z. 11–14)

Damit aber schafft die Fokussierung auf Thekla als einer ihr Leben lang unverheiratet bleibenden, sexuell enthaltsam lebenden Frau tatsächlich Räume für Rollen, die Thekla als Frau, aber auch anderen Frauen sonst nicht offen stünden. Sie lädt geradezu zur Nachahmung durch andere Frauen ein.

Wenn das *Leben der Heiligen Thekla* somit Erinnerung an die „Jungfrau" Thekla weitergibt, gleichzeitig aber auch prägen möchte, steht es damit keineswegs isoliert. Die Verbindung „Thekla" und „Jungfrau" existiert auch in anderen, z.T. älteren Schriften, so zunächst einmal in den *Akten des Paulus und der Thekla*, wo Thekla als „eine gewisse Jungfrau" (§ 7: τις παρθένος) eingeführt und mehrfach (z.B. §§ 8.9) als solche bezeichnet wird. Doch auch in

[30] Zu diesem Phänomen siehe auch die entsprechenden Beobachtungen in Kapitel 3.

anderen Schriften wird Thekla zum Symbol von Jungfräulichkeit: Das vielleicht älteste bis heute überlieferte Beispiel bietet das wohl an der Wende des dritten zum vierten Jahrhundert (und damit deutlich vor dem *Leben*) entstandene *Symposion* des Methodios von Olympos (gest. wohl 311 oder 312) – es ist kaum ein Zufall, dass dieser Ort in Lykien (und damit nicht zu weit entfernt von Ikonium) liegt[31] –, ein Text, in dem, jeweils aufgefordert durch dic personifizierte Arete, insgesamt zehn Jungfrauen zu Wort kommen.[32] Die einzige, die auch anderweitig namentlich bekannt ist, ist Thekla, der die achte Rede über die Jungfräulichkeit zugeschrieben wird. Dass es sich um die Thekla handelt, die wir auch aus den *Akten* kennen, wird schon in der Einleitung der Rede erkennbar, wo sie als Schülerin des Paulus vorgestellt wird. Die Bedeutung Theklas im Vergleich zu allen anderen kommt nicht nur darin zum Ausdruck, dass ihre Rede die längste ist. Am Ende der Reden wird ihr von Arete ein Siegeskranz verliehen (§ 11) und sie aufgefordert, einen „Psalm" auf die Jungfräulichkeit vorzusingen, in dem auch Elemente begegnen, die an die Thekla der *Akten* erinnern – so etwa die Motive von Feuer und wilden Tieren (Strophe 4)[33] oder von der Zurückweisung von Mutter und Familie (Strophe 5).[34] All dies setzt entscheidende Elemente der *Akten* voraus, ohne diese explizit zu erwähnen: Offensichtlich kann Methodios davon ausgehen, dass sich die Figur „Thekla" und das Motiv der „Jungfräulichkeit" zusammen mit anderen Aspekten ihrer Darstellung in den *Akten* im kollektiven Gedächtnis des von ihm angezielten Publikums be-

[31] So auch Moreschini, Cult of Thecla, 1.
[32] Edition: Musurillo und Debidour: SC 95.
[33] SC 95, S. 312, Z. 21–22.
[34] SC 95, S. 312, Z. 27.

reits verbunden hatten.[35] Doch auch andere Schriften bieten Zeugnisse dafür, dass Thekla spätestens ab dem vierten Jahrhundert an vielen Orten als beispielhafte Jungfrau angesehen werden konnte. In seiner Übersicht über Rezeptionen der Thekla-Figur in Schriften des christlichen Ostens erwähnt Sever J. Voicu[36] das in den 370er Jahren entstandene *Panarion* (*pan.* 78,16,7) des Epiphanius von Salamis (ca. 315 – 403). Die relevante Passage begegnet in dem Buch gegen die sogenannten Antidicomarianer, die angeblich die Jungfräulichkeit Mariens nach der Geburt Jesu, also ihre Jungfräulichkeit *post partum*, leugneten. In diesem Kontext wird Thekla (nach dem Beispiel der Töchter des Evangelisten [!] Philippus aus Apg 21,9) als Frau bezeichnet, die nach der Begegnung mit Paulus ihre Ehe auflöste, obwohl sie bereits mit einem prominenten Mann ihrer Stadt verlobt war. Sie habe irdische Güter um der himmlischen willen abgelehnt.[37] Unter den ältesten Zeugnissen für die Verbindung von „Thekla" und „Jungfräulichkeit" zu erwähnen ist aber auch der heute nur in koptischer Sprache erhaltene, in seinem griechischen Original wohl auf das Ende des 3. Jahrhunderts zurückgehende *Manichäische Psalter*.[38] Die Zahl weiterer literarischen Zeugnisse vor allem aus dem griechischen Osten, in denen die Jungfräulichkeit Theklas zum Thema wird, ist schwer überschaubar. Sie dient in der einst fälschlicherweise Basilius von Caesarea zugeschriebenen Homi-

[35] Vgl. auch Kollmann, Einleitung, 22.

[36] Voicu, Thecla in the Christian East, 49.

[37] Eine englische Übersetzung der Passage bietet zudem Williams, *Panarion*, 629. Weiterführend zudem Karmann, Er erkannte sie nicht, 120–127.

[38] Hierzu auch Voicu, Thecla in the Christian East, 50. Stelle bei Allberry, *Manichaean*, 140.

lie *De virginitate* (4. Jh.) als Vorbild im Rahmen einer Ermutigung für junge Männer und Frauen, auch gegen den Widerstand ihrer Eltern am Ideal der Jungfräulichkeit festzuhalten (*virg.* 8,100–102).[39] Was sich hier andeutet, wird noch einmal deutlicher in einem gleichnamigen, in armenischer Sprache erhaltenen Traktat, welcher (fälschlicherweise?) Athanasius von Alexandrien (295–373) zugeschrieben wird (*virg.* 213–215).[40] Dieser richtet sich offenbar an teilweise in ihren eigenen Häusern, teilweise in kleinen Gruppen lebende Asketinnen, die sich am Ideal der Thekla orientierten.[41] Immer wieder spielt Thekla zudem eine Rolle in den Schriften der großen Kappadokier: Gregor von Nyssa (ca. 335/340 – 394) etwa erwähnt sie in seiner 14. Homilie zum Hohenlied als Jungfrau, für die die Welt gestorben war und die deswegen Wohnung für den Logos sein konnte.[42] Gregor von Nazianz (329–390) entwickelte eine besondere Beziehung zur Asketin Thekla, weil er sich, um einem ihm aufgezwungenen Bischofsamt in Sasima zu fliehen, einst selbst um das Jahr 376 für mehrere Jahre nach Seleukia ans Heiligtum der Thekla zurückgezogen hatte.[43] Von nun an erwähnt er sie in seinen Werken immer wieder.

---

[39] Text (mit Einleitung): Amand und Moons, Une curieuse homélie, 60–61.

[40] Zur Diskussion der Authentizität siehe Brakke, Authenticity, 27–30, der sich für die Authentizität ausspricht. Vgl. aber die Diskussion bei Voicu, Thecla in the Christian East, 53 und Anm. 27.

[41] Weiterführend Davis, *The Cult of St Thecla*, 87–94. Ähnliches findet sich auch in dem an eine Gruppe von Nonnen in Alexandrien gerichteten *Ep.* 87 des Isidor von Pelusium (ca. 360 bis Mitte 5. Jh.) (PG 85,244A), erwähnt bei Voicu, Thecla in the Christian East, 60.

[42] Passage zitiert bei Albrecht, *Leben*, 240.

[43] Hierzu Gregor von Nazianz, *De vita sua* 2,1,11, 547–549; Erwähnt auch bei Voicu, Thecla in the Christian East, 51.

Besonders spannend schließlich sind Lebensbeschreibungen von Frauen, die, dem Vorbild der Thekla folgend, die Ehe oder (nach dem Tode ihres ersten Mannes) eine zweite Ehe zurückwiesen, um von nun an ein asketisches Leben zu führen: So erhält, wenn wir dem um das Jahr 380 verfassten *Leben der Makrina* des eben erwähnten Gregor von Nyssa folgen, Makrina die Jüngere (gest. 379), die Schwester des Autors wie des Basilius von Caesarea (ca. 330–379), schon bei ihrer Geburt als geheimen zweiten Namen den „jener Thekla, die so berühmt ist unter den Jungfrauen" (*Vita Macrinae* § 2).[44] Ihr Leben als „geweihte Jungfrau" wiederum wird in Anlehnung an Ideale beschrieben, die auch für Thekla Verwendung finden. Ähnliches lässt sich im *Leben der Olympias* beobachten, einer anonymen Schrift des 5. Jahrhunderts.[45] Die wohl in den 60er Jahren des 4. Jahrhunderts geborene Olympias entstammte der mit der Gründung Konstantinopels etablierten neuen Elite der Stadt. Als im Jahre 386 kurz nach der Eheschließung ihr Mann Nebridius, der Stadtpräfekt Konstantinopels, starb, widersetzte sie sich selbst dem Druck des Kaisers, Theodosios I., eine weitere Ehe einzugehen. Stattdessen gründete sie eine Frauengemeinschaft im Zentrum Konstantinopels, was ihr nicht nur erlaubte, einen asketischen Lebensstil zu führen und (bereits im

---

[44] Textausgabe: Maraval, SC 178, 146 (siehe insgesamt den längeren Abschnitt 144–149). Weiterführend auch Moreschini, Thecla in Cappadocia, 14–16, und Voicu, Thecla in the Christian East, 51. Interessanterweise erwähnt Rufinus (ca. 345–411/12) in seiner *Apologie* (*apol.* 2,29) eine Römerin Melania, die sich auf Pilgerfahrt nach Jerusalem begeben haben und der wegen ihrer Tugend der Name Thekla verliehen worden sein soll.

[45] Edition: Maligney, SC 13 bis. Ausführlicher zum Folgenden vgl. Nicklas, ‚Apocryphal' Role Model.

Alter von 30 Jahren) Diakonin zu werden, sondern auch mit einigen der führenden Theologen ihrer Zeit wie Gregor von Nyssa, Nektarios von Konstantinopel und vor allem Johannes Chrysostomus in lebhaften Austausch zu treten. Von ihrem Briefwechsel mit Letzterem sind leider nur die Texte des Johannes Chrysostomus überliefert.[46] Es ist (neben anderen) das Vorbild der Jungfrau Thekla, dem das *Leben der Olympias* in vielerlei Hinsicht so sehr nachempfunden ist, dass auch Olympias als Jungfrau bezeichnet werden kann (§ 2), obwohl sie es als bereits einmal Verheiratete sicherlich nicht mehr war. Nicht nur ihr Verhältnis zu Johannes Chrysostomus wird in wichtigen Aspekten der Beziehung zwischen Paulus und Thekla vergleichbar beschrieben. Besonders interessant: Dem Text ist klar, dass das Lebensbild der Olympias eigentlich paulinischen Idealen widerspricht. So würde man erwarten (*Leben der Olympias* § 3), dass Olympias dem Gebot des Paulus aus 1 Tim 5,14 hätte folgen[47] und als junge Witwe erneut heiraten müssen. Doch gelte für sie eher 1 Tim 1,9, wo es heißt, dass das Gesetz nicht für den Gerechten bestimmt sei, sondern für Gesetzlose und Ungehorsame. Deswegen sei in einem Fall wie ihrem eine Ausnahme von der paulinischen Regel zu vertreten. Dies sind nicht die einzigen Beispiele, in denen das Vorbild der Jungfrau Thekla anderen Frauen – allerdings wohl nur aus oberen

[46] Siehe SC 13 bis. Vgl. zudem auch das Olympias gewidmete Gedicht des Gregor von Nyssa, wo Gregor behauptet, er habe gemeinsam mit Thekla Anteil an der Bekehrung von Olympias' Mutter Theodosia (PG 38). Weiterführend hierzu Moreschini, Thecla in Cappadocia, 8–9.

[47] Ich halte 1 Tim für einen mit größter Wahrscheinlichkeit pseudepigraphischen Text; für das antike *Leben der Olympias* ist eine solche Perspektive natürlich nicht vorauszusetzen.

und obersten Schichten – einen alternativen Lebensstil als Unverheiratete ermöglichte. Ein solches Leben war allerdings immer in enger Beziehung mit und Begleitung durch einen bedeutenden christlichen Lehrer zu führen. Im Falle der Olympias kann Johannes Chrysostomus als ein solcher Lehrer stilisiert werden. Noch näher am Vorbild des Verhältnisses von Paulus und Thekla orientiert ist das *Leben der Eusebia Xenē*, in dem der Begleiter der Eusebia (und ihrer Gefährtinnen) auch Paulus heißt, ja erst auf den zweiten Blick erkennbar wird, dass es sich dabei nicht um den Paulus des Neuen Testaments handelt. Stattdessen wird Bischof Paulus von Mylasa zum Mentor der in Männerkleidung von Rom auf die Insel Kos geflohenen Eusebia und ihrer beiden Sklavinnen.[48] Auch in Armenien finden sich Beispiele der Thekla-Rezeption in der Beschreibung anderer Frauen-Figuren: Besonders überzeugend lässt sich dies (mit Valentina Calzolari) am Beispiel der Jungfrau und Märtyrerin Hripsime zeigen.[49] Auch Hripsime gehört der obersten Schicht an, ja steht in enger verwandtschaftlicher Verbindung mit dem römischen Kaiserhaus. Auf der Flucht vor Kaiser Diokletian gelangt sie mit weiteren Jungfrauen nach Armenien, wo sie, um sich dem Ansinnen des dortigen Königs Trdat III. zu entziehen, sie zu heiraten, das Martyrium durch Enthauptung auf sich nimmt. In der Logik der Geschichte Arme-

[48] Edition: T. Nissen, Vita Sanctae Eusebiae seu Xenae, in *AnBoll* 56 (1938) (siehe auch PG 114, 981–1000). Lateinische Übersetzung in *AASS* 3.212–216. – Venantius Fortunatus (ca. 540–600/610) wiederum erwähnt in seinem *Carmen* 8,1,46, dass die Hl. Radegund, der er auch eine Lebensbeschreibung widmete, nach dem Vorbild Theklas lebte. Hierzu Tommasi Moreschini, Thecla in the Latin Sources, 92. Weitere Beispiele bei Staat, 'Useful' Models.

[49] Vgl. Calzolari, Legend, 86–89 sowie dies., Martyrdom.

niens des Agathangelos (zweite Hälfte 5. Jh.), in der die Hripsime-Erzählung voller Anspielungen auf die *Akten des Paulus und der Thekla* erzählt wird, ist es die Standhaftigkeit der Jungfrau(en), die letztendlich zur Umkehr (und damit der Rettung) des armenischen Volkes führt.

Im Westen schließlich ist zunächst vor allem an die Stimme von Ambrosius von Mailand (339–397) zu erinnern, in dessen Traktat *De virginitate* ausführlich über Thekla referiert wird. Er spricht von der Würde der Jungfräulichkeit Theklas (*virg.* 3,19), die sogar die Natur der Raubtiere verwandelt habe.[50] In seinem Traktat *Contra Faustum* 30,4 wiederum zitiert Augustinus (354–430) seinen Gegner, den Manichäer Faustus, welcher mit Hilfe des Beispiels „Thekla" seine Ideen zu strenger Askese zu verteidigen sucht.[51] Als Beispiel vollkommener Enthaltsamkeit erwähnt sie der ansonsten unbekannte Apponius in seiner Auslegung des Hohenliedes (*In Cant.Canticor. Expos.* 6,344), während Aldhelm von Malmesbury (639–709) sie in seiner *Prosa de virginitate* 46 als ideale Jungfrau der hl. Eulalia an die Seite stellt.[52] Damit ist keineswegs eine vollständige Übersicht über vergleichbare Belege gegeben. Doch es wird klar: Ab dem vierten Jahrhundert unserer Zeitrechnung sind die Jungfrau Thekla sowie wichtige Aspekte der Thekla-Erzählung im griechischen Osten und (etwas weniger verbreitet) im lateinischen Westen so bekannt, dass unterschiedliche Autoren auf sie verweisen können, ohne sie näher einführen zu müssen. Ihre

---

[50] Text Dückers, FC 81, 232, Z. 9–10: *naturam etiam bestiarum virginitatis veneratione mutavit.* Übersetzung 233.

[51] Weiterführend hierzu Tommasi Moreschini, Thecla in Latin Sources, 81 und 93–96.

[52] Ausführlicher Tommasi Moreschini, Thecla in Latin Sources, 102–104.

Jungfräulichkeit wird zu einem Ideal, dem (nicht nur) Frauen nachfolgen können. Wie wenig wir heute trotz dieser Fülle an Material über die emotionale Dimension des Symbols „Jungfrau Thekla“ sagen können, zeigt sich schon daran, dass bis jetzt nur die Stimmen von Männern – zudem allesamt einer gebildeten Oberschicht – zu Wort kommen konnten. Nur in einem Text ist uns die wohl authentische Stimme einer Frau überliefert, die die *Akten der Thekla* liest: Es handelt sich um die Pilgerin Aetheria/Egeria, die, um das Grabmal der Thekla zu besuchen, extra einen Umweg auf sich nimmt (*Itin.* 22–23). Zwar erwähnt sie eine dort lebende Diakonin Marthana, welche dorthin „um des Gebetes willen gekommen war“ und dort die Wohnstätten von Einsiedlern und Jungfrauen leitete,[53] die sich selbst sicherlich vom Vorbild der Thekla her definierten. Deutlich wird ihre Verehrung der hl. Thekla, offen aber bleibt, inwiefern das Modell Thekla Einfluss auf ihr eigenes Leben gehabt haben mag.

Das Motiv der Jungfräulichkeit wiederum steht in den Texten, die uns bisher begegneten, häufig nicht einfach isoliert. Vielmehr hat es mit der Überwindung von in dieser Welt vorgegebenen Strukturen zu tun und damit mit Widerständen, die zu überwinden sind. Jungfräulich zu sein bedeutet nicht nur rein zu sein, sondern einer Elite für Christus anzugehören, die um dieses Ideals willen einiges auf sich genommen hat. Damit aber ist die Verbindung zum zweiten Attribut der Thekla hergestellt.

---

[53] Text und Übersetzung *Aetheria/Egeria*, 164–165. Ob Aetheria/Egeria eine Nonne gewesen ist, muss wenigstens aufgrund ihres Textes selbst offenbleiben; erst der spätere *Brief zum Lob der seligsten Aetheria* des Valerius bezeichnet sie als solche. Zu letzterem Text einführend a. a. O., 11–12.

2.2 *Thekla als „Proto-Märtyrerin“*

Das zweite, im *Leben der hl. Thekla* überaus häufig auftretende Attribut Theklas ist das der Märtyrerin; das *Leben* bezeichnet Thekla mehrfach sowohl im Vorwort (z.B. 76, Z. 11 und 21: „große Märtyrerin“) als auch im Abschlusskapitel als solche; im Text selbst begegnet das Attribut seltener als das Wort „Jungfrau“, doch aber mehr als zwanzig Mal. Dies ist umso erstaunlicher, als es in den griechischen *Akten des Paulus und der Thekla* kein einziges Mal vorkommt.[54] Ihre besondere Rolle im Vergleich zu allen anderen christlichen Glaubenszeuginnen wiederum kommt explizit in § 1 zum Ausdruck, wo die eigentliche Darstellung ihres Lebens durch die folgenden Worte eingeleitet wird:

> Nach der Auffahrt Christi in den Himmel sprossen aber die Scharen der Märtyrer hervor und sprudelten zahlreich, ja unzählbar wie Regentropfen. Zu dieser Zeit trat auch Thekla auf, nicht nach vielen Märtyrern und Märtyrerinnen, sondern an zweiter Stelle, gleich nach den Aposteln und dem Märtyrer Stephanus, den das Wort der Wahrheit als den ersten kennt, als erste aber von allen Frauen, so dass Stephanus an der Spitze der Männer steht, die für Christus und um Christi willen gekämpft haben, Thekla aber den Frauen vorangeht, wobei sie sich in gleichartigen Kämpfen bewährt hat. (S. 80/81, Z. 10–18)

Thekla ist für unseren Text unzweifelhaft Märtyrerin, obwohl sie beide Martyrien auf wunderbare Weise überlebt. Entscheidend ist dafür nicht nur ihr Glaubenszeugnis *an sich*, sondern offenbar auch die Idee, dass sie mit ihrer unerschütterlichen Haltung *als Frau* in der Lage ist, selbst den Teufel zu bezwingen. Dies zeigt sich besonders in der Rede des Paulus, als Thekla ihn im Gefängnis in Ikonium

---

[54] Vgl. aber die Verwendung des Verbs διαμαρτύρομαι in § 44.

besucht (§ 9). Überall in der Welt sei der „Tyrann" (S. 114, Z. 20: τὸν τύραννον) am Werk, das heißt, der Teufel, der mit seinen Versuchungen nur durch „männliches" Denken (§ 9, 114, Z. 18–19) und Verhalten zu bezwingen sei: „Mögest du keine weiblichen, unmännlichen Gedanken mehr haben!", ermahnt sie Paulus. Der Tyrann führe geradezu Krieg mit den Glaubenden[55] und könne nur durch deren Festigkeit zur Flucht gezwungen werden:

Wenn er [der Teufel] ... sieht, dass der getreue Streiter Christi ... bis zu Tod und Blutvergießen Widerstand leistet, dann ermattet er sogleich, weicht zurück, erstarrt, sinkt in sich zusammen, läuft davon und streckt zum Eingeständnis seiner Niederlage beide Hände in die Höhe. Denn ein Märtyrer flößt, sowohl lebend als auch im Tod vollendet, jenem gleichermaßen Furcht ein. So beschaffen und solchermaßen gerüstet ist der, gegen den auch du, meine Tochter, kämpfen wirst. (§ 9; S. 118/119, Z. 2–8)

Als Märtyrerin, die große Kämpfe zu bestreiten hat (vgl. z. B. § 16, 146, Z. 2–3), deren Furchtlosigkeit, Festigkeit und Mut, ja deren Kühnheit immer wieder betont wird, wird Thekla als Soldatin und gleichzeitig als eine Königin beschrieben, die im Kampf für Christus gegen die Mächte des Bösen „über jede Kriegslist ... siegen und ... in allen Lagen den Tyrannen bezwingen" (§ 9, S. 118/119, Z. 11–12) wird.[56] Gleichzeitig verbindet sich mit ihrem Angedenken

[55] Siehe § 9: „Mögest du dich auch nicht mehr, da du dich dem König der Himmel hingegeben hast, vor dem Tyrannen fürchten, auch wenn er aus den höchsten Höhen eine Versuchung gegen dich anstürmen lässt, auch wenn er von irgendwoher aus den Wolken gegen dich zu Felde zieht, auch wenn er alle Kriegsgeräte, Geschosse, und Jagdwaffen der Gottlosigkeit gegen dich in Bewegung setzt" (S. 114/115, Z. 19–23).

[56] Der mit dem Motiv der Soldatin verwandte Gedanke, dass Thekla als Beschützerin selbst der Armeen Roms angefleht werden

als Märtyrerin das Motiv, dass ihr Gebet auch in aussichtslosester Situation von Gott erhört wird.

Als diejenige, die im Feuer bzw. durch das Feuer beschützt wurde und der selbst Löwen und Löwinnen nichts anzutun vermögen, verbindet sich ihr Angedenken im kollektiven Gedächtnis antiker christlicher Gruppen gerne mit Motiven des Danielbuches. Das *Leben Theklas* bringt dies mehrfach explizit zum Ausdruck, zunächst in § 12[57] und dann besonders ausführlich in § 19, nach der Szene, in der eine Löwin Thekla gegen alle anderen wilden Tiere verteidigt, bis auch sie zu Tode kommt. Gott selbst habe die Natur des Raubtiers so beeinflusst, dass es „in der Begegnung mit der Heiligen lenkbar und fügsam" geworden sei (S. 158/159, Z. 23–24):

> Etwas von dieser Art hatte sich auch bei dem Feuer in Ikonium ereignet und, wenn man so will, ebenso bei den drei Jünglingen in Babylon. Denn auch jenes Feuer war ein wirklich glühend heißes Feuer, das alles verzehrt, das vernichtet – das ist ja die Natur des Feuers –, aber es hatte von Gott die Weisung erhalten, bei jenen Jünglingen und bei dieser Jungfrau die Wirkung des Taus und des erfrischenden Lufthauchs zu entfalten. Auch soll Daniel, jener junge Hebräer, von dem es heißt, dass er einst zusammen mit Löwen eingeschlossen gewesen sei, heil und unversehrt von jenen Löwen losgekommen sein (vgl. Dan 6,2–29), wobei nicht das Naturell der wilden Tiere auf dieses Ergebnis gerichtet war, sondern die Macht Gottes dies zustande gebracht hatte. (§ 19; S. 158/159–160/161, 158, Z. 25–160, Z. 7).

---

kann, wird bei Claudian, *Carm. min.* 51, karikiert. Hierzu auch Tommasi Moreschini, Thecla in the Latin Sources, 84–85 und 98–99.

[57] Übersetzung: „Man berichtet, dass einst in Babylon, der großen Stadt im Lande der Meder, auch Kinder der Hebräer, drei an der Zahl, ein solches menschenfreundliches Feuer erlebt haben, indem Gott damals auch jenem Feuer die Kraft nahm" (S. 131–133). Der Text bezieht sich damit auf Dan 3,1–28, die Erzählung von den Jünglingen im Feuerofen.

Die eben genannten, im *Leben der hl. Thekla* zu findenden Motivverbindungen sind keineswegs originell. Stattdessen finden sie sich in sehr unterschiedlichen Quellen wieder. Zu den weit verbreiteten, bis heute wenigstens in manchen Aspekten das „kulturelle Gedächtnis“[58] (nicht nur von Christinnen und Christen) beeinflussenden Texten gehört der *Physiologus*, eine im Kern wohl auf die erste Hälfte des 4. Jahrhunderts unserer Zeitrechnung zurückgehende, in verschiedenen Versionen kursierende, naturwissenschaftliches Wissen der Zeit mit Glaubensaussagen verbindende Schrift.[59] Neben einer kurzen Erwähnung in §17[60] ist von Thekla auch in §40 dieser Schrift, dem Kapitel zum Ibis, die Rede. Dies sei ein Vogel, der nicht tauchen könne. Wer nicht beide Hände ausbreite und das Zeichen des Kreuzes darstelle, werde „das

[58] Ich spreche hier bewusst vom kulturellen und nicht nur vom kollektiven Gedächtnis, weil Motive des *Physiologus* (kaum bewusst) schon über Jahrhunderte hin vermittelt sind und immer wieder aktualisiert werden können. Der Begriff geht zurück auf Assmann, *Das kulturelle Gedächtnis*.

[59] Der Text wird häufig sogar auf das (später) 2. Jahrhundert unserer Zeitrechnung datiert; wahrscheinlich machen aber lässt sich für diese Zeit nur die Existenz von Traditionen, die im Physiologus aufgenommen werden. Präziser zu Einleitungsfragen in Bezug auf diese Schrift vgl. die überzeugende Argumentation von Vollenweider, Erlöser, 93–94 (n. 3 und 4) sowie 123–125.

[60] In §17 des Physiologus wird der Walfisch, der mit Duft und Wohlgeruch seines geöffneten Mauls die kleinen Fische anlockt und diese verschluckt, mit dem Teufel verglichen, der mit den Wohlgerüchen seiner Worte unreife Menschen anlocke. Im Geist gereifte Menschen jedoch könne er nicht fangen. Vielmehr würden diese entrinnen wie „Judith dem Holophernes, Esther dem Artaxerxes, Susanna den Greisen und Thekla dem Thamyris“ (Übersetzung: Schönberger, 33).

Meer des Lebens nicht durchdringen können".[61] Es folgen Beispiele dafür, wie das Ausbreiten der Hände zu Sieg und Überleben geführt habe:

> Mose streckte seine Hände aus und tötete Amalek, Daniel die Löwen, Jona wurde in den Bauch des Ungeheuers geworfen, Thekla ins Feuer, unter Raubtiere und Robben, und das Zeichen des Kreuzes errettete sie.[62] Susanna wurde vor den Greisen, Judith vor Holophernes und Esther vor Artaxerxes gerettet; auch wurden die drei Jünglinge im Feuerofen bewahrt durch den Glauben.[63]

Vielleicht noch interessanter als eine einfache Zusammenstellung weiterer Texte, in denen Thekla als Märtyrerin bezeichnet wird, ist die Beobachtung, dass nicht nur das *Leben der hl. Thekla*, wie oben angedeutet, Jungfräulichkeit und Martyrium Theklas *zusammendenkt*, d.h. in einen logischen Zusammenhang miteinander bringt. Nur als Jungfrau, die die Welt überwindet, ist es möglich, auch die Versuchungen des Bösen zu überwinden: Zumindest *nebeneinander* begegnen die Motive der Jungfräulichkeit Theklas und ihres Leidens durch die List des (teuflischen) Drachens,[64] das Feuer und die Wut der wilden Tiere auch

---

[61] Schönberger, 79.

[62] Interessanterweise erfolgt hier eine Kombination zweier christlicher „Erinnerungsorte": Thekla und das Kreuz. Leider habe ich nicht die Möglichkeit, der Entwicklung dieser spannenden Kombination näher nachzugehen.

[63] Schönberger, 79. – Dass die Rettung der Jünglinge aus dem Feuerofen sich nicht *immer* mit der Rettung Theklas aus dem Scheiterhaufen verbinden muss, zeigt § 31 „Vom Salamander", der, weil er angeblich das Feuer jedes Ofens löschen könne, mit dem Wunder von der Rettung der Jünglinge, nicht aber mit Thekla verbunden wird.

[64] Wenigstens indirekt ist hier der Einfluss der Johannesapokalypse spürbar.

im Schlusshymnus der Thekla in Methodios von Olympos' *Symposion* (*symp.* Hymnus, Strophe 3–4).[65] Dass beide Dinge auch für Methodios zusammengehören, ergibt sich vor allem aus Teil 2 der Rede Theklas: Weil den Jungfrauen als Ziel die „Auen der Unvergänglichkeit voll von Blumen von unwiderstehlicher Schönheit"[66] vor Augen stehen, können sie um all der himmlischen Güter willen, die sie erwarten, nicht nur irdischen Reichtum und Ruhm überwinden, sondern auch Folter und Martyrium ertragen. Dies wiederum wird mit einer Fülle von Anspielungen auf das Schicksal Theklas illustriert.

Thekla ist jedoch nicht nur eine Märtyrerin unter vielen, sondern Proto-Märtyrerin und steht somit an der Seite des Stephanus. Dieser im *Leben der hl. Thekla* schon in § 1 eingeführte Begriff wird auch von anderen Autoren verwendet. Ohne Hinweis auf Theklas Jungfräulichkeit geschieht dies knapp in der auf Severian von Gabala (gest. nach 408) zurückgehenden Schrift *De caeco nato* 2 (PG 59,544)[67] oder in *Epistel* 160 des Isidor von Pelusium (ca. 360 bis Mitte 5. Jh.) an einen gewissen Tarasius (PG 85, 289C).[68] Auch die Verbindung zwischen Stephanus und Thekla wird immer wieder hergestellt, so z. B. in der auf das Jahr 516 zurückgehenden *Homilie* 97 des Severus von Antiochien (ca. 456–538).[69] Weitere Erwähnungen Theklas als Märtyrerin lassen sich kaum überschauen. Zu denken ist z. B. an Gregor von Nazianz, *Oratio* 4,69 (aus dem Jahre 364), wo sie (in Kontrast zu einer Reihe bedeutender

65 §§ 285–286, SC 95, S. 312, Z. 15–24.

66 Übersetzung von mir. SC 95, S. 204; § 193, Z. 8–10.

67 Voicu, Il nome cancellato.

68 Voicu, Thecla in the Christian East, 60.

69 Edition: Brière, *Homiliae cathedrales*. Siehe auch Voicu, Thecla in the Christian East, 60–61.

nichtchristlicher Figuren) als einzige Frau in einer Liste christlicher Märtyrer begegnet,[70] oder an die Kirchengeschichte des Evagrius Scholasticus (*h.e.* 3,18), die – in Zusammenhang mit der Thekla-Vision des Kaisers Zeno des Isauriers[71] – Thekla zwei Mal als „Proto-Märtyrerin“ bezeichnet. Welche Bedeutung die Darstellung der Märtyrerin Thekla auf die anderer Personen gehabt hat, zeigt schließlich Valentina Calzolari am Beispiel des doppelten Martyriums der Sanduxt in Armenien, für deren Zeichnung der Apostel Armeniens, Thaddäus, eine vergleichbare Rolle spielt wie Paulus für Thekla.[72]

Neben schriftlichen Quellen wie den eben genannten sind jedoch Zeugnisse materialer Kultur von höchstem Interesse. In ihrer Monographie *Thekla. Ihre Bilder in der frühchristlichen Kunst* stellen Claudia Nauerth und Rüdiger Warns[73] gleich mehrere höchst beeindruckende Beispiele vor, die mit verschiedenen Akzentsetzungen an die Märtyrerin Thekla erinnern. Dadurch, dass es sich in einigen Fällen gar um Alltagsgegenstände handelt, vor allem aber da *alle* Gegenstände eine Kenntnis von Grundelementen der (oder einer) Thekla-Erzählung voraussetzen,[74] um gedeutet werden zu können, zeigt sich, dass und

---

[70] Vgl. Moreschini, Thecla in Cappadocia, 10 (allerdings ohne genaueren Hinweis auf die Edition des Texts).

[71] Weiterführend hierzu Dell'Osso, Thecla in Visions.

[72] Vgl. Calzolari, Holy Women. Ähnlich auch Zakarian, *Women*, 69–78.

[73] Nauerth und Warns, *Thekla*.

[74] Dass die Thekla-Erzählung nicht nur in den (verschiedenen) Fassungen der *Akten des Paulus und der Thekla* und dem *Leben und den Wundern der hl. Thekla* kursierte, zeigen z. B. in diesen Texten nicht begegnende Motive in dem erwähnten Johannes Chrysostomus zugeschriebenen Panegyrikon oder das (entsprechende) bei Nauerth und Warns, *Thekla*, 69–81, diskutierte, heute im Brooklyn

auf welche Weise(n) die Motivverbindung „Thekla“ – „Märtyrerin“ sich ins kollektive Gedächtnis wenigstens einiger christlicher Gruppen eingeprägt haben muss. Der wunderbar durch das Feuer bzw. im Feuer geretteten Thekla begegnen wir in den Fresken der Exodus-Kapelle von El Bagawat (4./5. Jh.),[75] die in der Interpretation von Nauerth und Warns gleich mehrere Thekla-Motive miteinander verbinden:[76] (1) die Rettung Theklas aus dem Feuermartyrium, (2) die Szene in der Höhle von Daphne, (3) Theklas Vision Christi (hier als Hirte) und (4) eine Prozession von Jungfrauen, nach Nauerth und Warns „Nonnen auf den Spuren Theklas“.[77] Sollten alle Deutungen zutreffen, so werden auch hier Martyrium der Thekla und Jungfräulichkeit – hier ihre Nachfolge durch Jungfrauen – in einen engen Bezug zueinander gesetzt. Sicher jedoch ist nur die erste Deutung – und zwar wegen der Inschrift „Thekla“ über der Figur. Nauerth und Warns beschreiben die Szene folgendermaßen:

Die Darstellung der heiligen Thekla in den Flammen des Scheiterhaufens ist bis in die Einzelheiten gut zu erkennen: Die Mär-

Museum befindliche Relief, das eine Verfolgung Theklas durch Thamyris zeigt.

[75] Die meisten der hier angesprochenen Bilddokumente werden auch auf der Website der NASSCAL unter dem Stichwort *Acts of Paul and Thecla* präsentiert. Zur präzisen Lage siehe das Kartenmaterial bei Cipriano, *El-Bagawat*, 4–5.

[76] Nauerth und Warns, *Thekla*, 12–21. Vgl. auch die neuerliche Verteidigung der Interpretation durch Nauerth, Thecla in Coptic Art, 219–222 (mit präziser Beschreibung der Szenen auf S. 220). Interessant ist auch der Hinweis auf ein weiteres Bild Theklas (hier zusammen mit den Löwen) in der Friedenskapelle von El Bagawat (S. 222). Siehe auch die Bilddokumente auf der Website der NASSCAL unter dem Stichwort *Acts of Paul and Thecla*.

[77] Nauerth und Warns, *Thekla*, 19.

tyrerin trägt offenbar eine Tunika mit langen Ärmeln und steht – die Arme betend erhoben – inmitten einer Art Grube, in der die Flammen an Reisigzweigen züngeln. Über ihr regnet es aus einem wolkigen Himmelssegment heraus, das durch Sterne gekennzeichnet ist. Da ein aus heiterem (im Bilde: sternklaren) Himmel losbrechendes Unwetter den Scheiterhaufen löschte, darf man in den vielen kleinen Strichen den plötzlichen Regenguß erkennen.[78]

Neben der wenig bekannten Darstellung der gleichen Szene in Grab 49 der östlichen Nekropole von Thessaloniki (zweite Hälfte des 4. Jh.s)[79] oder einer Szene aus der antiken Nekropole bei Athribis, welche Thekla zwischen zwei Löwen zeigt,[80] ist auch an andere Medien zu denken, die Thekla als Märtyrerin erinnern: Weitere Bilder, in denen Thekla, mit ausgestreckten Händen die Form eines Kreuzes bildend, im Feuer dargestellt ist, finden sich auf Resten spätantiker Goldgläser, die sich heute im British Museum finden, oder einem Stück Stoff aus Ägypten[81] –

---

[78] Nauerth und Warns, *Thekla*, 13. Eine ausführliche Beschreibung der Szene bietet auch Cipriano, *El-Bagawat*, 152.

[79] E. Μαρκη, Η νεκροπόλη τῆς Θεσσαλονίκης στοὺς υστερορωμαικοὺς καὶ παλαιοχριστιανικοὺς χρόνους μέσα του 3ου έως του 8αι. Μ.Χ. (Athen, 2006) 142.222 (non vidi), erwähnt auch bei Cipriano, *El-Bagawat*, 152–153 [Abbildung 73]. Siehe auch die Bilddokumente auf der Website der NASSCAL unter dem Stichwort *Acts of Paul and Thecla*.

[80] Edition: Vladimir de Bock, *Materiaux pour servir à archéologie de l'Égypte chrétienne* (St Petersburg: Eugene Thiele, 1901) Nr. 29 (non vidi). Abbildung auch bei Davis, *Cult of Thecla*, nr. 24; siehe auch ibid., 164 und 173. Die Darstellung ist bisher offenbar undatiert. – Siehe auch die Bilddokumente auf der Website der NASSCAL unter dem Stichwort *Acts of Paul and Thecla*.

[81] Nauerth und Warns, *Thekla*, 22. Edition der Goldgläser: Dalton, *Catalogue*, S. 122, Nr. 618 sowie S. 126–127, Nr. 629, der allerdings in beiden Fällen eine Daniel-Darstellung erkennen will. Edition des Stoffstücks: Forrer, Tafel XVI, 10. Die letztere Tafel ist bei

alle drei Beispiele in Miniaturgröße: Von den beiden Darstellungen auf Goldglasmedaillons hat das eine „nur einen Durchmesser von etwa 2,5 cm, und das andere … ist sogar bloß 2 cm groß,“[82] das Stoffstück ist 3 cm breit und 6 cm hoch. Andere Darstellungen erinnern an verschiedene Aspekte des Tierkampfes der Thekla – besonders bekannt sind eine Reihe von Ampullen, z. B. die heute im Louvre zu Paris aufbewahrte Ampulle, die auf ihrer Vorderseite den ägyptischen Heiligen Menas, auf ihrer Rückseite Theklas Kampf mit den Löwen darstellt.[83] Künstlerisch noch hochwertiger ist schließlich das wunderbare, heute in Kansas City aufbewahrte Rundrelief (Durchmesser 64,77 cm), das Thekla gefesselt vor zwei Löwen, beschützt aber durch zwei Engel zeigt.[84] In beiden Darstellungen, die hier nur als Beispiele für eine größere Fülle von Material stehen,[85] spiegelt sich nicht nur die Erinnerung an die Märtyrerin, sondern die Faszination für die Person, die in den *Akten des Paulus und der Thekla* als „Tierkämpferin“ (§ 37: τὴν θηριομάχον,[86] vgl. auch § 32: εἰς θηριομαχίαν) be-

---

Nauerth und Warns nicht wiedergegeben, sie ist aber über archive.org heute leicht im Netz auffindbar.

[82] Nauerth und Warns, *Thekla*, 22.

[83] Einen Überblick über solche Ampullen liefert Davis, *Cult of St Thecla*, 195–200. Zu dieser konkreten Ampulle siehe die Abb. 11 und die Informationen ebd., 199–200. Siehe auch die Bilddokumente auf der Website der NASSCAL unter dem Stichwort *Acts of Paul and Thecla*.

[84] Erstpublikation: William Rockhill Nelson Gallery of Art, 32; weiterführend Nauerth und Warns, *Thekla* 31–34. Zugriff auf das Bild im Netz: Saint Thecla with Wild Beasts and Angels – Works – The Nelson-Atkins Museum of Art.

[85] Siehe z. B. in jüngster Zeit die Liste bisher unbeachteter Darstellungen der Thekla mit einem oder zwei Löwen in Armenien und dem südlichen Georgien bei Hakobyan, Saint Thecla (mit Bildern!).

[86] Die Rede von einer weiblichen Tierkämpferin hat keine Paral-

zeichnet werden kann.[87] Dass Thekla hier – anders als in den griechischen *Akten* oder dem *Leben* – offenbar an beide Löwen gebunden ist, ohne dass diese ihr etwas antun können, dürfte kein Problem sein. Wichtig ist allein das Zueinander von wilden Tieren, die z. B. in den arabischen *Akten der Thekla* (§ 36) durch Leoparden ersetzt werden können, und der Frau bzw. der Jungfrau Thekla, der diese wilden Tiere durch Gottes Willen nichts antun können.

2.3 Die Lernende, Lehrende und Apostolin Thekla

Deutlich seltener, trotzdem aber mehrfach ganz explizit bezeichnet das *Leben* Thekla als „Apostolin". Im Vorwort, das dieses Attribut gleich drei Mal verwendet, ist dies sogar die erste Bezeichnung der „seligen Thekla" (S. 76, Z. 4: τῆς μακαρίας Θέκλας τῆς ἀποστόλου καὶ μάρτυρος), in der Schlussakklamation des Abschlusskapitels der letzte – angesprochen wird dort die „Jungfrau, Märtyerin und Apostolin" (§ 28; S. 194, Z. 17: ὦ παρθένε καὶ μάρτυς καὶ ἀπόστολε) – dies ist eine überaus gewichtige Aussage, wie sie sich noch in den griechischen *Akten des Paulus und der Thekla* nicht findet, eine auch im altkirchlichen Diskurs um die Frage, wer denn zu Recht als Apostel zu bezeichnen sei, hoch bedeutsame Stimme. Anders als etwa in der Apostelgeschichte des Neuen Testaments, für die im engeren Sinne nur die Zwölf als Apostel gelten, näher aber

lelen in der zeitgenössischen griechischen Literatur. Vgl. Barrier, *Acts of Paul*, 169, der zudem diskutiert, ob das Motiv ursprünglich ist.

[87] Das konkrete Motiv fehlt in der Parallelszene im *Leben der hl. Thekla*, aber auch in der syrischen und der arabischen Version der *Akten der Thekla*. Für Hinweise zur syrischen Version bin ich Jacob Lollar zu Dank verpflichtet; zur arabischen Version vgl. Davis, Arabic Acts of Paul, 148–149.

an einem paulinischen Apostelbegriff, für den in erster Linie das Charisma der Berufung entscheidend ist,[88] scheinen für das *Leben der Thekla* Berufung, Einweisung (durch einen apostolischen Lehrer) und schließlich Bewährung im Leben entscheidend zu sein. Die Mission der Apostel wiederum fasst Paulus selbst, den der Text ganz selbstverständlich als rechtmäßigen Apostel versteht (§§ 5, 8, 10 u. a.), in seiner Rede vor dem Prokonsul von Ikonium (§ 7) folgendermaßen zusammen:

Wegen dieser und wegen aller weiteren Übel der Gottlosigkeit hat, wie ich sagte, Gott, aus Erbarmen und Mitleid mit dieser Natur, da er es ist, der sie geformt und geschaffen hat, uns Apostel durch seinen einziggeborenen Sohn dazu bestimmt, die gesamte Welt zu durchwandern und diese von den Übeln, die ich (teils) angesprochen, (teils) unerwähnt gelassen habe, zu reinigen und an deren Stelle den Glauben, die Gotteserkenntnis und die Frömmigkeit einzuführen. (S. 106/107, Z. 10–15)

Theklas Weg zur Apostolin ist zu Beginn des Textes nicht vorgezeichnet; anders als die Zwölf wird sie nicht einfach berufen. In den *Akten des Paulus und der Thekla* zögert Paulus selbst dann noch, sie zur Taufe zuzulassen, als sie schon ihr erstes Martyrium erlitten hat. Der Paulus des *Lebens der Thekla* ist im Hinblick auf Thekla optimistischer als der der *Akten*, doch muss auch sie erst mehrere Phasen durchlaufen, bevor sie als Apostolin wirken bzw. als solche gelten kann. Man könnte in ihrem Falle also von einem Apostolat sprechen, bei dem neben die Berufung die Bewährung tritt.

---

[88] Im 1 Kor 15,1–11 kommt sicherlich noch der Gedanke hinzu, dass Apostolat und österliche Zeugenschaft zusammenzudenken sind.

So ist sie deswegen zunächst immer wieder als Schülerin dargestellt, welcher Paulus zum Lehrer wird. Dies beginnt damit, dass Paulus im Gefängnis von Ikonium explizit als ihr Lehrer bezeichnet wird, während sie Lernende ist (§ 10; Schröder 118/119, Z. 18–19: καὶ τοῦ μὲν διδάσκοντος, τῆς δὲ διδασκομένης). Dies bleibt nicht die einzige Stelle. Auch nach ihren beiden Martyrien, also auch zu Zeiten, in denen sie als Apostolin bezeichnet werden kann, bleibt Paulus ihr Lehrer – und auch nach ihrer Rettung versagt Thekla ihrem Lehrer die Achtung nicht (vgl. § 25; S. 180/181, Z. 5). Sie hat Sehnsucht nach ihm (§ 25; S. 180/181, Z. 19) und versteht ihn weiterhin als „Lehrer“ (§ 26; S. 186/187, Z. 11; § 27; S. 188/189, Z. 4). Gleichzeitig zeigt sich der Paulus des *Lebens* weit weniger skeptisch ihr gegenüber als der der *Akten*; im Grunde sieht er ihren Weg schon bei der ersten Begegnung im Gefängnis voraus. Bereits gegen Ende von § 13, also bei der Wiederbegegnung mit Paulus und der Familie des Onesiphoros nach ihrem ersten Martyrium, bezeichnet Paulus sie explizit als seine „Schülerin“ (S. 136, Z. 10: μαθήτρια). Als solche wird sie „in Kürze auch Verkünderin des Evangeliums sein“ (ibid.). Bedenkt man die (pseudo-)paulinischen Aussagen etwa der Pastoralbriefe, aber auch die Zurückhaltung, die der Paulus der *Akten* selbst Thekla gegenüber noch nach ihrem ersten Martyrium an den Tag legt, so ist dies eine alles andere als selbstverständliche Aussage. Tatsächlich holt das *Leben der hl. Thekla* die Prophezeiung, dass Thekla bald zur Verkünderin des Evangeliums werde, bald ein. Direkt nach ihrem zweiten Martyrium beginnt Thekla im Haus der Tryphäna mit der Glaubensunterweisung. Dabei betont der Text zunächst, dass die Unterweisung – theologische Gespräche! (§ 24; S. 178/179, Z. 21: θεολογίαν) – sich im Haus abspielt und zunächst an „alle“ richtet. Theklas Katechese ist so intensiv, dass das Haus von einer Wohnstätte (§ 24; S. 178, Z. 22: παροικία) geradezu zur *Ekklesia* wird, ein Begriff, welcher bei einem späten Text wie dem *Leben* durchaus schon als „Kirche“ übersetzt werden kann. Als Resultat wird vermerkt, dass Tryphäna selbst wie auch Diener und Dienerinnen des Hauses (§ 26; S. 178; Z. 25: παίδων καὶ παιδίσκων), also Frauen und Männer, zum Glauben kommen und getauft werden. Während das Gespräch mit ihrer Mutter Theoklia (§ 27) über den Glauben, welches bei Theklas Rückkehr nach Ikonium stattfindet, offenbar ohne Resultat bleibt, wird in § 28 ihr weiterer Lebenslauf zusammengefasst: Thekla ist Verkünderin des Evangeliums (§ 28, S. 192, Z. 5: εὐαγγελισαμένη δὲ τὸν σωτήριον λόγον),[89] die viele unterwiesen (§ 28, S. 192, Z. 5–6: πολλοὺς … κατηχήσασα) und zum Glauben geführt hat (§ 28, S. 192, Z. 10: ἐναγάγουσα πρὸς τὴν πίστιν). Dass das, was sie lehrt, dem rechten Glauben entspricht, zeigt sich z. B. in § 22, als sie im Angesicht des Richters in Antiochia eine Rede hält und der Erzähler betont, dass ihre Worte eine „tiefere Kenntnis der Theologie“ verrieten, „als es der Einsicht einer Frau sonst möglich“ sei (S. 172/173; Z. 25–26).[90]

In § 26 wiederum, bei ihrer Wiederbegegnung nach Theklas zweitem Martyrium in Myra, spricht Paulus ihr zu, dass ihr nun

> nichts mehr fehlt, um das Apostelamt auszuüben und um das Erbe der göttlichen Verkündigung anzutreten. So gehe nun fort und lehre das Wort, vollende den Lauf des Evangeliums und teile mit mir den Eifer für Christus! Denn darum hat Christus dich

[89] Dabei verstehe ich „Evangelium“ im Sinne der frohen Christusbotschaft, nicht im Sinne eines Buches.

[90] Vgl. auch die den Regeln nizäno-konstantinopolitanischer Orthodoxie entsprechende Rede Theklas in § 26, S. 182–185.

durch mich erwählt, um dich zum Apostelamt hinzuführen und dir einige Städte anzuvertrauen, die noch nicht im Glauben unterwiesen worden sind. (§ 26, S. 186/187, Z. 17–23)

Der apostolische Auftrag Theklas ergibt sich also aufgrund der im Zeugnis erwiesenen „überlegenen Stärke ihres Glaubens“ (vgl. § 26, S. 186/187, Z. 15–16), und er bezieht sich auf eine Weltregion – oder hier konkreter: bestimmte Städte, zu denen im Kern Seleukia am Kalykadnos zu rechnen ist.[91] Aufgenommen wird damit natürlich die auch in anderen Apostelerzählungen zu beobachtende Idee, dass Christus selbst seinen Aposteln bestimmte Regionen für ihr weiteres Wirken zuteilt.[92] Damit aber zeigt sich auch ein zweiter Aspekt der Rede von der Apostolin Thekla: So bemerkenswert es ist, wie eindeutig der Text Thekla – und damit eine Frau – als Apostolin bezeichnet, so sehr scheint er auch einen Grund zu haben. Je bedeutender Thekla als die erste Missionarin von Seleukia ist, umso wichtiger wird damit auch diese Stadt, gleichzeitig die Heimatstadt des Autors.[93] Wie wichtig das dem Verfasser des *Lebens* gewesen sein muss, zeigt sich in seiner Beschreibung Seleukias:

---

[91] Der Gedanke wird aufgenommen bei Venantius Fortunatus, *Carm.* 8,3,170–172, der gleich mehrere heilige Frauen mit Regionen in Beziehung bringt: Eulalia mit Merida, Caecilia mit Sizilien, und Thekla mit Selenkia (erwähnt auch bei Tommasi Moreschini, Thekla in the Latin Sources, 92–93).

[92] Siehe hierzu die entsprechenden Passagen in Kapitel 1.

[93] Dies wird, auch wenn es sich nicht um Basilius von Seleukia handelt, im Text immer wieder deutlich. Zur Diskussion der Autorfrage siehe auch Kollmann, Einleitung, 69–73. – Interessant in diesem Zusammenhang auch Gregor von Nazianz, *Or.* 21 § 22, der ebenfalls Seleukia als Stadt der heiligen und schönen Thekla bezeichnen kann.

Es ist eine bewundernswerte, überaus liebreizende Stadt, die sich nur so weit ausdehnt, dass es ihr nicht an der Anmut fehlt, die das Ergebnis einer wohlproportionierten Anlage ist. Sie ist so stattlich und einnehmend, dass sie die meisten Städte übertrifft, mit einigen auf gleicher Stufe steht, mit der schönen Stadt Tarsus aber sogar wetteifert, was die Grenzen und die Lage anbetrifft, die wohltemperierte Luft, die verschwenderische Fülle an Fülle an Früchten, den Reichtum an Handelsgütern … In einem einzigen Punkt muss sie jedoch in ihrer Ruhmbegier … zurücktreten, ein wenig nachgeben und jener den Vorrang überlasen, nämlich darin, dass Tarsus die Heimstadt des großen Paulus ist, durch den es gerade auch uns zuteilwurde, die heilige Jungfrau (bei uns) zu haben. (§ 27; S. 190/191, Z. 6–19)

Mit anderen Worten: Die Bedeutung einer Stadt (oder einer Weltregion) zeigt sich an vielen Eigenschaften, aus der Perspektive des Texts aber hängt sie auch davon ab, welcher Apostel – bzw. im Falle von Seleukia: welche Apostolin – in ihr tätig war oder, wenn man die *Wunder der hl. Thekla* zugrunde legt, auch weiterhin auf wunderbare Weise präsent und tätig ist. Die Bedeutung Theklas wird – wenigstens aus der Sicht des Autors – als vergleichbar mit der des Petrus, des Paulus oder des Johannes, des „großen Theologen" – gesehen (vgl. § 28; S. 192/193, Z. 7–9). Seleukia rückt damit an die Seite von Antiochia und Rom, Athen und Ephesus.

Anders als die Jungfräulichkeit und die Zeugenschaft Theklas ist ihre Eigenschaft als Lehrerin, Verkünderin des Evangeliums und Apostolin weithin umstritten. Wie wir gesehen haben, sind noch die griechischen *Akten des Paulus der Thekla* in dieser Hinsicht weit zurückhaltender als das *Leben und die Wunder der hl. Thekla.* Zumindest der griechische Text der *Akten* spricht nicht explizit von der Apostolin Thekla. Spätere Versionen verfahren hier unterschiedlich: Das Attribut fehlt in den syrischen

Akten der Thekla,[94] taucht aber geradezu selbstverständlich in den arabischen *Akten der Thekla* auf.[95] Auch recht freie „Neu-Inszenierungen" der Schrift verfahren unterschiedlich: Von der Apostolin Thekla lesen wir in dem griechischen *Panegyrikon auf die Protomärtyrerin und Apostolin Thekla* des Pseudo-Chrysostomus (ECCA 475)[96], in den armenischen *Prodigien der Thekla*[97] oder dem äthiopischen *Buch der Thekla* (und anderer äthiopischer Thekla-Literatur).[98] Das Attribut fehlt wiederum in der kurzen Paraphrase der Thekla-Erzählung, *tract.* 2,2, 51 des Zeno von Verona (gest. 371/72)[99] und damit, soweit ich sehe, vollständig in der lateinischen Überlieferung.

Andere Zeugnisse erweisen, dass Thekla zumindest als Lernende und Lehrende auch darüber hinaus erinnert werden konnte. Erneut ist das *Symposion* des Methodios von Olympos eine erste „Anlaufstelle". Der Text berichtet nicht nur bereits in seiner Einleitung zur Rede der Thekla (§ 8) davon, dass diese in ihrer Weisheit durch Paulus geschult (παρὰ Παύλῳ σεσοφισμένην) wurde.[100] Vielleicht noch wichtiger aber ist die Tatsache, dass Thekla in ihrer ausführlichen Rede über die Jungfräulichkeit im Grunde die Funktion einer (auch philosophisch trainierten) Lehrerin einnimmt und offenbar als solche auch wahrgenom-

---

[94] Ich verdanke diesen Hinweis Jacob Lollar, der diesen Text derzeit ediert.

[95] Text und Übersetzung Davis, Arabic Acts of Paul and Thecla.

[96] Griechischer Text PG 50, 745–748.

[97] Hierzu weiterführend Calzolari, Legend of St Thecla in the Armenian Tradition, 285.

[98] Zu Letzterem sowie der weiteren Rezeption der Theklafigur in Äthiopien vgl. Labadie, Saint Thecla.

[99] Vgl. Tommasi Moreschini, Thecla in the Latin Sources, 100.

[100] SC 95, S. 200, Z. 10.

men wird.[101] Auch in Zeugnissen materialer Kultur begegnet das Thema. Das wahrscheinlich bekannteste Beispiel stellt eine im Britischen Museum in London aufbewahrte Elfenbeintafel (Maße: 4,2 x 9,8 cm) dar,[102] die von Nauerth und Warns folgendermaßen beschrieben wird:

> [Z]ur Rechten sitzt nach links der Apostel, der besonders auch an seiner Stirnglatze kenntlich ist, auf einem Block auf Stein, Fels oder Erde. Mit den Händen hält er eine geöffnete Rolle, in bzw. aus der er ganz offenbar liest. Links von ihm ist eine kleine befestigte Anlage wiedergegeben, die aus einem mehrstöckigen, nur in den unteren Teilen gemauerten Turm besteht und aus einer leicht gekrümmten, gemauerten hohen Brüstung, in der sich ein Tor befindet, das leicht geöffnet ist. Über den oberen Rand der Brüstung beugt sich eine Frau lauschend nach rechts dem Paulus zu: die linke Hand stützt das Kinn, die rechte hängt locker über der Mauerkante. Die Frau ist sichtlich nachdenklich.[103]

Zwar ist umstritten, ob die hier dargestellte Szene auf die Lehre des Paulus im Haus des Onesiphoros verweist, bei der Thekla vom Fenster ihres Hauses aus zuhört, oder sie im Gefängnis spielt, in dem Thekla den Paulus aufsucht und belehrt wird.[104] Klar aber ist, dass es sich um eine Szene handelt, in der Paulus als Lehrer, Thekla offensichtlich als Lernende beschrieben sind. Vergleichbares findet

---

[101] Ausführlicher hierzu auch Moreschini, Thecla in Cappadocia, 3–5, der beschreibt, wie sehr Theklas Rede philosophisch beeinflusst ist, und resümiert: „Thecla resumes the teaching of those wise men who said that the life of men is like a feast and that we have entered into it as if into a theatre in order to play the role of justice."

[102] Edition: Dalton, *Catalogue*, S. 50–51. 292c – Siehe hierzu auch die Informationen (wie die Abbildungen) auf der Website der NASSCAL unter dem Eintrag *Acts of Paul and Thecla.*

[103] Nauerth und Warns, *Thekla*, 1.

[104] Nauerth und Warns, *Thekla*, 1–3.

sich – wenn auch noch stärker stilisiert – an solch unterschiedlichen Orten wie einem Relief im armenischen Edschmiadsin oder dem Mittelbild des Altars der Kathedrale von Tarragona in Katalonien,[105] besonders aber in der Friedenskapelle der schon erwähnten Nekropole El-Bagawat in Ägypten, die sich deutlich von dem auf dem Elfenbeinrelief Dargestellten unterscheidet.[106] Thekla und Paulus sitzen einander gegenüber, sie sind in ungefähr gleicher Größe dargestellt, beide halten Schreibgerät. Eine Verortung der Szene in der Thekla-Erzählung ist nicht einfach, auf keinen Fall ist an die Szenen im Haus des Onesiphoros oder auch beim Besuch Theklas im Gefängnis zu denken. Eher denkbar wäre die Szene, in der Paulus Thekla beauftragt, nun selbst als Missionarin das Evangelium weiterzugeben.[107] Will man darüber hinaus Parallelen zwischen der Darstellung Theklas und der der Evangelisten herstellen, dann ist hier womöglich gar an die „apostolische Würde“[108] Theklas angespielt.

Mit ihrer Aufgabe in der Katechese verbindet das *Leben der hl. Thekla* schließlich ihre Aufgabe, die Neubekehrten zu taufen. Obwohl sie nach ihrem ersten Martyrium darum bittet, wird sie von Paulus zu diesem Zeitpunkt noch nicht getauft. Der Paulus des *Lebens* ist hier sehr viel weniger schroff als der der *Akten*, welcher ihr die Taufe

---

[105] Nauerth und Warns, *Thekla*, 11 (sowie entsprechende Tafeln). Ein besseres Foto der Darstellung in Edschmiadsin bietet Hakobyan, Saint Thecla, 268 fig. 1.

[106] Siehe hierzu auch die Informationen (wie die Abbildungen) auf der Website der NASSCAL unter dem Eintrag *Acts of Paul and Thecla*.

[107] Nauerth und Warns, *Thekla*, 10–11.

[108] Nauerth und Warns, *Thekla*, 11. Parallelbeispiele aus der Darstellung von Evangelisten ibid., 10 Anm. 1.

verweigert. Er stellt ihr, anders als der der *Akten*, zumindest in Aussicht, dass dies bald geschehen werde (§ 14, S. 138, Z. 21). Da dies aber nicht vor ihrem zweiten Martyrium möglich ist, ist Thekla in beiden Texten, den *Akten* wie auch dem *Leben*, gezwungen, sich selbst zu taufen. Die dramatische Szene, bei der Thekla ins Becken der als hoch gefährlich verstandenen, jedoch durch einen Blitz getöteten Robben[109] springt, dürfte mit der Idee spielen, dass das Glaubenszeugnis von Märtyrern und Märtyrerinnen – als „Bluttaufe" – einer Taufe gleichkommt:

> Sie sprang, nachdem sie Christus kurz mit den Worten „In deinem Namen, o Herr, taufe ich mich an meinem letzten Tag" ausgerufen hatte, in dieses Wasser hinein, denn sie verspürte ein heftiges Verlangen, durch den Tod vollendet zu werden und zu Christus heimzukehren. (§ 20; S. 163/162, Z 13–14)

Nach ihrem zweiten Martyrium lesen wir (nur im *Leben*, nicht in den uns heute überlieferten griechischen *Akten*) zwei Mal davon, dass Thekla offenbar selbst andere Menschen tauft: Zunächst spricht der Text (mit größter Selbstverständlichkeit) vom konkreten Fall der Mitglieder des Hauses der Tryphäna (§ 24; S. 178, Z. 26) in Antiochia, dann aber ein weiteres Mal in einer Art von Sammelbericht über die Tätigkeiten Theklas in Seleukia. Dort verkündet sie das Heil bringende Wort (des Evangeliums), unterweist viele und tauft sie (§ 28; S. 192, Z. 5–6).

Dies erinnert natürlich an die wohl bekannteste, gleichzeitig sehr negative Rezeption der *Akten des Paulus und der Thekla* – deutlich mehr als ein Jahrhundert vor der Entstehung von *Leben und Wundern der hl. Thekla* – in dem zwischen den Jahren 198 und 206 entstandenen Trak-

---

[109] Zum Hintergrund dieser Darstellung vgl. Schneider, Thekla und die Robben.

tat *De baptismo* 17,4–5 des Tertullian,[110] einem Text, der wegen seiner hoch problematischen Überlieferungslage vielfach diskutiert wurde.[111] Wie auch immer man entscheidet: Tertullian äußert sich in einem Diskurs um die Frage, ob es Frauen erlaubt sei zu taufen. Während er der Meinung ist, dass selbst (männlichen) Laien erlaubt sei zu taufen, verbietet er dies für Frauen. Unsicher bleibt, ob er davon ausgeht, dass die *Akten* diese Möglichkeit verteidigten oder ob er sich auf Frauen bezieht, die aufgrund des Zeugnisses der *Akten* davon ausgingen, dass die Taufe durch Frauen erlaubt sei. Die Diskussion um Tertullians Zeugnis geht so weit, dass etwa Anton Hilhorst (mit guten Argumenten) davon ausgeht, dass die dem Tertullian vorliegenden *Akten* noch sehr viel eindeutiger davon gesprochen haben müssen, dass Thekla als Täuferin (und nicht nur als sich selbst Taufende) auftrat und dass der Text deswegen als Argument dafür genutzt wurde, Frauen zu erlauben zu taufen.[112]

2.4 Ein verbindendes Element: Die als prekär empfundene „Weiblichkeit" Theklas

Damit sind noch nicht alle Attribute der Thekla im *Leben* beschrieben. Zu erwähnen wäre auch ihre Beschreibung als „eine der Heiligen" (z.B. S. 78, Z. 15), als Wundertäterin (z.B. S. 168, Z. 8, z.B. 193), ein Thema, das natürlich v.a. in den *Wundern der hl. Thekla* deutlich ausführlicher

---

110 Datierung nach Braun, *Deus christianorum*, 721.

111 Die folgenden Gedanken verdanken sich der ausführlichen Diskussion bei Tommasi Moreschini, Thecla in the Latin Sources, 74–78 (mit Überblick über die bisherige Sekundärliteratur auf S. 74 Anm. 21).

112 Hilhorst, Tertullian, 162–163.

zum Tragen kommt, aber auch als Dienerin (oder vielleicht sogar besser: Sklavin) Christi bzw. Gottes (S. 136, Z. 5; 142, 21–22; 144, Z. 2; 154, Z. 6; 176, Z. 17).[113] So interessant es wäre, auch diese weiterzuverfolgen – spannender aber ist wohl die Tatsache, dass alle bisherigen Aspekte im Zusammenhang mit der Konstruktion von Theklas Geschlechtlichkeit stehen. Als Jungfrau zu leben bedeutet, wie wir mehrfach gesehen haben, in der Diskurswelt unseres Texts, die eigentlich vorgesehene Rolle als Ehefrau abzulehnen und sich nicht dem eigenen Status gemäß zu verhalten.[114] Märtyrerin zu sein verlangt einen Mut und eine Standfestigkeit, die mit „unmännlichem" Denken und Verhalten nicht in Einklang zu bringen sind. Und schließlich ist Thekla als Lehrerin und Apostolin zu einem Dienst berufen, der in der Diskurswelt der Zeit so selbstverständlich Männern vorbehalten ist, dass der Text des *Lebens* dies nicht einmal explizit thematisieren muss. Die Konstruktion von Theklas Geschlechtlichkeit wird damit prekär – die Beschreibung ihrer Geschlechtlichkeit kämpft sichtlich mit Stereotypen. Wenigstens ansatzweise (und nicht immer in voll geglückter Weise) versucht der Text, Thekla in einen Raum jenseits dessen, was der Verfasser offenbar unter „Weiblichkeit" versteht, einzuschreiben. Damit steht er bereits in einer Tradition mit den alten *Akten des Paulus und der Thekla*, geht aber deutlich weiter.

(1) Immer wieder kommt der Verfasser auf Stereotypen zu sprechen, die für ihn mit weiblichen Rollenmodellen

---

[113] Letzteres Attribut wird auch in den *Akten des Paulus und der Thekla* verwendet und dürfte paulinische Aussagen rezipieren. Hierzu Nicklas, Akten des Paulus und der Thekla, 188–190.

[114] Eine Übersicht typischer genderbezogener Tugenden in Bezug auf Frauen in der Lebenswelt des NT bietet z. B. Hylen, *Women*, 42–62.

zu verbinden sind. Dies geschieht z. B. § 7, wenn er in Zusammenhang mit wertvollem Schmuck von „weiblicher Geschmacklosigkeit“ (S. 110/111, Z. 22–23: γυναικικῆς ἀπειροκαλίας) spricht, oder in § 16, wenn er die Reaktionen beschreibt, als die Löwin, an die Thekla gebunden wird, diese nicht zerreißt, sondern ihre Füße liebkost.[115] Besonders die Frauen der Stadt „vermochten nicht, Stillschweigen über dieses Wunder zu wahren – denn ihr Geschlecht ist für Erfreuliches leicht erregbar und ebenso leicht im Hinblick auf etwas Furchterregendes aus der Fassung zu bringen“ (S. 148/149, Z. 9–11). Interessant dabei ist, dass sich Thekla an manchen Stellen durchaus solchen Modellen gemäß verhält bzw. ihnen entspricht. Dies zeigt sich z. B. in § 12, in der Szene vor dem Prokonsul in Ikonium, wo wir Folgendes lesen:

> Thekla aber gab keinen Laut von sich, denn sie hielt es weder mit der Sittsamkeit einer Frau noch dem Schamgefühl einer Jungfrau für vereinbar, überhaupt nur ein Wort in der Öffentlichkeit zu äußern und die Stimme einer Jungfrau einem allgemeinen Publikum darzubieten. Denn nichts geziemt sich so sehr für Frauen und nichts passt zu ihnen so sehr wie Schweigen und ruhige Zurückhaltung. (S. 110–112/111–113, 110, Z. 24–112, Z. 1)

Thekla verhält sich also, wo es nötig ist, den Normen der Gesellschaft entsprechend. Sobald sie aber im Kampf gegen die Mächte des Bösen steht, transzendiert ihr Verhal-

[115] In diesem Zusammenhang ist auch die Rede des Prokonsuls in § 11 (S. 126/127, Z. 15–16) über „die natürliche Bestimmung von Frauen“ zu erwähnen. Allerdings wird nicht ganz klar, inwiefern die Meinung dieser Thekla gegenüber zwar oberflächlich freundlichen, sie letztlich aber zum Martyrium verurteilenden Figur sich mit der des Verfassers deckt. Der Text argumentiert zwar, dass das, was der Prokonsul sagt, für Thekla nicht gilt. Sie ist aber offensichtlich eine Ausnahme.

ten Konstruktionen dessen, was als „weiblich" verstanden wird.

(2) So werden ihr an vielen Stellen Attribute zugesprochen, die eigentlich mit der Idee des Textes in Verbindung stehen, was „Männlichkeit" bedeutet. Warum dies nötig ist, wird in § 9, der Rede des Paulus gegenüber Thekla im Gefängnis, deutlich. Hintergrund ist eine Vorstellung der Welt, in der der Teufel, immer wieder als „Tyrann" (z. B. § 9, S. 114, Z. 20) bezeichnet, Menschen durch den Einsatz seiner „Kriegsgeräte" und „Waffen" (S. 114, Z. 22–23) auf seine Seite zu ziehen sucht. Dem könne nur mit Festigkeit (S. 114, Z. 27: εὐτονία) und einer in Christus gründenden Kraft (S. 114, Z. 27: ἐν Χριστῷ δύναμις) begegnet werden; dann ziehe sich der Teufel zurück. Dieser habe Angst vor einem Menschen, der „fest und mannhaft" ist (S. 116/117, Z. 18: στερρὸν καὶ ἀνδρεῖον), einem „Soldaten Christi" (S. 118, Z. 3: τὴν τοῦ Χριστοῦ στρατιώτην). In der Logik des Textes verbinden sich all diese Attribute mit dem, was von einem Mann erwartet werden kann. Deswegen verlangt Paulus von Thekla etwas, der Logik des Texts folgend, eigentlich Unmögliches: „Mögest du keine weiblichen, unmännlichen Gedanken mehr haben" (§ 9; S. 114/115, Z. 18–19: Μηδὲν ἔτι θῆλυ προνήσῃς καὶ ἄνανδρον). Deswegen ist nachvollziehbar, wenn der Text von nun an regelmäßig Attribute wie Theklas „unerschrockenes, furchtloses Gemüt" (§ 10; S. 120/121, Z. 15–16: ἀκαταπλήκτῳ … καὶ ἀπτοήτῳ φρονήματι), ihren „Mut und ihre Ernsthaftigkeit" (§ 11; S. 122/123; Z. 26), ihre „Standhaftigkeit" (§ 12: Schröder, S. 128, Z. 5: καρτερία), „Beharrlichkeit" (§ 12 S. 128, Z. 8: τὸ ἀτενές) und „Festigkeit" (auch im Angesicht des Scheiterhaufens, § 12; S. 130, Z. 8) hervorhebt. Zudem ist immer wieder von ihrer „Kühnheit" (z. B. bei ihrem Besuch im Gefängnis [§ 8] und als sie sich gegen die Über-

griffigkeit Alexanders zur Wehr setzt [§ 15]) und ihrem „Mut“ die Rede (§ 12; S. 130, Z. 23). Immer wieder verbinden sich solche Attribute zudem mit dem Gedanken, dass dies eigentlich nicht dem üblichen Verhalten von Frauen entspreche. So handelt sie mit der Aktion, Paulus im Gefängnis aufzusuchen, „kühner als es sich für ein Mädchen“ und „männlicher als es sich für eine Frau gehört“ (§ 8, S. 110/111: Z. 19–20). Und auch der Entschluss, Alexander das Gewand zu zerreißen, wird als „kühner, als es weiblichem Verhalten entspricht,“ bezeichnet (§ 15, S. 144, Z. 6). Dies sind nur einige von vielen Beispielen, die den gesamten Text durchziehen (vgl. §§ 14, 16, 18, 20 …). Gleichzeitig fällt auf, dass keinem ihrer männlichen Gegenspieler – in Ikonium Thamyris, in Antiochia Alexander – vergleichbare Attribute zugewiesen werden. Die „Mannhaftigkeit“ im Verhalten des Mädchens wird umso stärker betont, als sich wenigstens wichtige „Männer“, die mit ihr zu tun haben, in den Kategorien des Texts keinesfalls als „männlich“ erweisen.

(3) Eindeutig ist zudem die Tendenz, bei all diesem „männlichen Verhalten“ im Kampf gegen die (letztlich) satanischen Mächte, die sich ihr gegenüberstellen, Theklas strahlende Schönheit (sicherlich erneut aus der „männlichen“ Perspektive des Verfassers) hervorzuheben. Dies ist keineswegs selbstverständlich, schreibt doch Gregor von Nyssa in seiner 14. Homilie zum Hohenlied in Auslegung des Motivs der Myrrhe in Hohelied 5,13, dass Thekla durch die Myrrhe aus dem Munde des Paulus der Welt gestorben sei – und mit ihr ihre Jugend und ihre äußere Schönheit.[116] Laut § 11 des *Lebens* erfüllt sie auch selbst in

[116] Vergleichbares findet sich bei Gregor von Nazianz, *Carm.* 1,2, 10,916 (PG 37,946), der zwar von der Schönheit Theklas spricht, aber

der Situation, als sie vor den Statthalter Kestillios (in Ikonium) geführt wird, trotz der kaum vorteilhaften Situation alle Anwesenden wegen ihrer blendenden Schönheit mit Staunen und Verwunderung (§ 11; S. 122/123, Z. 21–24) – und dies in engem Zusammenhang mit der (bereits erwähnten) Aussage über ihre mutige und ernste Denkweise. Auch der Statthalter selbst spricht in seiner Rede ihre körperliche Wohlgestalt (§ 11; S. 124/125, Z. 4: σωματικῆς εὐπρεπείας) an. Immer wieder wird das Zueinander von Theklas Schönheit und ihrer Stärke, ihrem Mut sowie der Gefahr, in der sie schwebt, in Zusammenhang gebracht (vgl. § 15, S. 140/141; § 17, S. 152/153; § 25, S. 182/183). Wie offen für Missdeutungen die Situation gleichzeitig ist, zeigt sich an mehreren Stellen: Nicht nur in der Arena, also in der Situation, in der sie aller Öffentlichkeit zur Schau gestellt ist, muss Theklas Nacktheit durch Gottes wunderbares Eingreifen vor den Augen des Publikums verdeckt werden (§ 19, S. 158/159).[117] Immer wieder wird zudem (wie schon andeutungsweise in den *Akten*) thematisiert, dass Thekla ihr Aussehen verändert, um Paulus folgen zu können. Bei ihrer Wiederbegegnung mit Paulus und der Familie des Onesiphoros betont Thekla, dass sie „den Großteil ihrer mädchenhaften, verfüh-

---

ihre „spirituelle Schönheit" meint. Hierzu weiterführend Moreschini, Thecla in Cappadocia, 12–13. Ähnliche Aussagen finden sich in Zusammenhang mit Figuren, die nach dem Modell der Thekla gezeichnet werden, wie z. B. bei der bereits erwähnten Olympias.

[117] Auch Severian von Gabala, *De caeco nato* (PG 59, 544–545) interessiert sich für Theklas Nacktheit (in Zusammenhang mit der Szene, in der die Frau des Eunuchen Josef vergewaltigen möchte): Obwohl sie nackt im Theater aufgetreten sei, habe Thekla nicht gesündigt, noch sei ihr Auftreten eine Schande gewesen – stattdessen sei sie (mit der Krone des Martyriums) gekrönt worden. Hinweis bei Voicu, Thecla in the Christian East, 58.

rerischen Haartracht“ (§14, S.136/137; Z.25–26) abzuschneiden gedenkt. Als Alexander in Antiochia Paulus für Theklas Zuhälter hält, beteuert dieser, dass er mit dem Mädchen nichts zu tun habe, ja behauptet, „er wisse noch nicht einmal sicher, ob sie ein weibliches Wesen sei“ (§15, S.142/143, Z.9–10). Und schließlich legt Thekla auch nach dem zweiten Martyrium, als sie sich von Antiochia auf den Weg nach Myra macht, um dort Paulus wieder zu begegnen, „erneut Männerkleider“ an, „um durch die Aufmachung ihre strahlende Schönheit zu verbergen“ (§25, S.180/181, Z.13–15). Was Thekla als Frau erreicht – Märtyrerin zu sein, die den „Tyrannen“ in die Schranken weist und sich damit so zu bewähren, dass ihr am Apostolat nichts fehlt, erreicht sie in der Logik des Textes nur als eine ganz außergewöhnliche Frau, eine Frau, die zwar schön ist und in verschiedenen Situationen grundsätzlich auch weiß, sich angemessen zu benehmen. Sie erreicht dies aber nur deswegen, weil sie sich gegen alle Gendervorurteile *wie ein Mann* verhält, also *obwohl* sie eine Frau ist – und zwar als Jungfrau. Trotz all dem bleibt ihre Situation prekär. Weil sie sich als Frau gegen seine Übergriffigkeit zur Wehr gesetzt hat, überlegt z.B. Alexander, ob sie nicht vielleicht ein Dämon, ja ein böser Dämon sein könnte (§21, S.166/167, Z.11–12). Obwohl der Text (eindeutiger als die *Akten des Paulus und der Thekla*) betont, dass Paulus sich im Kerker nicht allein befindet, als Thekla ihn dort aufsucht – sie erschreckt „alle, die gerade anwesend waren“ (§8, S.112/113, Z.12) –, vermutet Thamyris sofort, als er Thekla und Paulus gemeinsam im Gefängnis auffindet, ein sexuelles Verhältnis zwischen beiden (§10; S.120/121).[118] Wie sehr sich durch ihr nicht den Erwartun-

[118] Tatsächlich beschreiben die alten *Akten des Paulus und der*

gen ihrer Familie wie ihrer Gesellschaftsschicht konformes Verhalten der Blick auf sie ändert, zeigt die Tatsache, dass selbst ihre Mutter Theoklia ihr Verhalten nicht nur als „größte Schande" (§ 12; S. 128/128 Z. 17) für Heimat, Familie und Stadt bezeichnet, sondern sie mit einer Hure und einer Dienstmagd vergleicht (§ 12, S. 128/129, Z. 14), ein Motivfeld, das auch in § 15 im Zusammenhang mit der Übergriffigkeit des Alexander begegnet, der Paulus für den Zuhälter Theklas hält. Die Frau, die sich des für sie von ihrer Familie vorgesehenen Weges als Ehefrau und Mutter verweigert, gerät damit also in eine höchst prekäre Situation. Aus dem sozialen Gefüge gefallen und gegen vorgesehene Rollenmodelle verstoßend, kann sie in einer Honor-and-Shame-Gesellschaft sehr leicht als „Schande" angesehen werden. Dies ist nur damit aufzufangen, dass sie bleibend als „Jungfrau" und in entscheidenden Aspekten ihres Verhaltens als „männlich" beschrieben wird.

Thekla das Verhältnis zwischen Paulus und Thekla auf eine Weise, die durchaus an eine erotische Bindung zu erinnern vermag. Auch im *Leben der hl. Thekla* ist dieses Element nicht ganz verschwunden – zu denken ist etwa an § 27 (S. 188/189, Z. 4–5), wo Thekla die Stelle, an der Paulus einst im Haus des Onesiphoros gelehrt hatte, mit Küssen bedeckt. Schließlich scheint selbst die apokryphe *Epistula Titi* (Edition: De Bruyne, 47–72, hier 55, Z. 304) mit diesem Motiv zu spielen, wenn hier zu lesen ist, dass Paulus Thekla, die sich wünschte, seine Ketten zu küssen, aufforderte, ihn nicht zu berühren. Erwähnt bei Tommasi Moreschini, Thecla in the Latin Sources, 82 und 96.

3. Fazit und Ausblick

Damit sind zwar einige wichtige Themen gebündelt, die sich mit der „Symbolfigur“ Thekla verbinden lassen. Dies ist aber keineswegs alles, was gesagt werden könnte. Ich habe fast vollständig ausgespart, in welchen liturgischen Kontexten von Thekla die Rede ist und war.[119] Damit ist ein sicherlich entscheidendes Medium ihrer Rezeption weitgehend ausgeblendet. Andere Motive sind weniger mit ihrer Weiblichkeit verbunden als die oben Genannten. Thekla kann auch erinnert werden als diejenige, deren wirkmächtiges Fürbittgebet für Falconilla, die verstorbene Tochter Tryphänas, deren jenseitiges Schicksal wendet (§ 16.21 und 28). Besonders interessant wurde dies im Zusammenhang mit der Frage, ob es Christinnen und Christen möglich und erlaubt sei, auch für Nichtchristen Fürbitte einzulegen.[120] In engem Zusammenhang steht dies mit dem Bild einer Thekla, die auch noch nach ihrem Tode in verschiedensten Nöten – vor allem in der Region um Seleukia, nicht aber auf diese beschränkt – angerufen werden konnte und als mächtige Heilerin wirkte, ja als solche die alten Gottheiten (oder besser: Dämonen) und ihre Heilsstätten überwand.[121] Wir haben schon in einem frü-

---

[119] Hierzu z. B. Voicu, Thecla in the Christian East, 64–67.

[120] Ich bin hier Andrea Riedl zu Dank verpflichtet, die mich auf die mir unbekannten Texte Pseudo-Johannes von Damaskus, *Fid. Dorm* (PG 95,264A) sowie Markus Eugenikos, *Oratio altera* (Concilium Florentinum documenta et sciptores 71) verwiesen hat. Ersterer erwähnt zwar nicht Thekla, aber Falconilla als ein Beispiel, bei dem die Fürbitte einer Christin zur Rettung einer verstorbenen Nichtchristin geführt habe; der zweite argumentiert, dass die Gebete für die Verstorbenen allen gelten, und führt an, dass selbst Theklas Gebet für Falconilla erhört worden sei.

[121] Mit dem Motiv, dass die Hilfe Theklas auch um militärischen

heren Kapitel im Zusammenhang mit den *Wundern der hl. Thekla* davon gehört. Als wirkmächtige Beschützerin konnte sie „politisch tätig werden" – so etwa für Kaiser Zeno den Isaurier (Alleinherrscher in Ostrom 474–491), der sich erfolgreich auf eine Vision der Heiligen berief, um nach seinem Exil der Jahre 475–476 den Thron in Byzanz, der Stadt der Jungfrau Maria, wieder besteigen zu können.[122] Vor allem für Frauen der obersten Schichten konnte sie schließlich auch als Vorbild für das Zurücklassen von Reichtum und Privilegien gelten. Es ist kein Wunder, dass diese Form der Thekla-Rezeption erst ab der Mitte des vierten Jahrhunderts, also in einer Zeit, in der das Christentum auch die führenden Kreise des Römischen Reichs erreichte, an Bedeutung gewann.[123]

Schutz selbst für die Truppen Roms angerufen wird, spielt Claudian (ca. 370 – nach 404) in seinen *Carmina minora* (*Carm.* 51), in denen er sich – als Nichtchrist – ironisch mit den christlichen Kulten um die Heiligen auseinandersetzt. Erwähnt auch bei Tommasi Moreschini, Theca in the Latin Sources, 84–85 und 98–99.

[122] Überliefert in der Kirchengeschichte des Evagrius Scholasticus, *h.e.* 3,8 (Edition: Bidez/Parmentier, 107–108). Der Text erwähnt zudem, dass Zeno Thekla in Seleukia ein Heiligtum errichtete. – Hierzu ausführlicher Dell'Osso, Thecla in Visions. – Von anderen Visionen Theklas (aber auch Mariens und der Apostel), die die Heiligkeit seines Helden Martin von Tours (316/17–397) bestätigen sollen, spricht Sulpicius Severus, *dial.* 2,13–14 (363-ca. 420/25) (erwähnt bei Tommasi Moreschini, Thecla in the Latin Sources, 93).

[123] Das *Leben der hl. Thekla* bietet dieses Motiv in der Rede des Paulus an Thekla im Gefängnis (§ 9). Es wird aufgenommen in solch unterschiedlichen Texten aus Konstantinopel wie dem *Leben der Olympias* (§ 1), welches Thekla auch in ihrer Zurückweisung des Reichtums als Vorbild der Olympias darstellt, oder am Ende der 25. Homilie des Johannes Chrysostomus zur Apostelgeschichte (PG 60, 198, 10–14), wo wir lesen: „Hört euch an, was mit der gesegneten Thekla geschehen ist. Weil sie Paulus sehen wollte, gab sie ihren Reichtum auf. Stattdessen gebt ihr nicht einmal eine kleine Münze,

Damit ist jedoch noch nicht alles gesagt. Der allergrößte Teil dessen, was sich an schriftlichen Quellen zur Rezeption der Thekla-Figur erhalten hat, stammt aus der Feder von Männern. Die Perspektiven von Frauen bleiben bei all dem (fast) unsichtbar. Was uns vorliegt, ist also in jedem Falle höchst fragmentarisch und überaus einseitig. Trotz all dem aber wird erkennbar, wie schwierig es gewesen sein mag, das Potenzial, das in der Symbolfigur Thekla liegt, zu kontrollieren. Eine Frau wie sie ist in einem von erwachsenen, freien Männern einer gewissen Elite kontrollierten System nicht vorgesehen. So muss zwar zugegeben werden, dass sie als Apostolin missioniert, lehrt und tauft, dies aber kann aus der Perspektive zumindest der Texte, die uns begegneten, kaum mit Konstruktionen akzeptierter Weiblichkeit vereinbart werden. So rückt man Thekla in eine prekäre Rolle: Als Apostolin ist sie einzigartig und muss sich über alle Grenzen hinweg bewähren; selbst als Gebildete, die zur Lehrerin werden kann, ist sie eine Ausnahme und benötigt einen männlichen Begleiter. Sie kann im Grunde nicht mehr als Frau wie andere angesehen werden – und kann so nur für bestimmte Einzelfälle, also Frauen, die ein jungfräuliches, asketisches Leben führen und sich wenigstens teilweise unter die Kontrolle von spirituellen Führern stellen, zum Vorbild werden.

Ich möchte bei dieser historischen Einsicht jedoch nicht stehenbleiben. All dies deutet nämlich an, was möglich wäre, wenn die Figur Thekla, befreit von den Stereotypen

---

um Christus zu sehen. Ihr bewundert ihre Geschichte, aber ihr versucht nicht, sie nachzuahmen." Voicu, Thecla in the Christian East, 57 und Anm. 44, verweist zudem auf eine weitere Johannes Chrysostomus zugeschriebene Passage aus Ms. Moskau Sin.gr.128 (Vlad. 159), f. 353vb, die ähnlichen Inhalts ist. Publikation: Voicu, Ancora due omelie, 489.

von Männern dominierter Welten und Weltperspektiven, aufs Neue als Symbolfigur belebt würde. Es mag ironisch, ja vielleicht absurd klingen, wenn dies von einem älteren weißen Mann wie mir gefordert wird. Mir ist klar, dass dies nur aus anderen Perspektiven als aus der meinen möglich ist. Und trotzdem: Der Figur „Thekla" kommt das Potenzial zu, zu einem Symbol für die Bewegungen kluger und selbstbewusster Frauen innerhalb der Kirchen zu werden, Frauen, die sich mutig und standhaft aus ihnen vorgegebenen Rollenmodellen zu befreien wissen – und die nicht nur *trotzdem*, sondern *deswegen* einen angemessenen Platz in den Kirchen (und den freien Gesellschaften) unserer Zeit finden sollten, ja für diese unverzichtbar sind. Der Blick jenseits des „Tellerrands" lohnt sich.

Ergebnis und Ausblick

Die vorliegende kurze Skizze zur Bedeutung spätantiker apokrypher Apostelerzählungen hat eine Reihe von Grenzen überschritten – und zwar nicht nur die Grenze von kanonischen Texten zu literarischen Zeugnissen jenseits des Kanons, sondern auch die vom frühen Christentum zur Spätantike und dem, was wir Mittelalter zu nennen pflegen. Apokryphe oder parabiblische Schriften existierten, ja florierten auch nach der Entstehung und Festigung des biblischen Kanons. Vielen von ihnen kam wenigstens für bestimmte Regionen und über gewisse Zeiträume eine alles andere als marginale Rolle zu, die sich nicht allein in Praktiken einer sogenannten „Volksfrömmigkeit" erschöpfte. Manche Entwicklungslinien haben sich erst dann zeigen lassen, wo die Grenzen zwischen sogenannten Apokryphen und sogenannten Hagiographen außer Acht gelassen wurden. Darüber hinaus ergeben sich weitere Resultate. Sie ließen sich sicherlich durch die Betrachtung weiterer Beispiele differenzieren, relativieren und vertiefen:

(1) Zwar mag das Genre mancher Apostelerzählungen durch das des antiken Romans beeinflusst sein, zwar mag es sinnvoll sein, manche dieser Texte in Bezug zur kanonischen Apostelgeschichte zu setzen. Die Vielfalt dessen, was uns als Apostelerzählungen überliefert ist, sperrt sich aber gegen jede allzu enge Einordnung in das Korsett einer Gattung oder eines Genres; und die Form vieler der angesprochenen, häufig zudem in fluider Weise überlie-

ferten Schriften hat mit der der kanonischen Apostelgeschichte herzlich wenig zu tun. Gleichzeitig hat sich gezeigt, dass sich wenigstens einige der untersuchten Texte nicht nur als Apostelerzählungen, sondern als Schriften über das Wirken Jesu über seinen Tod hinaus deuten lassen: Bei genauem Hinsehen ist der eigentliche Protagonist vieler der Texte, die wir betrachtet haben, nicht einfach der Apostel oder die Apostolin, sondern der auferweckte Christus, der als Handlungssouverän agiert. Ganz offensichtlich kommt dieses Phänomen dem Bedürfnis vieler Christinnen und Christen entgegen, die bleibende Präsenz und Wirksamkeit Christi auch in ihrer Zeit und Welt erfahren zu können.

(2) Eine der entscheidenden Funktionen vieler Apostelerzählungen besteht darin, den grundlegenden Antagonismus zwischen dem durch die Apostel repräsentierten Christus und den Vertretern griechisch-römischer Kulte, die häufig als Repräsentanten tatsächlich wirksamer dämonischer, ja diabolischer Mächte gesehen werden, zu thematisieren. Obwohl Erzählungen über die Überwindung der alten Kulte, die Zerstörung von Kultorten und die Konversion ihrer Repräsentanten in vielen Apostelerzählungen begegnen, variiert ihre Funktion. Dies liegt schon daran, dass einige Erzählungen deutliches Lokalkolorit aufweisen, andere nicht. In einigen Fällen (wie bei den *Akten des Johannes* oder beim *Martyrium des Markus*) hat sich gezeigt, dass sich unterschiedliche Möglichkeiten der Interpretation des gleichen Texts bieten, je nachdem, zu welcher Zeit und an welchem Ort oder welchen Ortskenntnissen man ihn liest. Wo wir die Texte schließlich nicht als neutrale Berichte über die Vergangenheit oder Beschreibungen des Stands der Dinge lesen, sondern als klare Grenzen setzende Statements in Kontrover-

sen, lassen sie uns wenigstens an manchen Stellen auch hinter die Kulissen blicken. Sie zeigen wenigstens indirekt und am Rande, dass manche aus heutiger Perspektive selbstverständlich erscheinende Grenze zwischen „heidnischen" und „christlichen" Welten in der Entstehungszeit der Schriften keineswegs klar gewesen sein mag. So bieten sich, wenn auch meist in gebrochener Form, immer wieder Einblicke in Abgrenzungsprozesse. Die Texte fordern auf, Räume der Uneindeutigkeit zu verlassen und die angebotenen Identitätskonstruktionen anzunehmen. Damit aber bezeugen sie auch, dass die Zahl der Stimmen in der Kontroverse größer gewesen sein muss als das, was uns heute noch direkt bezeugt ist.

(3) Auch wenn sich gezeigt hat, dass es zu einfach wäre, antike Apostelerzählungen grundsätzlich als anti-imperiale Kampfschriften zu deuten, die die sozialen Missverhältnisse des Römischen Reichs ins Visier nehmen, wird deutlich, dass viele dieser Texte als Stimmen in Machtdiskursen von politischer Bedeutung verstanden werden können. Dabei spielt regelmäßig die Auseinandersetzung um die Präsenz von Aposteln und/oder Apostelgräbern eine Schlüsselrolle: Ein besonders schönes Beispiel bieten etwa die um Zypern rankenden Barnabastraditionen, die mehrfach neuen politischen Verhältnissen angepasst wurden, um die Unabhängigkeit der Kirche Zyperns von der Antiochiens zu sichern. Da die Präsenz eines Apostelgrabs häufig mit der Vorstellung einer bleibenden Anwesenheit und Wirksamkeit des Apostels verbunden wurde, waren Apostelgräber wegen der damit einher gehenden Pilgerströme auch von wirtschaftlicher Bedeutung. Wo die Wirksamkeit von Aposteln bei der Gründung wichtiger Kirchen nicht gesichert werden konnte (wie in dem einfach zu spät gegründeten Konstantinopel), wurden an-

dere Techniken entwickelt: die Überführung von Reliquien oder die Einführung von Legenden über die Wirksamkeit der Gottesmutter Maria an konkreten Orten. Erneut zeigt sich dabei, dass Pauschalurteile über die Funktion der Einzeltexte nicht angebracht sind – unterschiedliche Schriften beanspruchen auf verschiedene Weisen Autorität in z. T. komplex strukturierten Kontroversen um Macht.

(4) Wo wir uns nicht nur für die wenigen Daten interessieren, die über das Leben von Aposteln und Heiligen rekonstruierbar sind, sondern für die verschiedenen Weisen, in denen man sich ihrer erinnerte, kann das Zeugnis apokrypher Apostelerzählungen eine entscheidende Rolle spielen. Am Beispiel der Apostolin Thekla konnte gezeigt werden, wie die heute z. T. nur fragmentarischen Zeugnisse über diese Figur erkennbar werden lassen, in welchen Diskursen und Kontroversen sie als Symbol verstanden werden konnte – und welches Potenzial ihr auch heute noch als Symbolfigur im Hinblick auf die Rolle von Frauen in Kirche und Gesellschaft zukommen könnte.

Alles in allem zeigt sich bereits in dieser Skizze: Wo wir uns nicht nur auf die fünf frühen Apostelakten und nicht nur auf deren älteste erreichbare Textform konzentrieren, öffnet sich ein kaum überschaubares Feld faszinierender Quellen, das bisher kaum beackert ist. Es lohnt sich, diese Quellen ernst zu nehmen.

Literaturverzeichnis

Aetheria/Egeria: Reise ins Heilige Land. Lateinisch-deutsch, hg. und üs. von Kai Brodersen, Sammlung Tusculum (Berlin – Boston: de Gruyter, 2016).

Alexander Monachus: Laudatio Barnabae. Lobrede auf Barnabus, eingel. von Bernd Kollmann, üs. von Bernd Kollmann und Werner Deuse, Fontes Christiani 46 (Turnhout: Brepols, 2007).

Albrecht, Ruth, *Das Leben der heiligen Makrina auf dem Hintergrund der Thekla-Traditionen: Studien zu den Ursprüngen des Mönchtums im 4. Jahrhundert in Kleinasien*, Forschungen zur Kirchen- und Dogmengeschichte 38 (Göttingen: Vandenhoeck & Ruprecht, 1986).

Alkier, Stefan und Thomas Paulsen, *Die Evangelien nach Markus und Matthäus. Neu übersetzt*, Frankfurter Neues Testament 2 (Paderborn: Brill Deutschland/Schöningh, 2021).

Allberry, Charles Robert Cecil, *A Manichaean Psalm-Book* II (Stuttgart: W. Kohlhammer, 1938).

Altaner, Berthold und Alfred Stuiber, *Patrologie: Leben, Schriften und Lehre der Kirchenväter* (Freiburg i. Br. u. a.: Herder, [9]1978).

Amand, David, und Matthieu-Charles Moons, Une curieuse homélie grecque inédite sur la virginité adressée aux pères de famille, in *RBen* 68 (1953) 18–69.

Ambrosius: De Virginibus. Über die Jungfrauen, übers. und eingel. von P. Dückers, FC 81 (Turnhout: Brepols, 2009).

Amsler, Frédéric und Bertrand Bouvier, Martyre de Matthieu, in *Écrits apocryphes chrétiens* 2, hg. von Pierre Geoltrain und Jean-Daniel Kaestli, Bibliothèque de la Pléiade (Paris: Gallimard, 2005) 541–564.

Amsler, Frédéric, Bertrand Bouvier und François Bovon (Hg.), *Acta Philippi*, CCSA 11 (Turnhout: Brepols, 1999).

Arbeiter, Achim, El santuario de Tecla (Ayatekla) en Seleucia, in *Thecla: Paul's Disciple and Saint in the East and West*, hg. von Jeremy W. Barrier, Jan N. Bremmer, Tobias Nicklas und Armand Puig i Tàrrech, Studies on Early Christian Apocrypha 12 (Leuven et al.: Peeters, 2017) 152–204.

Arbeo: Leben und Leiden des hl. Emmeram, hg. und übers. von Bernhard Bischoff (München: Heimeran Verlag, 1953 [Nachdruck in der Tusculum-Bücherei, o.J.]).

Assmann, Jan, *Das kulturelle Gedächtnis. Schrift, Erinnerung und politische Identität in frühen Hochkulturen* (München: C.H. Beck, 1997).

Attridge, Harold W., Acts of John, in *Early New Testament Apocrypha*, hg. von J. Christopher Edwards, Ancient Literature for New Testament Studies 9 (Grand Rapids: Zondervan Academic, 2022) 216–234.

Backhaus, Knut, Zur Datierung der Apostelgeschichte: Ein Ordnungsversuch im chronologischen Chaos, in *Die Entgrenzung des Heils: Gesammelte Studien zur Apostelgeschichte*, WUNT 422 (Tübingen: Mohr Siebeck, 2019) 87–128.

Bardenhewer, Otto, *Geschichte der altkirchlichen Litteratur [!] 1: Vom Ausgang des Apostolischen Zeitalters bis zum Ende des zweiten Jahrhunderts* (Freiburg i.Br.: Herder, 1913 [Ndr. Darmstadt: Wissenschaftliche Buchgesellschaft; 1962, weitere Nachdrucke bis 2018]).

Barnes, Timothy, D., ‚Another Shall Gird Thee': Probative Evidence for the Death of Peter, in *Peter in Early Christianity*, hg. v. Helen K. Bond und Larry W. Hurtado (Grand Rapids: Eerdmans, 2015) 76–95.

Barrier, Jeremy W., *The Acts of Paul and Thecla. A Critical Introduction and Commentary*, WUNT II.270 (Tübingen: Mohr Siebeck, 2009).

Bauer, Johann Baptist, *Die neutestamentlichen Apokryphen* (Düsseldorf: Patmos, 1968).

Becker, Paul (Hg.), *Eugippius: Vita Sancti Severini* (Münster: Aschendorff, ²1982).

Berger, Albrecht, *Konstantinopel: Geschichte, Topographie, Religion*, Standorte in Antike und Christentum 3 (Stuttgart: Hiersemann, 2011).

Bolyki, Janos, Miracle Stories in the Acts of John, in *The Apocryphal Acts of John*, hg. von Jan N. Bremmer, Studies on Apocryphal Acts of the Apostles 1 (Kampen: Kok, 1995) 15–35.

Bonnet, Maximilian, Martyrium Matthaei, in *Acta Apostolorum apocrypha 2*, hg. von Maximilian Bonnet und Richard A. Lipsius (Leipzig: Mendelssohn, 1889–1903 [Ndr. Hildesheim: Olms, 1959]) 217–262.

Bonnet, Maximilian, Passio Bartholomaei, in *Acta Apostolorum Apocrypha I/1* (Leipzig: Hermann Mendelssohn, 1898 [Ndr.: Hildesheim et al.: Georg Olms, 1990]) 128–140.

Bonnet, Maximilian (Hg.), *Acta Thomae graece partim cum novis codicibus contulit partim primus edidit, latine recensuit* (Leipzig: Hermann Mendelssohn, 1883).

Bonnet, Maximilian, Martyrium Sancti Apostoli Andreae, in *AnaBoll* 13 (1894) 353–372.

Bovon, François, L'enfant Jésus durant la fuite en Égypte: Les récits apocryphes de l'enfance comme légendes profitables à l'âme, in *The Apocryphal Gospels within the Context of Early Christian Theology*, hg. von Jens Schröter, BETL 260 (Leuven et al.: Peeters, 2013) 249–270.

Bovon, François und Christopher R. Mathews, *Acts of Philip: A New Translation* (Waco, Tx.: Baylor University Press, 2012).

Brakke, David, The Authenticity of the Ascetic Athanasiana, in *Orientalia* 63 (1994) 17–56.

Braun, René, *Deus christianorum: Recherches sur le vocabulaire doctrinal de Tertullien*, Collection des Études Augustiniennes 70 (Turnhout: Brepols, 1977).

Bremmer, Jan N., Felicitas: The Martyrdom of a Young African Woman, in *Perpetua's Passions: Multidisciplinary Approaches to the Passio Perpetuae et Felicitatis*, hg. von Jan N. Bremmer und Marco Formisano (Oxford: Oxford University Press, 2012) 35–53.

Bremmer, Jan N., Aspects of the *Acts of Peter*: Women, Magic, Place and Date, in *Maidens, Magic and Martyrs in Early Christianity*, WUNT 379 (Tübingen: Mohr Siebeck, 2017) 133–147.

Bremmer, Jan N., Magic, Martyrdom and Women's Liberation in the *Acts of Paul and Thecla*, in *Maidens, Magic and Martyrs in Early Christianity*, WUNT 379 (Tübingen: Mohr Siebeck, 2017) 149–165.

Bremmer, Jan N., The *Apocryphal Acts*: Authors, Place, Time and Readership, in *Maidens, Magic and Martyrs in Early Christianity: Collected Essays*, WUNT 379 (Tübingen: Mohr Siebeck, 2017) 219–234.

Bremmer, Jan N., The Motivation of Martyrs: Perpetua and the Palestinians, in *Maidens, Magic and Martyrs in Early Christianity: Collected Essays*, WUNT 379 (Tübingen: Mohr Siebeck, 2017) 403–422.

Bremmer, Jan N., Jews, Pagans and Christians in the Apocryphal Acts, in *Juden – Heiden – Christen? Religiöse Inklusion und Exklusion in Kleinasien bis Decius*, hg. von Stefan Alkier und Hartmut Leppin, WUNT 400 (Tübingen: Mohr Siebeck, 2018) 333–362.

Bremmer, Jan N., Slaves of God / Christ: Narrated Total Devotion in the apocryphal *Acts of Peter*, in *Religion* 53.1 (2023) 87–115.

Bremmer, Jan N., Timothy, John and Ephesus in the *Acts of Timothy*, in *The Apostles Peter, Paul, John, Thomas and Philip with their Companions in Late Antiquity*, hg. von Tobias Nicklas, Janet E. Spittler und Jan N. Bremmer, Studies on Early Christian Apocrypha 17 (Leuven et al.: Peeters, 2021) 215–239.

Brière, Maurice, *Les Homiliae cathedrales de Sévère d'Antioch: Homélies XCI à XCVIII*, in Patrologia Orientalis 121 (25.1) (Paris: Firmin-Didot, 1943) 121–138.

Buchinger, Harald, Liturgy and Early Christian Apocrypha, in *The Oxford Handbook of Early Christian Apocrypha*, hg. von Andrew Gregory und Christopher Tuckett (Oxford: Oxford University Press, 2015) 361–377.

Brubaker, Leslie und John Haldon, *Byzantium in the Iconoclast Era c. 680–850. A History* (Cambridge: Cambridge University Press, 2011).

de Bruyne, Donatien, Epistula Titi, discipuli Pauli de despositione sanctimonii, in *RevBen* 37 (1925) 47–72.

Burke, Tony und Brent Landau (Hg.), *New Testament Apocry-*

pha: More Noncanonical Scriptures 1 (Grand Rapids: Eerdmans, 2016).

Burke, Tony (Hg.), *New Testament Apocrypha: More Noncanonical Scriptures 2 und 3* (Grand Rapids: Eerdmans, 2020 und 2023).

Burridge, Richard A., *What are the Gospels? A Comparison with Graeco-Roman Biography* (Waco, TX: Baylor University Press, [3]2018 [1993]).

Calhoun, Robert Matthew, David P. Moessner und Tobias Nicklas (Hg.), *Modern and Ancient Literary Criticism of the Gospels*, WUNT 451 (Tübingen: Mohr Siebeck, 2020).

Callon, Callie, Images of Empire. Imagining the Self: The Significance of the Imperial Statue Episode in the Acts of Peter, in *HThR* 106 (2013) 331–355.

Calzolari, Valentina, The Legend of St Thecla in the Armenian Tradition: from Asia Minor to Tarragona through Armenia, in *Thecla: Paul's Disciple and Saint in the East and West*, hg. von Jeremy W. Barrier, Jan N. Bremmer, Tobias Nicklas und Armand Puig i Tàrrech, Studies on Early Christian Apocrypha 12 (Leuven et al.: Peeters, 2017) 283–303.

Calzolari, Valentina, The Legend of St. Thecla in the Armenian Tradition: From Asia Minor to Tarragona through Armenia, in *The Apocryphal Acts of the Apostles in Armenian*, Studies on Early Christian Apocrypha 18 (Leuven et al.: Peeters, 2022) 83–103.

Calzolari, Valentina, Martyrdom and Collective Rescue. The *Acts of Thecla* and the *History of Armenia* by Agat'angelos, in *The Apocryphal Acts of the Apostles in Armenian*, Studies on Early Christian Apocrypha 18 (Leuven et al.: Peeters, 2022) 104–124.

Calzolari, Valentina, Holy Women Preachers and Apostles: The *Acts of Thecla* and the *Martyrdom of Thaddaeus and Sanduxt* in Armenian, in *The Apocryphal Acts of the Apostles in Armenian*, Studies on Early Christian Apocrypha 18 (Leuven et al.: Peeters, 2022) 148–177.

Capponi, Livia, Serapis, Boukoloi and Christians from Hadrian to Marcus Aurelius, in *Hadrian and the Christians*, hg. von

Marco Rizzi, Millenium-Studies 30 (Berlin – New York: de Gruyter, 2010) 121–139.

Carter, Warren, Revelation and Roman Culture in First-Century Asia Minor, in *The Oxford Handbook of Revelation*, hg. von Craig R. Koester (Oxford: Oxford University Press, 2020) 133–152.

Cipriano, Guiseppina, *El-Bagawat. Un cimitero paleocristiano nell'alto Egitto*, Richerche di Archeologia a Antichità Cristiane 3 (Todi: Tau Editrice, 2008).

Coffey, Thomas F. und Maryjane Dunn, *The Miracles and Translatio of Saint James* (New York – Bristol: Italica Press, 2019).

Cooper, Kate, *The Virgin and the Bride* (Cambridge, Mass.: Harvard University Press, 1996).

Cox Miller, Patricia, *Dreams in Late Antiquity: Studies in the Imagination of a Culture* (Princeton, N. J.: Princeton University Press, 1994).

Czachesz, Istvan, *Commission Narratives: A Comparative Study of the Canonical and Apocryphal Acts*, Studies on Early Christian Apocrypha (Leuven et al.: Peeters, 2007).

Czachesz, Istvan, Die unbeholfenen Zauberlehrlinge in Ephesus (Die Söhne des Skevas) – Apg 19,11–17, in *Kompendium der frühchristlichen Wundererzählungen 2: Die Wunder der Apostel*, hg. von Ruben Zimmermann et al. (Gütersloh: Gütersloher Verlagshaus, 2017) 257–267.

Czachesz, Istvan, ‚Unser Sohn ist Magier geworden!' (Wunderbare Brandlöschung in Philippi). ActAndr(Greg) 12, in *Kompendium der frühchristlichen Wundererzählungen 2: Die Wunder der Apostel*, hg. von Ruben Zimmermann u. a. (Gütersloh: Gütersloher Verlagshaus, 2017) 801–806.

Dagron, Gilbert, *Vie et Miracles de Sainte Thècle. Text grec, traduction et commentaire*, SHG 62 (Brüssel: Société des Bollandistes, 1978).

Dalton, Ormond M., *Catalogue of Early Christian Antiquities and objects from the Christian East in the Department of British and Mediaeval Antiquities and Ethnography of the British Museum* (Oxford: Horace Hart, 1901).

Davies, Oliver, und Thomas O'Loughlin, *Celtic Spirituality* (New York – Mahwah: Paulist Press, 2000).

Davis, Stephen J., *The Cult of St Thecla: A Tradition of Women's Piety in Late Antiquity* (Oxford Early Christian Studies; Oxford: Oxford University Press, ²2009 [2001]).

Davis, Stephen J., An Arabic Acts of Paul and Thecla: Text and Translation, with Introduction and Critical Commentary, in *Thecla: Paul's Disciple and Saint in the East and West*, hg. von Jeremy W. Barrier, Jan N. Bremmer, Tobias Nicklas und Armand Puig i Tàrrech, Studies on Early Christian Apocrypha 12 (Leuven et al.: Peeters, 2017) 106–51.

Deissmann, Adolph, *Licht vom Osten: Das Neue Testament und die neuentdeckten Texte der hellenistisch-römischen Welt* (Tübingen: Mohr, 1923).

Dell'Osso, Carlo, Thecla in Visions: the Case of Zeno, in *Thecla: Paul's Disciple and Saint in the East and West*, hg. von Jeremy W. Barrier, Jan N. Bremmer, Tobias Nicklas und Armand Puig i Tàrrech, Studies on Early Christian Apocrypha 12 (Leuven et al.: Peeters, 2017) 17–31.

Die Legende der Maria aus Ägypten. Bios Marias Aigyptias, übersetzt und erläutert von Gabriele Ziegler, Quellen der Spiritualität 8 (Münsterschwarzach: Vier Türme Verlag, 2013) (= Ziegler).

Díaz y Díaz, Manuel, *Escritos jacobeos* (Santiago de Compostela: Universidade de Santiago de Compostela, 2010).

Döhler, Marietheres (Hg.), *Acta Petri: Text, Übersetzung und Kommentar zu den Actus Vercellenses*, TU 171 (Berlin – Boston: de Gruyter, 2018).

Dolbeau, François, Listes d'apôtres et de disciples, in Écrits apocryphes chrétiens 2, hg. von Pierre Geoltrain und Jan-Daniel Kaestli, Bibliothèque de la Pléiade (Paris: Gallimard, 2005) 453–480.

Drijvers, Han J.W., Thomasakten, in *Neutestamentliche Apokryphen II: Apostolisches, Apokalypsen und Verwandtes*, hg. von Wilhelm Schneemelcher (Tübingen: Mohr Siebeck, ⁶1997) 289–367.

Dvornik, Francis, *The Idea of Apostolicity in Byzantium and the*

Legend of the Apostle Andrew (Cambridge, Mass.: Harvard University Press, 1958).

Eastman, David L., *The Ancient Martyrdom Accounts of Peter and Paul*, SBL.Writings from the Greco-Roman World 39 (Atlanta: SBL, 2015).

Eastman, David L., *The Many Deaths of Peter and Paul*, Oxford Early Christian Studies (Oxford et al.: Oxford University Press, 2019).

Ebner, M. und Elisabeth Esch-Wermeling (Hg.), *Kaiserkult, Wirtschaft und spectacula. Zum politischen und gesellschaftlichen Umfeld der Offenbarung*, NTOA 72 (Göttingen: Vandenhoeck & Ruprecht, 2011).

Fitzgerald Johnson, Scott, *The Life and Miracles of Thekla: A Literary Study* (Cambridge, Mass. – London: Harvard University Press, 2006).

Förster, Niclas, Der besiegte Magier (Die Blendung des Barjesus Elymas) – Apg 13,6–12, in *Kompendium der frühchristlichen Wundererzählungen 2: Die Wunder der Apostel*, hg. von Ruben Zimmermann et al. (Gütersloh: Gütersloher Verlagshaus, 2017) 216–227.

Forrer, Robert, *Die frühchristlichen Altertümer aus dem Gräberfelde von Achmim-Panopolis (nebst analogen unedirten [!] Funden aus Köln etc.)* (Strasbourg: Lohbauer, 1893).

François, Étienne, Pierre Nora und die ‚Lieux de mémoire', in *Erinnerungsorte Frankreichs*, hg. von Pierre Nora (München: C. H. Beck, 2005) 7–14.

François, Étienne und Hagen Schulze, Einleitung, in *Deutsche Erinnerungsorte 1*, hg. v. Étienne François und Hagen Schulze (München: C. H. Beck, 2009 [2001]) 9–24.

Frenschkowski, Marco, Zwillingsmythologie in der Thomastradition, in *The Apocryphal Gospels within the Context of Early Christian Theology*, hg. von Jens Schröter, BETL 270 (Leuven et al.: Peeters, 2013) 509–528.

Frey, Jörg, Joh 1,14, die Fleischwerdung des Logos und die Einwohnung Gottes in Jesus Christus. Zur Bedeutung der „Schechina-Theologie" für die johanneische Christologie, in *Das Geheimnis der Gegenwart Gottes: Zur Schechina-Vorstellung im Judentum und Christentum*, hg. von Bernd Janowski und

Enno Edzard Popkes, WUNT 318 (Tübingen: Mohr Siebeck, 2014) 231–256.

Freyne, Seyne, The Fisherman from Bethsaida, in *Peter in Early Christianity*, hg. v. Helen K. Bond und Larry W. Hurtado (Grand Rapids: Eerdmans, 2015) 19–29.

Friesen, Stephen J., A Useful Apocalypse: Domestication and Destabilization in the Second Century, in *New Perspectives on the Book of Revelation*, hg. von Adela Yarbro Collins, BETL 291 (Leuven et al.: Peeters, 2017) 79–104.

Fürst, Alfons, *Christentum als Intellektuellen-Religion. Die Anfänge des Christentums in Alexandria*, SBS 213 (Stuttgart: Katholisches Bibelwerk, 2007).

Furlong, Dean, *The John also called Mark: Reception and Transformation in Christian Tradition*, WUNT II.518 (Tübingen: Mohr Siebeck, 2020).

Georges, Tobias, *Tertullian ‚Apologeticum'*, Kommentar zu frühchristlichen Apologeten 11 (Freiburg et al.: Herder, 2011).

Giles, J.A., *The Uncanonical Gospels and Other Writings, Referring to the first Ages of Christianity, in the Original Languages: Collected together from the Editions of Fabricius, Thilo, and Others* (London: Nutt, 1852) 327–336.

Gotter, Ulrich, Thekla gegen Apoll. Überlegungen zur Transformation regionaler Sakraltopographie in der Spätantike, in *Clio* 85 (2003) 189–211.

Gutschmid, Alfred von, Die Königsnamen in den apokryphen Apostelgeschichten. Ein Beitrag zur Kenntniß [!] des geschichtlichen Romans, in *Rheinisches Museum* NF 19 (1864) 161–183.

Haas, Christopher, *Alexandria in Late Antiquity: Topography and Social Conflict* (Baltimore – London: Johns Hopkins University Press, 1997).

Hahn, Johannes, The Conversion of the Cult Statues: The Destruction of the Serapeum 392 A.D. and the Transformation of Alexandria into the ‚Christ-Loving City', in *From Temple to Church. Destruction and Renewal of Local Public Topography in Late Antiquity*, hg. von Johannes Hahn, Stephen Emmel und Ulrich Gotter (Leiden et al.: Brill, 2008) 335–365.

Hakobyan, Zaruhi, Saint Thecla: The Iconographical Tradition and the Witnesses of Her Veneration in Early Medieval Armenia, in *Sharing Myths, Texts and Sanctuaries in the South Caucasus. Apocryphal Themes in Literatures, Arts and Cults from Late Antiquity to the Middle Ages*, hg. von Igor Dorfmann-Lazarev, Studies on Early Christian Apocrypha 19 (Leuven et al.: Peeters, 2022) 249–276.

Halkin, François, La légende crétoise de saint Tite, in *AnaBoll* 79 (1961) 241–256.

Halkin, François, Les actes apocryphes de saint Héraclide de Chypre, disciple de l'apôtre Barnabé, in *AnaBoll* 82/1.2 (1964) 133–169.

Hallinger, Stephanie und Tobias Nicklas, Von der Illustration zum Text. Ein intermediales Experiment mit der *Bamberger Apokalypse*, in *Textforschung zu Septuaginta, Hebräerbrief und Apokalypse. Die Relevanz von Textkritik für die Erforschung des frühen Judentums, des Neuen Testaments und des frühen Christentums: Festschrift für Martin Karrer zum 70. Geburtstag*, hg. von Georg Gäbel, Matthias Geigenfeind und Darius Müller, ANTF 60 (Berlin – Boston: de Gruyter, 2024) 351–378.

Hartl, Martina, *Leichen, Asche und Gebeine. Der frühchristliche Umgang mit dem toten Körper und die Anfänge des Reliquienkults*, Handbuch zur Geschichte des Todes im frühen Christentum und seiner Umgebung 3 (Regensburg: Schnell + Steiner, 2018).

Heid, Stefan (Hg.), *Petrus und Paulus in Rom. Eine interdisziplinäre Debatte* (Freiburg et al.: Herder, 2011).

Hilhorst, Anton, Tertullian on the Acts of Paul, in *The Apocryphal Acts of Paul and Thecla*, hg. v. Jan N. Bremmer, Studies on the Apocryphal Acts of the Apostles 2 (Kampen: Kok Pharos, 1996) 150–163.

Hirsch-Luipold, Rainer, *Gott wahrnehmen: Die Sinne im Johannesevangelium*, WUNT 374 (Tübingen: Mohr Siebeck, 2017).

Hötzinger, Heike, Lebens-entscheidender Wettstreit der Götter (Heilung vieler Krankheiten in Ephesus; Prodigium vor Artemisstatue); in *Kompendium der frühchristlichen Wunder-*

erzählungen 2: Die Wunder der Apostel, hg. von Ruben Zimmermann et al. (Gütersloh: Gütersloher Verlagshaus, 2017) 335–350.

Holste, Jonathan D. und Janet E. Spittler, The Acts of Thomas and His Wonderworking Skin, in *New Testament Apocrypha: More Noncanonical Scriptures 2* (Grand Rapids: Eerdmans, 2020) 316–339.

Horsley, Richard A., *Paul and Empire: Religion and Power in Roman Imperial Society* (London: Continuum, 1997).

Howard, George, *The Teaching of Addai*, SBL.Texts and Translations 16 (Chico, Cal.: Scholars Press, 1981).

Huebenthal, Sandra, Anti-Gospel Revisited, in *Reading the Political in Jewish and Christian Texts*, hg. von Julia A. Snyder und Korinna Zamfir, Biblical Tools and Studies 38 (Leuven et al.: Peeters, 2020) 137–158.

Hunt, Arthur S., 1077. Amulett: St. Matthew's Gospel in, in *Oxyrhynchus Papyrti VIII* (London: Egypt Exploration Society, 1911) 10–11.

Hylen, Susanne E., *Women in the New Testament World* (Oxford: Oxford University Press, 2019).

Jacobs, Andrew S., *The Life of Thecla: Apocryphal Expansion in Late Antiquity* (Eugene, Or.: Cascade Books, 2024).

Jaroš, Karl, *Das Neue Testament und seine Autoren. Eine Einführung* (Köln u. a.: Böhlau, 2008).

Junod, Éric und Jean-Daniel Kaestli (Hg.), *Acta Johannis 1–2*, CCSA 1–2 (Turnhout: Brepols, 1983).

Kaegi, Walter E., *Heraclius: Emperor of Byzantium* (Cambridge: Cambridge University Press, ²2004 [2003]).

Kaestli, Jean-Daniel, Les scènes d'attribution des champs de mission et de départ de l'apôtre dans les Actes apocryphes, in *Les Actes apocryphes des apôtres: christianisme et monde païen*, hg. von François Bovon (Genf: Labor et fides, 1981) 249–264.

Kaestli, Jean-Daniel und Willy Rordorf, La fin de la vie de Thècle dans les manuscrits des Actes de Paul et Thècle. Éditions des textes additionels, in *Apocrypha* 25 (2014) 9–102.

Karakolis, Christos, Paul's Mission to Hispania: Some Critical Observations, in *The Last Years of Paul: Essays from the Tar-*

ragona Conference, June 2013, hg. von Armand Puig i Tarrèch, John M. G. Barclay und Jörg Frey, WUNT 352 (Tübingen: Mohr Siebeck, 2015) 507–519.

Karmann, Thomas, „Er erkannte sie nicht, …“ Maria, das Virginitätsideal und Mt 1,18–25 im späten 4. Jahrhundert, in *Asceticism and Exegesis in Early Christianity. The Reception and Use of the New Testament in Ancient Christian Ascetic Discourse*, hg. von Hans-Ulrich Weidemann, NTOA 101 (Göttingen: Vandenhoeck & Ruprecht, 2013) 118–147.

Katzoff, Ranon, Tacitus, Annales, I, 74: The Case of Granius Marcellus, in *Am. J. Philol.* 92 (1971) 680–684.

Klauck, Hans-Josef, *Magie und Heidentum in der Apostelgeschichte des Lukas*, SBS 167 (Stuttgart: Katholisches Bibelwerk, 1996).

Klauck, Hans-Josef, *Apokryphe Apostelakten* (Stuttgart: Katholisches Bibelwerk, 2005).

Klauck, Hans-Josef, *Die apokryphe Bibel: Ein anderer Zugang zum frühen Christentum*, Tria Corda 4 (Tübingen: Mohr Siebeck, 2008).

Kollmann, Bernd, Einleitung, in: *Alexander Monachus: Laudatio Barnabae. Lobrede auf Barnabas*, eingel. von Bernd Kollmann, üs. von Bernd Kollmann und Werner Deuse, Fontes Christiani 46 (Turnhout: Brepols, 2007) 7–60.

Kollmann, Bernd und Werner Deuse (Hg.), *Alexander Monachus: Laudatio Barnabae. Lobrede auf Barnabas*, Fontes Christiani 46 (Turnhout: Brepols, 2007).

Kollmann, Bernd und Burghard Schröder, *Der Evangelist Markus: Historische Konturen. Altkirchliche Legenden. Hagiographische Zeugnisse*, SBS 257 (Stuttgart: Katholisches Bibelwerk, 2023).

Kollmann, Bernd und Burghard Schröder (Hg.), *Pseudo-Basilius von Seleukia. Vita et Miracula Sanctae Theclae. Leben und Wunder der Heiligen Thekla*, FC 93 (Freiburg i. Br.: Herder, 2021).

Kraus, Andreas, *Die Translatio S. Dionysii Areopagitae von St. Emmeram in Regensburg*, Sitzungsberichte der Bayerischen Akademie der Wissenschaften. Philosophisch-historische

Klasse, 1972.3 (München: Verlag der Bayerischen Akademie der Wissenschaften, 1972).

Kraus, Thomas J., Thecla and the *Acts of Thecla*: Searching for Traces in the Manuscript Tradition, in *The Apostles Peter, Paul, John, Thomas and Philip with their Companions in Late Antiquity*, hg. von Tobias Nicklas, Janet E. Spittler und Jan N. Bremmer, Studies on Early Christian Apocrypha 17 (Leuven et al.: Peeters, 2021) 118–150.

Labadie, Damien, Saint Thecla in Ge'ez Hagiographical Literature: From Confessor to Martyr, in *Thecla and Medieval Sainthood. The Acts of Paul and Thecla in Eastern and Western Hagiography*, hg. von Ghazzal Dabiri und Flavia Ruani (Cambridge, UK: Cambridge University Press, 2022) 61–84.

Lalleman, Pieter J., *The Acts of John. A Two-Stage Initiation into Johannine Gnosticism*, Studies on Early Christian Apocrypha 4 (Leuven et al.: Peeters, 1998).

Lipsius, Richard A., *Die apokryphen Apostelgeschichten und Apostellegenden* (Braunschweig: Schwetschke und Sohn, 1883).

Lollar, Jacob A., *The Doctrine of Addai and the Letters of Jesus and Abgar* (Eugene, Or.: Cascade Books, 2023).

Louth, Andrew, *Denys the Areopagite*, Outstanding Christian Thinkers Series (Wilton, Conn.: Morehouse-Barlow, 1989).

Luijendijk, Annemarie, The Gospel of Matthew in the Acts of Barnabas through the Lens of a Book's History: Healing and Burial with Books, in *From Roman to Early Christian Cyprus. Studies in Religion and Archaeology*, hg. von Laura Nasrallah, Annemarie Luijendijk und Charalambos Bakirtzis, WUNT 437 (Tübingen: Mohr Siebeck, 2020) 169–194.

MacDonald, Dennis R., *The Acts of Andrew in the City of the Cannibals*, SBL. Texts and Translations 33 (Atlanta: Scholars Press, 1990).

Maligney, Anne-Marie, *Jean Chrysostome: Lettres à Olympias. Seconde edition augmentée de la Vie anonyme d'Olympias*, SC 13 bis (Paris: Cerf, 1968).

Mancini, Augusto, Per la critica degli *Acta apocrypha Thomae*, in *Atti della Reale Accademia della scienze di Torino* 39 (1904) 754–758.

Maraval, Pierre, *Grégoire de Nysse. Vie de saint Macrine*, SC 178 (Paris: Cerf, 1971).

Maraval, Pierre, *Lieux saints et pèlerinages d'Orient. Histoire et géographie. Des origines à la conquête arabe* (Paris: Éditions du Cerf, 1985).

Marguerat, Daniel, *Die Apostelgeschichte* (KEK 3; Göttingen: Vandenhoeck & Ruprecht, 2022).

McGuire, Meredith, *Lived Religion: Faith and Practice in Everyday Life* (Oxford: Oxford University Press, 2008).

Meier, Mischa, *Geschichte der Völkerwanderung: Europa, Asien und Afrika vom 3. bis zum 8. Jahrhundert n.Chr.* (München: C.H. Beck, [2]2020 [2019]).

Melczer, William, *The Pilgrim's Guide to Santiago de Compostela* (New York: Italica Press, 1993).

Merkt, Andreas, Der Fußabdruck Jesu. Materiale Kultur, apokryphe Literatur und christliche Theologie, in *Blick in die Wissenschaft* 41 (2020) 10–14.

Merkt, Andreas, The Hetero-Topography of the Forum Romanum: How Late Antique Peter Traditions Generated an Augmented Reality of Public Space, in *The Apostles Peter, Paul, John, Thomas and Philip with their Companions in Late Antiquity*, hg. von Tobias Nicklas, Janet E. Spittler und Jan N. Bremmer, Studies on Early Christian Apocrypha 17 (Leuven et al.: Peeters, 2021) 21–54.

Moessner, David P., Mark's Mysterious 'Beginning' (1:1–3) as the Hermeneutical Code to Mark's 'Messianic Secret', in *Modern and Ancient Literary Criticism of the Gospels*, hg. von Robert Matthew Calhoun, David P. Moessner und Tobias Nicklas, WUNT 451 (Tübingen: Mohr Siebeck, 2020) 243–271.

Moessner, David P., The Problem of the Continuity of Acts with Luke, the Church's Reception of Two *Separated* Volumes, and the Construction of Luke's 'Theology': Toward a Theology of Jesus the 'Christ' of Israel and the 'Lord of All' in the Light of the Worldwide Church (ἡ ἐκκλησία) of Luke's Acts, in *History and Theology in the Gospels*, hg. von Tobias Nicklas, Karl-Wilhelm Niebuhr und Mikhail Seleznev, WUNT 447 (Tübingen: Mohr Siebeck, 2020) 147–167.

Moreschini, Claudio, The Cult of Thecla in Cappadocia, in *Thecla: Paul's Disciple and Saint in the East and West*, hg. von Jeremy W. Barrier, Jan N. Bremmer, Tobias Nicklas und Armand Puig i Tàrrech, Studies on Early Christian Apocrypha 12 (Leuven et al.: Peeters, 2017) 1–16.

Morsbach, Peter, *St. Emmeram zu Regensburg. Ehem. Benediktiner Abteikirche* (Regensburg: Schnell + Steiner, 1993).

Moss, Candida R., *The Other Christs: Imitating Jesus in Ancient Christian Ideologies of Martyrdom* (Oxford: Oxford University Press, 2010).

Mouffe, Chantal, *Agonistik: Die Welt politisch denken*, edition suhrkamp 2677 (Frankfurt am Main: Suhrkamp, [3]2021 [2014]).

Mouffe, Chantal, *Über das Politische. Wider die kosmopolitische Illusion*, edition suhrkamp 2483 (Frankfurt am Main: Suhrkamp, [9]2023 [2007]).

Muñoz Gallarte, Israel, New Textual Witnesses for the Greek Apocryphal Acts of Thomas, beide in *New Trends in the Research on the Apocryphal Acts of Thomas*, hg. von Lautaro Roig Lanzillotta und Israel Muñoz Gallarte, Studies on Early Christian Apocrypha 20 (Leuven et al.: Peeters, 2024) 25–42.

Musurillo, Herbert und Victor-Henry Debidour (Hg.), *Méthode d'Olympe. Le Banquet*, SC 95 (Paris: Cerf, 1963).

Na'aman, Nadav, Art. Baal Toponyms, in *Dictionary of the Deities and Demons in the Bible*, hg. v. Karel van der Toorn, Bob Becking und Pieter W. van der Horst (Leiden et al: Brill; Grand Rapids: Eerdmans, [2]1999) 140–141.

Nauerth, Claudia, Thecla in Coptic Art: A Review 2014, in *Thecla: Paul's Disciple and Saint in the East and West*, hg. von Jeremy W. Barrier, Jan N. Bremmer, Tobias Nicklas und Armand Puig i Tàrrech, Studies on Early Christian Apocrypha 12 (Leuven et al.: Peeters, 2017) 219–239.

Nauerth, Claudia und Rüdiger Warns, *Thekla. Ihre Bilder in der frühchristlichen Kunst*, Göttinger Orientforschungen II.3 (Wiesbaden: Harrassowitz, 1981).

Nicklas, Tobias, Semiotik – Intertextualität – Apokryphität: Eine Annäherung an den Begriff „christlicher Apokryphen", in *Apocrypha* 17 (2006) 55–78 (jetzt auch in *The Canon and Beyond: Collected Essays on the History and Hermeneutics of*

Biblical and Parabiblical Traditions, WUNT 525 [Tübingen: Mohr Siebeck, 2024] 179–200).

Nicklas, Tobias, »Écrits apocryphes chrétiens«. Ein Sammelband als Spiegel eines weitreichenden Paradigmenwechsel in der Apokryphenforschung, in *VigChr* 61 (2007) 70–95 (jetzt auch in *The Canon and Beyond: Collected Essays on the History and Hermeneutics of Biblical and Parabiblical Traditions*, WUNT 525 [Tübingen: Mohr Siebeck, 2024] 201–224).

Nicklas, Tobias, The Development of the Christian Bible, in *What is Bible?*, hg. von Karin F. Finsterbusch und Armin Lange, Contributions to Biblical Exegesis and Theology (Leuven: Peeters, 2012) 393–426 (jetzt auch in *The Canon and Beyond: Collected Essays on the History and Hermeneutics of Biblical and Parabiblical Traditions*, WUNT 525 [Tübingen: Mohr Siebeck, 2024] 23–55).

Nicklas, Tobias, Mark's ‚Jesus Story': A Story about God, in *The Gospels. History and Christology. The Search of Joseph Ratzinger-Benedict XVI.* Vol. 2, hg. von Bernardo Estrada, Emanuele Manicardi und Armand Puig i Tàrrech (Vatikanstadt: Libreria Editrice Vaticana, 2013) 37–62.

Nicklas, Tobias, Die Akten des Titus: Rezeption ‚apostolischer' Schriften und Entwicklung antik-christlicher ‚Erinnerungslandschaften', in *Early Christianity* 8 (2017) 458–480.

Nicklas, Tobias, Kanon und Geschichte: Eine Thesenreihe, in *Sacra Scripta* 15 (2017) 90–114 (jetzt auch in *The Canon and Beyond: Collected Essays on the History and Hermeneutics of Biblical and Parabiblical Traditions*, WUNT 525 [Tübingen: Mohr Siebeck, 2024] 141–160).

Nicklas, Tobias, ‚Let the Dead Bury their Own Dead' (Matt 8:22 par. Luke 9:60): A Commandment without Impact for Christian Ethos?, in *Biblical Ethics and Application: Purview, Validity, and Relevance of Biblical Texts in Ethical Discourse*, hg. von Ruben Zimmermann und Stephan Joubert, WUNT 384 (Tübingen: Mohr Siebeck, 2017) 75–90.

Nicklas, Tobias, Wunder versus Magie und Zauberei, in *Kompendium der frühchristlichen Wundererzählungen 2: Die Wunder der Apostel*, hg. von Ruben Zimmermann et al. (Gütersloh: Gütersloher Verlagshaus, 2017) 66–75.

Nicklas, Tobias, Die Akten des Paulus und der Thekla als biographische Paulusrezeption, in *Receptions of Paul in Early Christianity: The Person of Paul and his Writings through the Eyes of Early Interpreters*, hg. von Jens Schröter, Simon Butticaz und Andreas Dettwiler, BZNW 234 (Berlin – Boston: de Gruyter, 2018) 175–193.

Nicklas, Tobias, Christian Apocrypha as ‚Heterotopias' in Ancient Christian Discourse: The *Acts of Timothy*, in *Proceedings of the Irish Biblical Association* 41–42 (2018/19) 60–74.

Nicklas, Tobias, Absonderlich und geschmacklos? Antike christliche Wundererzählungen zwischen ‚kanonisch' und ‚apokryph', in *Between Canonical and Apocryphal Texts: Processes of Reception, Rewriting, and Interpretation in Early Judaism and Early Christianity*, hg. von Jörg Frey, Claire Clivaz und Tobias Nicklas, WUNT 419 (Tübingen: Mohr Siebeck, 2019) 415–449.

Nicklas, Tobias, Constructing Individual Selves within Social Hierarchies: The Letters of Copres and Synesios, in *Self, Self-Fashioning and Individuality in Late Antiquity*, hg. von Maren R. Niehoff und Joshua Levinson, Culture, Religion, and Politics in the Greco-Roman World 4 (Tübingen: Mohr Siebeck, 2019) 523–536.

Nicklas, Tobias, An ‚Apocryphal' Role Model Allowing for a Different Lifestyle: Olympias as a Late Antique Thecla, in *ETL* 96 (2020) 509–519.

Nicklas, Tobias, Antike Petruserzählungen und der erinnerte Petrus in Rom, in *Petrusliteratur und Petrusarchäologie. Römische Begegnungen*, hg. von Jörg Frey und Martin Wallraff, Rom und der Protestantismus 4 (Tübingen: Mohr Siebeck, 2020) 159–187.

Nicklas, Tobias, Barnabas Remembered: Apokryphe Barnabastexte und die Kirche Zyperns, in *Religion als Imagination: Phänomene des Menschseins in den Horizonten theologischer Lebensdeutung. Festschrift für Marco Frenschkowski*, hg. von Lena Seehausen, Paulus Enke und Jens Herzer (Leipzig: Evangelische Verlagsanstalt, 2020) 167–188.

Nicklas, Tobias, Das Bierwunder von Kildare und andere spätantike Transformationen biblischer Wundererzählungen, in *Talking God in Society. Multidisciplinary (Re)constructions of Ancient Con(texts) Festschrift Peter Lampe*, hg. von Ute Eisen und Heidrun Mader, NTOA 120/2 (Göttingen: Vandenhoeck & Ruprecht, 2020) 383–398.

Nicklas, Tobias, History and Theology in Non-Canonical Gospels, in *History and Theology in the Gospels*, hg. von Tobias Nicklas, Karl-Wilhelm Niebuhr und Mikhail Seleznev, WUNT 447 (Tübingen: Mohr Siebeck, 2020) 247–67.

Nicklas, Tobias, Jesus and Vespasian? Das Markusevangelium als politisch interessiertes ‚Anti-Evangelium' zum Aufstieg der Flavier?, in *Reading the Political in Jewish and Christian Texts*, hg. von Julia A. Snyder und Korinna Zamfir, Biblical Tools and Studies 38 (Leuven et al.: Peeters, 2020) 159–178.

Nicklas, Tobias, From Gospel Book to Virtual Reality: A Neglected Aspect of the Gospel of Matthew's Ancient Reception History, in *The Gospel of Matthew in its Historical and Theological Context*, hg. von Mikhail Seleznev, William G.R. Loader und Karl-Wilhelm Niebuhr, WUNT 459 (Tübingen: Mohr Siebeck, 2021) 17–28.

Nicklas, Tobias, Positionen jenseits des Kanons. Antagonismen in apokryphen Apostelerzählungen, in *Antagonismen in neutestamentlichen Schriften: Studien zur Neuformulierung der ‚Gegnerfrage' jenseits des Historismus*, Beyond Historicism; New Testament Studies Today 1 (Paderborn: Brill – Schöningh, 2021) 332–357.

Nicklas, Tobias, The Martyrdom of Mark in Late Antique Alexandria, in *Alexandria – Hub of the Hellenistic World*, hg. von Benjamin Schliesser, Jan Rüggemeier, Thomas J. Kraus und Jörg Frey, WUNT 460 (Tübingen: Mohr Siebeck, 2021) 519–542.

Nicklas, Tobias, Denk- und Kommunikationsräume jenseits und diesseits des Kanons, in *Kindness, Courage, and Integrity in Biblical Texts and the Politics of Biblical Interpretation: Festschrift Reimund Bieringer*, hg. von MA. Marilou Ibita, Dominika Kurek-Chomycz, Bénédicte Lemmelijn und Sarah Whitear, BETL 333 (Leuven et al.: 2023) 261–276.

Nicklas, Tobias, Mit heteronomen Texten arbeiten: Beispiele aus der Welt christlicher Apokryphen, in *Early Christianity* 14 (2023) 121–142.

Nicklas, Tobias, Receptions of Johannine Miracle Stories in Hagiographical Literature, in *Sacra Scripta* 21 (2023) 117–130.

Nicklas, Tobias, The Martyrdom of Mark, in *New Testament Apocrypha: More Noncanonical Scriptures 3* (Grand Rapids: Eerdmans, 2023) 375–392.

Nicklas, Tobias, The Travels of Barnabas: From the Acts of the Apostles to Late Antique Hagiographic Literature, in *Jewish, Christian, and Muslim Travel Experiences 3rd Century BCE – 8th Century CE*, hg. von Susanne Luther, Pieter B. Hartog and Clare E. Wilde, Judaism, Christianity, and Islam – Tension, Transmission, Transformation 16 (Berlin – Boston: de Gruyter, 2023) 229–249.

Nicklas, Tobias, New Testament Canon and Ancient Christian 'Landscapes of Memory', in *The Canon and Beyond: Collected Essays on the History and Hermeneutics of Biblical and Parabiblical Traditions*, WUNT 525 (Tübingen: Mohr Siebeck, 2024) 279–296.

Nicklas, Tobias, Die Akten des Barnabas: Neuinterpretation und Übersetzung, in *Sacra Scripta* 22 (2024) 163–185.

Nicklas, Tobias, The *Acts of Peter* (Actus Vercellenses): A Jesus Christ Story?, in *Narrative Hermeneutics, History, and Rhetoric. A Festschrift for David Moessner*, hg. von Robert Matthew Calhoun, Margaret M. Mitchell, Tobias Nicklas und Janet E. Spittler, NovT.S 194 (Leiden – Boston: Brill, 2024) 359–374.

Nicklas, Tobias, The Beyond Canon Project: Questions, Topics, and Results, in *The Canon and Beyond: Collected Essays on the History and Hermeneutics of Biblical and Parabiblical Traditions*, WUNT 525 (Tübingen: Mohr Siebeck, 2024) 1–23.

Nicklas, Tobias, Second Century Apocryphal Acts, in *Second Century Christianity: A Sourcebook*, hg. von Michael Bird und Scott Harrower (Waco, Tx.: Baylor University Press, 2025) [im Druck].

Nicklas, Tobias und Herbert Schlögel, Mission to the Gentiles, Construction of Christian Identity, and its Relation to Ethics according to Paul, in *Sensitivity towards Outsiders: Exploring the Dynamic Relationship between Mission and Ethics in the New Testament and Early Christianity*, hg. von Jacobus Kok, Tobias Nicklas, Dieter R. Roth und Christopher M. Hays, WUNT II.364 (Tübingen: Mohr Siebeck, 2014) 324–339.

Nicklas, Tobias in Zusammenarbeit mit Mari Mamyan, Paul and Barnabas to Herakleides (and Mnason): An Unknown Apocryphal Letter in the *Acts of Herakleides*, in *Paul, Christian Textuality, and the Hermeneutics of Late Antiquity: Essays in Honor of Margaret M. Mitchell*, hg. von David P. Moessner, Paul B. Duff, Janet E. Spittler und Robert M. Calhoun, NovT.S 190 (Leiden – Boston: Brill, 2023) 284–301.

Nicklas, Tobias und Janet E. Spittler, *Reading Christian Apocrypha: Tradition, Interpretation, Practice* (Minneapolis: Fortress, 2025).

Niederhofer, Veronika, *Konversion in den Paulus- und Theklaakten*, WUNT II.459 (Tübingen: Mohr Siebeck, 2017).

Noll, Rudolf (Hg.), *Eugippius: Das Leben des heiligen Severin*, Schriften und Quellen der alten Welt 11 (Berlin: de Gruyter, 1963 [Ndr. Passau: Passavia Universitätsverlag, 1981]).

Nora, Pierre (Hg.), *Les lieux de mémoire. 3 vols.* (Paris: Gallimard, 1984–1992).

North, Richard und Michael D. J. Bintley, *Andreas: An Edition* (Liverpool: Liverpool University Press, 2016).

Palmer, Andrew N., The *Logos* of the Mandylion: Folktale, or Sacred Narrative? A New Edition of the *Acts of Thaddaeus*, in *Edessa in hellenistisch-römischer Zeit: Religion, Kultur und Politik zwischen Ost und West. Beiträge des internationalen Edessa-Symposiums in Halle an der Saale, 14.–17. Juli 2005*, hg. von Lutz Greisiger, Claudia Rammelt und Jürgen Tubach, Beiruter Texte und Studien 116 (Würzburg: Ergon Verlag, 2009) 117–207.

de Paor, Liam, *St Patrick's World* (Dublin: Four Courts Press, 1993 [Ndr. Notre Dame, Ind.: Notre Dame University Press, 1997]).

Pervo, Richard, The Ancient Novel becomes Christian, in *The Novel in the Ancient World*, hg. Gareth K. Schmeling (Leiden – Boston: Brill, 1996) 685–711.

Pervo, Richard, The Acts of Titus, in *New Testament Apocry-*

pha. More Noncanonical Scriptures 1, hg. von Tony Burke und Brent Landau (Grand Rapids: Eerdmans, 2016) 406–15.

Phillips, George, *The Teaching of Addai, the Apostle* (London: Trübner, 1876).

Picard, Jean-Claude, *Le continent apocryphe. Essai sur les littératures juive et chrétienne*, Instrumenta Patristica 36 (Turnhout: Brepols 1999).

Pilhofer, Philip, *Das frühe Christentum im kilikisch-isaurischen Bergland: Die Christen der Kalykadnos-Region in den ersten fünf Jahrhunderten*, TU 184 (Berlin – Boston: de Gruyter, 2018).

Piovanelli, Pierluigi und Tony Burke (Hg.), *Rediscovering the Apocryphal Continent: New Perspectives on Early Christian and Late Antique Apocryphal Texts and Traditions*, WUNT 349 (Tübingen: Mohr Siebeck, 2015).

Poole, Kevin R., *Chronicle of Pseudo-Turpin. Book IV of the Liber Sancti Jacobi (Codex Calixtinus)* (New York: Italica Press, 2014).

Potter, David, *Theodora: Actress, Empress, Saint*, Women in Antiquity (Oxford: Oxford University Press, 2015).

Pouderon, Bernard, *Métamorphoses de Simon le Magicien: Des Actes des apôtres au Faustbuch. Wie ein lebendiges Gestirn / Comme un astre vivant* (Paris: Beauchesne, 2019).

Poupon, Gerard H., L'Origine africaine des *Actus Vercellenses*, in *The Apocryphal Acts of Peter: Magic, Miracles and Gnosticis*, hg. von Jan N. Bremmer, Studies on the Apocryphal Acts of the Apostles 3 (Leuven et al.: Peeters, 1998) 192–199.

Pricop, Cosmin, Thomas weitererzählt. Rezeption der apokryphen Thomasakten im Synaxarion des Thomas-Festes, in *The Apostles Peter, Paul, John, Thomas and Philip with their Companions in Late Antiquity*, hg. von Tobias Nicklas, Janet E. Spittler und Jan N. Bremmer, Studies on Early Christian Apocrypha 17 (Leuven: Peeters, 2021) 270–294.

Puig i Tarrèch, Armand, Paul's Missionary Activity during His Roman Trial: The Case of Paul's Journey to Hispania, in *The Last Years of Paul: Essays from the Tarragona Conference, June 2013*, hg. von Armand Puig I Tarrèch, John M. G. Barclay und Jörg Frey, WUNT 352 (Tübingen: Mohr Siebeck, 2015) 469–506.

Reinmuth, Eckhart, Positionen im Konflikt: Neutestamentliche Antagonismen in neuer Perspektive, in *Antagonismen in neutestamentlichen Schriften: Studien zur Neuformulierung der ‚Gegnerfrage' jenseits des Historismus*, hg. von Stefan Alkier, Beyond Historicism – New Testament Studies Today 1 (Paderborn: Brill – Schöningh, 2021) 45–70.

Rhee, Helen, *Early Christian Literature: Christ and Culture in the Second and Third Centuries* (London: Routledge, 2005).

Rhodes, James Montague, *Apocrypha anecdota* 2 (Cambridge: Cambridge University Press, 1897) 28–45.

Robertson, Michael Scott, The Problem of Cretan Myths in the Reception of the Letter to Titus in Jerome, Chrysostom, and the *Acts of Titus*, in *Apocrypha* 33 (2022) 248–266.

Roig Lanzillotta, Lautaro, Reinterpreting the Textual Transmission of the Acts of Thomas. Towards a New Understanding, Classification, and Chronology of the Greek Testimonies, in *New Trends in the Research on the Apocryphal Acts of Thomas*, hg. von Lautaro Roig Lanzillotta und Israel Muñoz Gallarte, Studies on Early Christian Apocrypha 20 (Leuven et al.: Peeters, 2024) 1–24.

Rordorf, Willy, Tradition and Composition in the *Acts of Thecla*. The State of the Question, in *Lex Orandi. Lex Credendi. Gesammelte Aufsätze zum 60. Geburtstag*, Paradosis 36 (Freiburg, CH: Universitätsverlag, 1993) 378–387.

Rüpke, Jörg, *Pantheon: Geschichte der antiken Religionen* (München: C. H. Beck, 2016).

Rüpke, Jörg, *Gelebte Religion und gebotene Religion: Religiöse Transformationen im Römischen Reich*, Hans-Lietzmann Vorlesungen 16 (Berlin – Boston: de Gruyter, 2018).

Rüpke, Jörg, *On Roman Religion: Lived Religion and the Individual in Ancient Rome* (New York: Cornell University Press, 2019).

de Santos Otero, Aurelio, Jüngere Apostelakten, in *Neutestamentliche Apokryphen II: Apostolisches, Apokalypsen und Verwandtes*, hg. von Wilhelm Schneemelcher (Tübingen: Mohr Siebeck, [6]1999 [[5]1989]) 381–438.

Schäferdiek, Knut, Die Leukios Charinos zugeschriebene manichäische Sammlung apokrypher Apostelgeschichten, in *Neutestamentliche Apokryphen II: Apostolisches, Apokalypsen und Verwandtes*, hg. von Wilhelm Schneemelcher (Tübingen: Mohr Siebeck, [6]1997) 81–93.

Schäferdiek, Knut, Johannesakten, in *Neutestamentliche Apokryphen II: Apostolisches, Apokalypsen und Verwandtes*, hg. von Wilhelm Schneemelcher (Tübingen: Mohr Siebeck, [6]1997) 138–192.

Schermann, Theodorus, *Prophetarum vitae fabulosae, indices apostolorum discipulorumque domini Dorotheo, Epiphanio, Hippolyto aliisque vindicata* (Leipzig: de Gruyter, 1907).

Schmidt, Stefan, Der Sturz des Serapis – Zur Bedeutung paganer Götterbilder in der spätantiken Gesellschaft Alexandrias, in *Alexandria*, hg. von Tobias Georges, Felix Albrecht und Reinhard Feldmeier, Civitatum Orbis Mediterranei Studia 1 (Tübingen: Mohr Siebeck, 2013) 149–172.

Schneider, Horst, Thekla und die Robben, in *VigChr* 55 (2001) 45–57.

Schönberger, Otto, *Physiologus. Griechisch / Deutsch* (Stuttgart: Reclam, 2001).

Skemp, Vincent und Gina Christ, *Reclaiming Thecla: An Introduction to the Acts of Thecla* (Claremont, CA: Claremont University Press, 2022).

Smoltczyk, Alexander, Regensburg, in *Erinnerungsorte des Christentums*, hg. von Christoph Markschies und Hubert Wolf (München: C. H. Beck, 2010) 345–357.

Schnelle, Udo, Das frühe Christentum und die Bildung, in *NTS* 61 (2015) 113–143.

Snyder, Julia A., Apostles and Politics in the Roman Empire, in *Reading the Political in Jewish and Christian* Texts, hg. v. Julia A. Snyder und Korinna Zamfir, Biblical Tools and Studies 38 (Leuven et al.: Peeters, 2020) 227–256.

Söder, Rosa, *Die apokryphen Apostelgeschichten und die romanhafte Literatur der Antike* (Stuttgart, 1932; Ndr. Darmstadt: Wissenschaftliche Buchgesellschaft, 1969).

Spittler, Janet E., *Animals in the Apocryphal Acts of the Apostles:*

The Wild Kingdom of Early Christian Literature, WUNT II.247 (Tübingen: Mohr Siebeck, 2008).

Spittler, Janet E., Joking and Play in the Acts of John, in *Delightful Acts: New Essays on Canonical and Non-canonical Acts*, hg. von Harold W. Attridge, Dennis R. MacDonald und Clare K. Rothschild, WUNT 381 (Tübingen: Mohr Siebeck, 2017) 209–225.

Spittler, Janet E., The Development of Miracle Traditions in the Apocryphal Acts of the Apostles, in *Between Canonical and Apocryphal Texts: Processes of Reception, Rewriting, and Interpretation in Early Judaism and Early Christianity*, hg. von Jörg Frey, Claire Clivaz und Tobias Nicklas, WUNT 419 (Tübingen: Mohr Siebeck, 2019) 357–379.

Spittler, Janet E., Apokryphe Apostelerzählungen und ihre Funktion in der Geschichte des Christentums. Von den Rändern ins Zentrum, in *Zeitschrift für Neues Testament* 26 (2023) 55–77.

Spittler, Janet E., The Acts of John by Prochorus, in *New Testament Apocrypha: More Noncanonical Scriptures 3*, hg. von Tony Burke (Grand Rapids: Eerdmans, 2023) 262–361.

Staat, Klazina, 'Useful' Models: The Reception of the Apocryphal Acts of Paul and Thecla in Late-Antique Hagiographical Narratives about Female Virgins, in *The Apostles Peter, Paul, John, Thomas and Philip with their Companions in Late Antiquity*, hg. von Tobias Nicklas, Janet E. Spittler und Jan N. Bremmer, Studies on Early Christian Apocrypha 17 (Leuven et al.: Peeters, 2021) 151–174.

Suchla, Beate Regina, Dionysius Areopagita, in *Lexikon der antiken christlichen Literatur* (1998) 175–177.

Suchla, Beate Regina, *Dionysius Areopagita: Leben – Werk – Wirkung* (Freiburg et al.: Herder, 2008).

Suciu, Alin, *The Berlin-Strasbourg Apocryphon: A Coptic Apostolic Memoir*, WUNT 370 (Tübingen: Mohr Siebeck, 2017).

Talbot, Anne-Mary und Scott Fitzgerald Johnson (Hg.), *Miracle Tales from Byzantium*, Dumbarton Oaks Medieval Library (Cambridge, Mass.: Harvard University Press, 2012).

Tamilia, Donato, Acta Thomae apocrypha, in *Rendiconti della*

Reale Accademia die Lincei. Classe di scienze morale, storie e filologiche 5.12 (1903) 387–408.

The William Rockhill Nelson Gallery of Art and Mary Atkins Museum of Fine Arts, *The William Rockhill Nelson Collection* (Kansas City, MO: William Rockhill Nelson Gallery of Art and Mary Atkins Museum of Fine Arts, ³1949).

Thiel, Andreas, *Die Johanneskirche in Ephesos* (Wiesbaden: Reichert, 2005).

Thomas, Christine M., *The Acts of Peter, Gospel Literature, and the Ancient Novel: Rewriting the Past* (Oxford: Oxford University Press, 2003).

Thür, Hilke, Das spätantike Ephesos. Aspekte zur Frage der Christianisierung des Stadtbildes, in *Die spätantike Stadt und ihre Christianisierung. Symposion vom 14. bis 16. Februar 2000 in Halle/Saale*, hg. von Gunnar Brands und Hans-Georg Severin (Wiesbaden: Reichert, 2003) 259–273.

du Toit, David S., *Der abwesende Herr: Strategien im Markusevangelium zur Bewältigung der Abwesenheit des Auferstandenen*, WMANT 111 (Neukirchen-Vluyn: Neukirchener, 2006).

Tommasi Moreschini, Chiara O., Thecla in the Latin Sources, in *Thecla: Paul's Disciple and Saint in the East and West*, hg. von Jeremy W. Barrier, Jan N. Bremmer, Tobias Nicklas und Armand Puig i Tàrrech, Studies on Early Christian Apocrypha 12 (Leuven et al.: Peeters, 2017) 69–105.

Van Deun, Pieter, Sancti Barnabae Apostoli Laudatio auctore Alexandro monacho, in *Hagiographica Cypria*, CCSG 26 (Turnhout: Brepols, 1993) 15–135.

Voicu, Sever J., Ancora due omelie pseudocristostomiche di matrice cappadoce (CPG 4669 e 4966), in *Ricerche patristiche in onore di Dom Basil Studer* (Rom: Augustinianum, 1993).

Voicu, Sever J., Il nome cancellato: la trasmissione delle omelie di Severiano di Gabala, in *Revue d'histoire des textes* n.s. 1 (2006) 317–333.

Voicu, Sever J., Thecla in the Christian East, in *Thecla: Paul's Disciple and Saint in the East and West*, hg. von Jeremy W. Barrier, Jan N. Bremmer, Tobias Nicklas und Armand Puig i

Tàrrech, Studies on Early Christian Apocrypha 12 (Leuven et al: Peeters, 2017) 47–68.

Vollenweider, Samuel, Der Erlöser im Tarnanzug: Eine Studie zur Christologie des Physiologus, zu seiner Datierung und zur Rezeptionsgeschichte von Ps 24 (23^{LXX}), in *Christus in Natura: Quellen, Hermeneutik und Rezeption des ‚Physiologus'*, hg. von Zbynek Kindschi Garský und Rainer Hirsch-Luipold, Studies of the Bible and its Reception 11 (Berlin – Boston: de Gruyter, 2019) 93–132.

Wasmuth, Jennifer, Die Abgarlegende, in *Antike christliche Apokryphen in deutscher Übersetzung 1: Evangelien und Verwandtes*, hg. von Christoph Markschies und Jens Schröter (Tübingen: Mohr Siebeck, 2012) 222–230.

Wayment, Thomas A., *The Text of the New Testament Apocrypha (100–400 CE)* (New York u. a.: Bloomsbury, 2013).

Williams, Frank, *The Panarion of Epiphanius of Salamis, Books II and III. De Fide*, NHMS 79 (Leiden – Boston: Brill, ²2013).

Witetschek, Stephan, Peter in Corinth? A Review of the Evidence in 1 Corinthians, in *JThS.NS* 69 (2018) 66–82.

Wyatt, Nicholas, Art. Astarte, in *Dictionary of the Deities and Demons in the Bible*, hg. v. Karel van der Toorn, Bob Becking und Pieter W. van der Horst (Leiden et al: Brill; Grand Rapids: Eerdmans, ²1999) 109–114.

Zakarian, David, *Women, Too, Were Blessed. The Portrayal of Women in Early Christian Armenian Texts*, Armenian Texts and Studies 4 (Leiden – Boston: Brill, 2021).

Zamagni, Claudio, *Passion* (ou *Actes*) *de Timothée*: étude des traditions anciennes et edition de la forme *BHG* 1487, in *Recherches sur le Nouveau Testament et les apocryphes chrétiens* (Rimini: GuaraldoiLAB, 2017) 257–302.

Zamfir, Korinna, Asceticism and Otherworlds in the *Acts of Paul and Thecla*, in *Other Worlds and their Relation to this World. Early Jewish and Ancient Christian Traditions*, hg. von Tobias Nicklas, Joseph Verheyden, Erik Eynikel und Florentino García Martínez, JSJ.S 143 (Leiden – Boston: Brill, 2010) 281–304.

Zimmermann, Ruben u. a. (Hg.), *Kompendium der frühchrist-*

lichen Wundererzählungen 1–2 (Gütersloh: Gütersloher Verlagshaus, 2013 und 2017).

Zimmermann, Ruben, Wundererzählungen in den Akten der Apostel – eine Hinführung, in *Kompendium der frühchristlichen Wundererzählungen 2: Die Wunder der Apostel*, hg. von Ruben Zimmermann u. a. (Gütersloh: Gütersloher Verlagshaus, 2017) 3–44.

Zwierlein, Otto, *Petrus in Rom: Die literarischen Zeugnisse*, Untersuchungen zur antiken Literatur und Geschichte 96 (Berlin – New York: de Gruyter, [2]2010).

Quellen[1]

Griechisch-römische Literatur

Altes Testament

Neues Testament

[1] Angeführt sind nur Quellen, die im Text auch wenigstens knapp diskutiert werden.

Altkirchliche und frühmittelalterliche Literatur

Themen und antike Personen[1]

[1] Zu den Apostelnamen siehe das Quellenregister (und die dort erwähnten, nach Apostelnamen geordneten Apostelerzählungen).

Autoren